Olaf B. Mäder

Controlling klipp & klar

Springer Gabler

Olaf B. Mäder
München, Deutschland

WiWi klipp & klar
ISBN 978-3-658-15746-3 ISBN 978-3-658-15747-0 (eBook)
https://doi.org/10.1007/978-3-658-15747-0

Die Deutsche Nationalbibliothek verzeichnet diese Publikation in der Deutschen Nationalbibliografie; detaillierte bibliografische Daten sind im Internet über http://dnb.d-nb.de abrufbar.

Springer Gabler

Springer Gabler ist Teil von Springer Nature
Die eingetragene Gesellschaft ist Springer Fachmedien Wiesbaden GmbH
Die Anschrift der Gesellschaft ist: Abraham-Lincoln-Str. 46, 65189 Wiesbaden, Germany

Vorwort

Controlling ist eine Funktion in der Betriebswirtschaftslehre, die über mehrere Jahrzehnte intensive diskutiert wurde. Man kann auch sagen, dass das Controlling eine Erfolgsstory ist, da seine Bedeutung über die Zeit (deutlich) zugenommen hat. Auf der anderen Seite ist der Bedeutungsinhalt von ‚Controlling' immer noch unklar, es gibt keine allgemeingültige Definition und Abgrenzung, weder in Deutschland, noch weltweit. In der Konsequenz ist es für Studenten, Praktiker und andere an der Thematik ‚Controlling' Interessierte schwierig, die grundsätzliche Idee und damit auch den Mehrwert den Controlling bieten kann, zu verstehen.

Deshalb richtet sich das Buch an Studenten, Praktiker und alle Interessierten, die mehr darüber lernen möchten, wie die Unternehmensführung, durch eine progressive Ausgestaltung der Servicefunktion Controlling, verbessert werden kann. Ziel ist es, den ganzheitlichen Ansatz des objektivierungsorientierten Controllings zu beschreiben und zu erklären wie dieser durch Strukturierung und Fundierung wirtschaftlichen Erfolg sichern hilft.

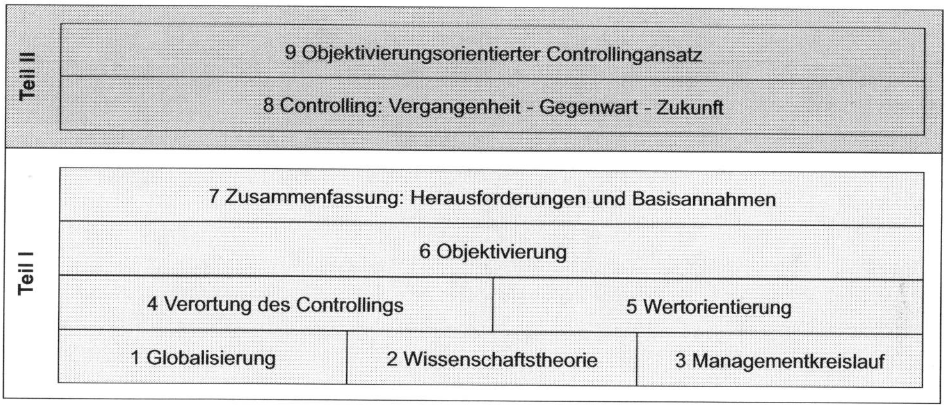

Zentrale Elemente des Buches

Ausgehend von diesem Ziel, wird in diesem Buch der Bezugsrahmen des objektivierungsorientierten Controllings beschrieben und dargestellt, wie dieser Bezugsrahmen (unternehmens-) individuell adaptiert werden kann. Controlling wird hier als ein kritischer Erfolgsfaktor in einer globalisierten Welt gesehen. Der Grund dafür ist, dass Controlling das Management dabei unterstützt, ein Unternehmen in einer herausfordernden, dynamischen und wettbewerbsintensiven zu gestalten und zu führen.

Das Controlling ist dabei insbesondere vor den sicher ändernden Umfeld Bedingungen für Unternehmen zu betrachten. Vor diesem Hintergrund werden auch diesbezüglich grundlegende Aspekte vorab skizziert. Neben den Bereichen Globalisierung, wissenschaftstheoretische Implikationen, allgemeiner Managementkreislauf, (grobe) organisationale Einordnung des Controllings sowie Unternehmenswertorientierung, wird der Objektivierungsprozess ausführlich abgeleitet und strukturiert. Der sich ergebende Bezugsrahmen, mit den charakteristischen Merkmalen, ist die zwingende Basis meines hier darzustellenden Controllingansatzes.

Im ersten Teil werden somit die grundsätzlichen Herausforderungen und Basisannahmen dargestellt, diskutiert und die Implikationen systematisiert, um eine fundierte Basis für die Ausformung des objektivierungsorientierten Controllingansatzes zu schaffen.

Im zweiten Teil wird der objektivierungsorientierten Controllingansatz erklärt. Das grundsätzliche Controllingsystem umfasst die Elemente Problemdefinition, Vision, Ziele, Aufgaben, Organisation sowie Instrumente und Verfahren. Die Basiselemente werden im Anschluss in einen Kontext gesetzt und es wird die Bandbreite an Möglichkeiten skizziert, welche für die Ausgestaltung bzw. unternehmensspezifische Adaption gegeben sind.

Der objektivierungsorientierte Controllingansatz fußt dabei auf dem Status Quo des Controllings und entwickelt diesen evolutionär weiter. Ausgangsbasis ist dabei die in ► Kap. 8 vorgenommene Beschreibung der historischen Entwicklung des Controllings. Im Ergebnis zeigt sich, dass diese Entwicklung in verschiedenen Regionen weltweit sehr unterschiedlich verlaufen ist, insbesondere in Deutschland bzw. dem deutschsprachigen Raum. Wenn wir die Situation des Controllings mit den betrieblichen Funktionen Produktion, Personalmanagement oder Marketing vergleichen, sehen wir hier deutliche Unterschiede. Abstrakt umfasst ‚Produktion' drei Prozessschritte: Input, Throughput und Output. Für Marketing ist es vergleichbar, die sich ergebenden Aufgaben und Instrument sind weltweit sehr ähnlich. Im Controlling hingegen, ist beispielsweise die Philosophie in Deutschland sehr verschieden zur Philosophie in den USA und auch in Deutschland selbst gibt es eine Reihe von konträren Ansätzen. Da der Autor sowohl aus wissenschaftlicher als auch praktischer Sicht deutsch geprägt ist, ist der hier dargestellte objektivierungsorientierte Controllingansatz insbesondere durch die Diskussion im deutschsprachigen Raum beeinflusst. Vor diesem Hintergrund finden sich auch mehrheitlich deutschsprachige Quellen.

Dieses Buch beschäftigt sich darüber hinaus nicht primär mit Instrumenten und Verfahren zur Berechnung quantitativ-monetärer Ergebnisse. Es wird vielmehr eine Management- bzw. Servicephilosophie in das Zentrum der Analyse und Ableitung gerückt, insbesondere beeinflusst durch Herausforderungen der Vergangenheit, Gegenwart und Zukunft, ausgerichtet auf die finale Spitzenkennzahl Unternehmenswert. Aspekte des internen und externen Rechnungswesens werden grundsätzlich vorausgesetzt und sind nach der hier vertretenen Meinung nicht die Kernaufgaben des Controllings. In Summe wird die Frage beantwortet, wie Controlling als Dienstleister einen Mehrwert im Gesamtsystem der Unternehmensführung leisten kann.

Da es sich primär um ein Buch für Studenten und Praktiker handelt, wurden Quellen nur punktuell aufgeführt. Am Ende jedes Kapitels findet sich eine Auswahl an empfohlener Literatur, mittels derer der Leser das Wissen spezifisch vertiefen kann. Für eine bessere Verständlichkeit und Lesbarkeit sind alle Kapitel standardisiert aufgebaut. Zu Beginn werden das Lernziel (LZ) sowie die grundsätzliche Vorgehensweise des jeweiligen Abschnitts beschrieben. Am Ende werden die Ergebnisse zusammengefasst (Z). Darüber hinaus enthält jedes Kapitel neben den Haupterkenntnissen, Definitionen (D) und eine Übersicht der empfohlenen Literatur (L). Des Weiteren sind die zentralen Aussagen in Tabellen und Abbildungen zusammengefasst oder mit Beispielen (B) illustriert. Die Beispiele sollen dabei die theoretischen Ausführungen plastisch darstellen, reflektieren, vertiefen sowie die Beziehungen und Abhängigkeiten zwischen den verschiedenen Aspekten und Variablen herausstellen, um auch ein besseres ganzheitliches Verständnis zu gewinnen.

Abschließend gilt anzumerken, dass sicherlich, insbesondere in der Erstauflage, Fehler in diesem Buch enthalten und Verbesserungen möglich sind. Wenn Sie Fehler finden oder Feedback geben möchten können Sie dies gern tun und dem Autor eine E-Mail senden (om@maedero.de).

Abkürzungsverzeichnis

BGH	Bundesgerichtshof
BSC	Balanced Scorecard
DCF	Discounted Cash Flow
DCGK	Deutscher Corporate Governance Kodex
EbIT	Earnings before Interest and Tax
EbT	Earnings before Tax
ERP	Enterprise Resource Planning
HGB	Handelsgesetzbuch
IFRS	International Financial Reporting Standards
KonTraG	Gesetz zur Kontrolle und Transparenz im Unternehmensbereich
KMU	Kleine und mittelständische Unternehmen
TransPuG	Gesetz zur weiteren Reform des Aktien- und Bilanzrechts
US-GAAP	United States General Accepted Accounting Principles
wGM	Wertorientiertes Geschäftsmodell
IDW	Institut der Wirtschaftsprüfer
GoB	Grundsätze ordnungsmäßiger Buchführung

Inhaltsverzeichnis

Teil I – Herausforderungen und Basisannahmen

Ziel des ersten Abschnitts ist es, auf der einen Seite die wichtigsten Herausforderungen herauszuarbeiten, denen sich Unternehmen grundsätzlich stellen müssen und auf der anderen Seite spezifische Aspekte und Annahmen in Bezug auf die diesem Buch zugrundeliegende Philosophie herauszuarbeiten.

Vor diesem Hintergrund wird zuerst analysiert, welche Herausforderungen Unternehmen heute und in Zukunft zu bewältigen haben. Ausgangspunkt ist eine historische Beschreibung und Analyse der Globalisierung. Die zentralen Aspekte und Haupteinflussfaktoren der Globalisierung werden abgeleitet und beschrieben. Die Ergebnisse sind Merkmale in Bezug auf die Globalisierung und die sich daraus ergebenden Implikationen für das Management im Allgemeinen und die betriebliche Funktion des Controllings im Besonderen.

Darüber hinaus werden im ersten Abschnitt fundamentale Aspekte beschrieben, die maßgeblichen Einfluss auf die Philosophie des Autors haben. Die Kenntnis dieser spezifischen Sichtweise ist notwendig, um die Argumentation und Interpretation von Daten und Sachverhalten besser nachvollziehen zu können. Auf der einen Seite wird eine Definition des wissenschaftstheoretischen Standpunktes des Verfassers vorgenommen. Auf der anderen Seite werden spezifische Verfahren und Modelle erklärt und beschrieben, die für die Analyse, Strukturierung und Ableitung von Lösungsansätzen in komplexen Situationen hilfreich sind. Der ‚Allgemeinen Managementkreislauf' wird dabei als Basismodell zur Strukturierung und Lösung unternehmerischer Herausforderungen genutzt.

Im Weiteren wird skizziert, welche Determinanten die Verortung des Controllings in der Organisation eines Unternehmens beeinflussen. In diesem Zusammenhang wird unter anderem herausgearbeitet, dass es nicht zwingend sinnvoll ist, das Controlling dem ‚Finanzbereich' zuzuordnen. Auch wird ersichtlich, dass es ein grundsätzliches Abgrenzungsproblem des Controllings zu anderen betrieblichen Funktionen gibt.

Eine weitere Grundannahme ist die Ausrichtung von Unternehmen auf den Unternehmenswert als finale Spitzenkennzahl. Dies führt zu der Einschränkung, dass der hier beschriebene Controllingansatz zuvorderst für privatwirtschaftliche, auf Gewinnerzielung ausgerichtete Unternehmen Gültigkeit hat. Jedoch ist dies aus Sicht des Autors sinnvoll, da diese Grundphilosophie die Diskussion hinsichtlich des Geschäftsmodells eines Unternehmens allgemein und insbesondere die Ausgestaltung eines unternehmensspezifischen Controllingsystems beeinflusst. Dies ist somit in den weiteren Kapiteln zu berücksichtigen.

Abschließend wird im ersten Abschnitt der Objektivierungsprozess beschrieben. Die Idee der Objektivierung ist dabei ein weiterer zentraler Baustein für den ‚Objektivierungsorientierten Controllingansatz', der das Streben nach Transparenz und die Unterstützung des Managements als die beiden zentralen Zielgrößen hat. Insbesondere vor den herausgearbeiteten Erkenntnissen zur Globalisierung und der wissenschaftstheoretischen Grundlagen ist dieses Vorgehen und die Berücksichtigung der relevanten Kriterien und Merkmale aus Sicht des Autors eine zwingende Voraussetzung um ein ‚State-of-the-Art' Management- und Informationssystem spezifisch für ein Unternehmen zu erarbeiten, zu implementieren und erfolgreich umzusetzen.

Lernziele:

- Erlangung von Wissen über die wichtigsten Herausforderungen, denen sich Unternehmen aktuell und zukünftig stellen müssen.
- Kenntnis zentraler Annahmen und Spezifika die diesem Buch sowie dem objektivierungsorientierten Controllingansatz zugrunde liegen.

Merkmale der Globalisierung

Olaf B. Mäder

O. B. Mäder, *Controlling klipp & klar*, WiWi klipp & klar, https://doi.org/10.1007/978-3-658-15747-0_1

1

Das Wort „Globalisierung“ ist in aller Munde und kommt zu jeder passenden, leider auch zu vielen unpassenden Situationen zum Einsatz. Die Nutzung des Begriffs stieg in den 1990er-Jahren exponentiell an und die Situation heute kann wie folgt zusammengefasst werden:

> » … no consistent, generally accepted, or satisfying definition for globalization has emerged from IB (International Business, note of the author). This situation hinders research within the discipline and effectively prevents dialogue with those outside (e. g., are we even talking about the same thing?). This problem is not limited to IB (Clark und Knowles 2003).

Nichtsdestotrotz bin ich der Meinung, dass der zentrale Gedanke sowie die impliziten Merkmale und Eigenschaften die dem Begriff „Globalisierung“ zugewiesen werden, die Herausforderungen widerspiegeln, denen sich Unternehmen heute und in Zukunft gegenübersehen.

Deshalb erfolgt zu Beginn der Ableitung des objektivierungsorientierten Controllingansatzes eine Analyse der historischen Entwicklung, Merkmale sowie zentralen Treiber der Globalisierung. Diese fundierte Betrachtung hilft im Weiteren, die sich ergebenden spezifischen Aufgaben für Unternehmen abzuleiten und zu strukturieren. In der Folge ist es einfacher und zielorientierter die Möglichkeiten und das Handlungsspektrum zu definieren, mit welchen Controlling einen Beitrag zur Verbesserung des gesamten Systems „Unternehmen“ leisten kann bzw. muss.

Ausgehend von dieser Zielsetzung wird die historische Entwicklung in Bezug auf die Globalisierung zuerst beschrieben. In diesem ersten Schritt stehen insbesondere die Ereignisse im Zentrum der Betrachtung, die Veränderungen katalysiert haben. Es wird ersichtlich, dass hier Grundmuster vorliegen, die in allen Phasen der Globalisierung zu beobachten waren. Darüber hinaus wird die Bandbreite an vorhandenen Definitionen und Interpretationen aufgezeigt und analysiert, es erfolgt eine Bestandsaufnahme zum aktuellen Zeitpunkt. Aufbauend auf diesen Analyseergebnissen werden die Merkmale der Globalisierung definiert und in einem Bezugsrahmen geordnet. Des Weiteren werden die Konsequenzen für die Unternehmen im Allgemeinen und das Controlling im Besonderen abgeleitet.

Lernziele

- Kenntnis der Entwicklungsschritte der Globalisierung anhand historischer Ereignisse und Meilensteine.
- Wissen ü ber die drei zentralen Herausforderungen die sich durch die Globalisierung für Unternehmen ergeben.

1.1 Historische Entwicklung

Wenn wir die historische Entwicklung der Globalisierung betrachten, können wir vereinfachend sagen, dass historisch verschiedene Stufen durchlaufen wurden und gegenwärtig der Prozess der Globalisierung weiter anhält. Es stellt sich in diesem Zusammenhang insbesondere die Frage, wodurch wird dieser Prozess getrieben.

Wenn wir die Globalisierung chronologisch in einem weiten Kontext betrachten, können beispielsweise die folgenden Meilensteine nach Clark/Knowles abgegrenzt werden, die die Globalisierung und den Weg zum heutigen Status Quo markieren: (Clark und Knowles 2003)

1. Historische Erkenntnis, dass die Erde ein endlicher Bereich ist.
2. Vergegenwärtigung in allen großen Religionen, dass die Menschheit und die Erde eine Einheit bilden (müssen).
3. Entdeckungsreisen im 15. bis 17. Jahrhundert.
4. Industrialisierung im 19. Jahrhundert.
5. Zwei Weltkriege: 1914–1918; 1939–1945.
6. Das Informationszeitalter beginnt mit der Einführung des Internets 1969 (Advanced Research Project Agency (ARPANET)).

Des Weiteren können wir uns aus dem Überblick an konkreten Ereignissen (siehe ▪ Abb. 1.1) über die letzten Jahrhunderte eine Vorstellung erarbeiten, was die Entwicklung der Menschheit über diesen Zeitraum geprägt hat und damit großen Einfluss auf Veränderungen sowie die Globalisierung hatte.

Wir sehen also, dass der Detaillierungsgrad der Betrachtung ausschlaggebend ist für eine sinnvolle Strukturierung. Darüber hinaus können bestimmte

Zeit	Ereignis
1158-1669	Die Hanse
12. Jh.	Asiatisch-Europäischer Handel
1440	Erfindung der Druckerpresse
1492	Columbus entdeckt Amerika
1498	Vasco da Gama umrundet Afrika
1500-1799	Handel zwischen den Kontinenten nimmt zu
1648	Westfälischer Friede
1765	Erfindung / Weiterentwicklung der Dampfmaschine
1775-1783	Amerikanische Unabhängigkeitskrieg
1789-1799	Französische Revolution
1807	Einführung des Dampfschiffes
1830-1850	Erfindung des elektrischen Telegrafen
1865	Gründung der 'International Telegraph Union'
1866	Erstes permanentes Übersee-Telegraphen-Kabel
1884	Greenwich Mean Time (GMT)
1896	Erste modernen Olympischen Spiele
1903	Pionierflug der Brüder Wright
1914-1918	Erster Weltkrieg
1920	Völkerbund
1927	Erfindung des Fernsehens

Zeit	Ereignis
1930er	Große Depression
1945	Zweiter Weltkrieg
1942	Erfindung des Computers
1944-1947	Bretton Woods und Weltbank
1945	Beginn des Kalten Krieges
1949	North Atlantic Treaty Organisation (NATO)
1960	Organization of the Petroleum Exporting Countries (OPEC)
1961	Gagarin fliegt als erster Mensch ins Weltall
1962	Start des ersten Kommunikationssatelliten
1969	Start des ARPANET
1970er	Signifikante Zunahme des Luftverkehrs
1971	Erfindung des Mikrochips durch Intel
1971	Erster elektronischer Börsenhandelsplatz
1973	Erfindung des Mobiltelefons
1973	Start des Global Positioning System (GPS)
1977	Erste kommerzielle Nutzung von Glasfaserkabelns
1989	Fall der Berliner Mauer
1991	World Wide Web
1992	Vertrag von Maastricht: Gründung der Europäischen Union
1995	Gründung der World Trade Organization (WTO)

Abb. 1.1 Meilensteine der Globalisierung. (In Anlehnung an Al-Rodhan 2006)

Abb. 1.2 Phasen der Globalisierung

Meilensteine stärker gewichtet werden als andere. Deshalb wird die Globalisierung hier historisch in drei Phasen unterteilt (siehe Abb. 1.2).

Der Name Christoph Kolumbus steht als Synonym für Seefahrer und Entdecker im 15. Jahrhundert und damit auch für ein neues Zeitalter der Kolonialisierung. Am Ende des Mittelalters (auch aufgrund der schrecklichen Lebensbedingungen für die meisten Menschen „das dunkle Zeitalter" genannt), nahm die Bedeutung der Wissenschaft immer mehr zu. Es wurden in allen Wissenschaftsbereichen (bahnbrechende) Entdeckungen gemacht.

Im Bereich der Wirtschaftswissenschaften beispielsweise, wurde die doppelte Buchführung entwickelt, so wie Sie in den Grundzügen heute noch zur Anwendung kommt. Dieses Buchhaltungssystem wurde unter Aufsicht der Medici in Italien entwickelt. Zentraler Grund dafür war der Bedarf der Medici an einem angemessenen System, ihre unternehmerischen Aktivitäten zu dokumentieren und zu steuern. Die Erkenntnisse zur Buchführung wurden in dem Buch „Summa de arithmetica" durch Luca Pacioli 1494 zusammengefasst. Dieses Buch gilt als erstes umfassendes Werk zu dieser Thematik des Rechnungswesens.

Ein zentraler Katalysator für die dynamische Weiterentwicklung der Wissenschaft war die Erfindung des Buchdrucks von Johannes Gutenberg um das Jahr 1440. Diese Technologie ermöglichte es Informationen und Wissen einer breiten Öffentlichkeit zugänglich zu machen. Wurden Bücher davor durch „Abschreiben" vervielfältigt, was pro einzelnem Buch Monate dauerte und sehr hohe Kosten verursachte, war es nun möglich die Reproduktion wirtschaftlich zu gestalten und damit auch die Preise für Bücher signifikant zu senken. Durch den Zugang von immer mehr Menschen zu wissenschaftlichen Erkenntnissen wurde eine positive Dynamik erzeugt, welche zu immer neuen Erkenntnissen und damit zu einem enormen Anstieg von Wissen führte. Diese „Demokratisierung des Wissens" im 15./16. Jahrhundert ist vergleichbar mit unserer heutigen Zeit, welche wiederum durch eine signifikante Verbesserung hinsichtlich des Zugangs zu Informationen und Wissen geprägt ist.

Vergleichbar den Medici in Italien führte der vermehrte Handel dazu, dass Kaufmannsfamilien auch in anderen europäischen Regionen sehr reich wurden, in Deutschland beispielsweise die Fugger. Diese investierten einen Teil ihres Kapitals in die Expansion ihres Geschäfts. Die Entdeckungsreise von Christoph Kolumbus, welche das Ziel hatte eine neue Seeroute nach Indien in Richtung Westen zu finden, ist ein Beispiel für unternehmerische Investitionen. Das originäre Ziel, eine neue Seeroute nach Indien, wurde zwar nicht erreicht. Kolumbus entdeckte jedoch Amerika, was er persönlich zu Lebzeiten zwar nicht erkannte, aber für die historische und wirtschaftliche Entwicklung sowohl in Europa als auch Amerika bedeutend war. Die Kombination von Wissenszunahme und Investitionen, als selbstverstärkendem Prozess, führte zu einer neuen Stufe Unternehmertum, Handel, sozialer Koexistenz und Philosophie.

Eine weitere neue Phase an Dynamik, Komplexität und Bedeutung ist unter dem Begriff „Industrialisierung" bekannt. Auch diese Periode ist durch große wissenschaftliche Errungenschaften gekennzeichnet, welche den Wandel von der landwirtschaftlichen zur industriellen Produktion beschleunigten.

Wichtige Voraussetzung für diesen Prozess waren wiederum technologische Neuerungen, die durch die Bereitstellung von unterstützendem Kapital erreicht wurden. England war ein Pionier in dieser Zeit. 1712 wurde die Dampfmaschine durch Thomas Newcomen (1663–1729) erfunden. James Watt (1736–1819) verbesserte diese Technologie 1769. Diese Erfindungen wurden gemacht, bevor die Globalisierung 2.0 begann. Grund dafür ist, dass sie eine Voraussetzung als Basistechnologie für andere Erfindungen, wie beispielsweise die Dampflokomotive, waren. Damit wurde die Möglichkeit eines neuen öffentlichen Transportsystems geschaffen, welches wiederum die Veränderungen in anderen Industriezweigen und Bereichen hervorrief. Beispiele hierfür sind die Stahlindustrie, weltweite Vernetzung oder das Entstehen von Konzernen. Hohe Investitionen führten zu langanhaltendem wirtschaftlichen Wachstum. Nachteil dieses Prozesses war das Auseinanderdriften von Unternehmern und Arbeiterklasse. Auch fand eine globale Verschiebung hinsichtlich wirtschaftlicher, militärischer und politischer Stärke statt. Kulminationspunkt für diesen Prozess war der Erste Weltkrieg, mit einem Ausmaß an Zerstörung und Grausamkeit die vorher nicht bekannt war. In der Konsequenz verloren mehr als 17 m Menschen ihr Leben. Diese Anzahl an Kriegstoten ist auch auf neue militärische Technologien und Fähigkeiten wie Panzer, Flugzeuge und Giftgas zurückzuführen.

Nach einer Phase der Zerstörung und des Wiederaufbaus, vor allem in Europa, führte wiederum dieselbe Kombination von Kapital und Wissen sowie neuer Technologien zur Globalisierung 3.0, welche bis heute anhält.

Der Beginn dieser dritten Phase der Globalisierung kann zurückdatiert werden auf die Erfindung des ARPANETs, dem Vorgänger des Internets, ins Jahr 1969. Für den tatsächlichen Durchbruch bedurfte es jedoch einer deutlich besseren Infrastruktur sowie eines Ecosystems für Webservices und webbasierte Geschäftsmodelle. Als Beispiele können hier Technologien wie Glasfaserkabel oder UMTS (Universal Mobile Telecommunications System) für schnelles und mobiles Internet genannt werden sowie Apps und Software as a Service (Cloud-Dienste) um dem Kunden einen Mehrwert zu verschaffen. Die beschriebene Situation ist vergleichbar mit den beiden vorhergehenden Phasen der Globalisierung. Basistechnologien waren notwendig und in Summe bildeten diese, in Verbindung mit neuen Produkten und Dienstleistungen, die Basis für die nächste Stufe zur Beschleunigung des Wandels und für das Erreichen des nächsten Levels der Globalisierung.

Beispiel: Schnelles Internet verändert das Leben

Aufgrund des Zugangs zu schnellem Internet (Internet … globales Netzwerk an Computern und Computernetzwerken, die ein gemeinsames Kommunikationsprotokoll TCP/IP nutzen) in nahezu allen Industriestaaten und die Verfügbarkeit von brauchbarer Hardware, Software und Inhalten, haben sich die Lebens- und Geschäftsbedingungen signifikant verändert. Die folgenden Beispiele illustrieren diese Veränderungen:

- Hohes Maß an Verfügbarkeit und Transparenz von Unternehmensdaten: Salesforce, SAP;
- Direkter und permanenter Zugang zum Kunden: Amazon, Ebay;
- Zunahme der globalen Vernetzung: Facebook, Twitter, Pinterest, LinkedIn;
- Neue Formen des Teilens: Uber, Airbnb, DriveNow;
- Neue Formen der Unterhaltung: Netflix, Zynga.

Diese Beispiele zeigen, dass grundlegende technologische Innovationen (Internet, Drahtlose und drahtgebundene Datenübertragung) in Kombination mit Kapital zu Produkt-, Dienstleistungs- und Prozessinnovationen führen, die in der Folge das soziale und ökonomische Umfeld signifikant verändern.

Beispiele für den Bereich „Software" sind Amazon und Salesforce. Amazon wurde 1994 als eine „Internet-Buchhandlung" gegründet. Nach dem Platzen der Internetblase zur Jahrtausendwende war das Unternehmen fast insolvent. Im Weiteren erhöhte sich der Jahresumsatz von 2,7 Mrd. $ im Jahr 2000 auf mehr als 74 Mrd. $ im Jahr 2013. Dies ist eine Steigerung um das 27-fache.

Salesforce, gegründet im Jahr 1999, bietet ausschließlich webbasiert Software as a Service an. Der Umsatz wurde von 5,4 m$ im Jahr 2001 auf 4,1 Mrd. $ im Jahr 2014 erhöht. Dies ist eine Steigerung um das 759-fache.

Beiden Unternehmen ist gemein, dass ihr webbasiertes Geschäftsmodell eine hohe Skalierbarkeit zulässt. Die Expansion in andere Regionen oder die Bereitstellung der Dienstleistungen weiteren Kunden ist mit geringen Grenzkosten verbunden.

Darüber hinaus hat Amazon sein Geschäftsmodell nicht limitiert. Als „Buchladen" gestartet, werden heute eine Vielzahl von Produkten über die Handelsplattform von Amazon verkauft. Des Weiteren bietet Amazon eigene Hardware an. Hierzu gehört das wenig erfolgreiche Smartphone „Amazon Fire Phone", ebenso wie die sehr erfolgreichen Kindle-eBookreader. Gleichzeitig offeriert Amazon seinen Kunden eine Plattform mit Software, Apps oder eBooks, um so eine stärkere Kundenbindung zu erreichen und das Geschäftsvolumen in Zukunft weiter ausbauen zu können. Im Herbst 2016 brachte das Unternehmen darüber hinaus „Amazon Echo" auf den Markt. Diese Sprachassistenzbox stellt einen weiteren Schritt zur Vernetzung und für Amazon ein weiteres Ausweiten seines Geschäftsfeldes dar. Mittels Sprachsteuerung sollen beispielsweise Dienstleistungen abgewickelt (Taxi- oder Pizzabestellung) oder alltägliche Notwendigkeiten (Anrufe, Heizungsregelung) gehandhabt werden. In Verbindung mit den Amazon Web Services (AWS), dem Cloud-Dienst von Amazon, dem am stärksten wachsenden und profitabelsten Geschäftsbereich des Unternehmens, ist der Chat-Roboter als lernendes System konzipiert. Bei einer großzahligen Nutzung des Systems würde Amazon noch weitere Daten von den Nutzern sammeln und könnte darauf aufbauend, individualisierte Dienste anbieten. Daraus ergeben sich eine Vielzahl von Möglichkeiten, sowohl gegenüber lokalen oder Nischenanbietern aber auch großen Wettbewerbern wie Microsoft, Google oder Facebook unternehmerisch erfolgreich zu sein.

Die Nutzung dieser Möglichkeiten und die Fähigkeit diese Chancen mittel- und langfristig in profitables Wachstum umzusetzen, wird darüber entscheiden, ob eine Marktkapitalisierung von circa 340 Mrd. € (Stand: 01.11.2016) bei einem Gewinn von circa 230 m€ im dritten Quartal 2016 rechtfertigt.

Weitere Beispiele für eine neue Stufe der Globalisierung sind die Bereiche globale Unternehmenszusammenschlüsse und -käufe, Start-Up-Finanzierung und Investitionen in Technologie und Infrastruktur. Für große Unternehmenszusammenschlüsse und -käufe können exemplarisch der Zusammenschluss von Daimler und Chrysler (1998), der Kauf der IBM-PC-Sparte durch Lenovo (2004) oder die Akquisition von TRW durch ZF Friedrichshafen (2015). Darüber hinaus wird Start-Ups, insbesondere in den USA, viel Geld zur Verfügung gestellt. Zentrale Voraussetzung sind disruptive Technologien oder Geschäftsmodelle, d. h. die Erwartung, dass die neuen Unternehmen, im Sinne Schumpeters, kreativ Branchen zerstören und neue Märkte schaffen. Die folgende Übersicht gibt eine Vorstellung in Bezug auf das in Start-Ups investierte Kapital zum Stand Oktober 2015 (Schürmann 2016):

1. Uber: insgesamt investiertes Kapital 7,4 Mrd. $
2. Didi Kuaidi: insgesamt investiertes Kapital 4,0 Mrd. $
3. Airbnb: insgesamt investiertes Kapital 2,3 Mrd. $
4. Xiaomi: insgesamt investiertes Kapital 1,4 Mrd. $
5. SpaceX: insgesamt investiertes Kapital 1,1 Mrd. $

Auch die Investitionen in die Infrastruktur für mobiles Internet setzen das Vorhandensein von Kapital voraus. In Deutschland erwarben sechs Wettbewerber 2000, im Rahmen einer Auktion, für mehr als 50 Mrd. € UMTS-Lizenzen. Verbunden mit diesem Erwerb war die Auflage, bis 2005 mit der notwendigen Infrastruktur mindestens 50 % der deutschen Bevölkerung diesen Service zur Verfügung zu stellen. In der Folge waren hier weitere Milliardeninvestitionen notwendig.

Es ist somit festzuhalten, dass wiederum aus der Kombination von Wissen und Kapital eine neue Stufe der Globalisierung erreicht wurde. Dies ist ein zentrales Grundmuster, das wir über alle drei

Autor	Disziplin	Definition
Beyer, 1994	Religion	The creation of a new global culture with its attendent social structures.
Dunning, 1993	Witschaft	Growth of international production . . . [reflecting] the way that changes in the structure and organization of the world's resources and capabilities impinge on the cross-border production and transaction strategies of companies.
Giddens, 1991	Allgemein	Globalisierung betrifft die Überschneidung von Anwesenheit und Abwesenheit, die Verflechtung von sozialen Ereignissen und sozialen Beziehungen ,in der Ferne' mit lokalen Zusammenhängen.
Gruppe von Lissabon, 1997	Allgemein	Globalisierung bezieht sich auf die Vielfältigkeit der Verbindungen und Querverbindungen zwischen Staaten und Gesellschaften, aus denen das heutige Weltsystem besteht. Sie beschreibt den Prozess, durch den Ereignisse, Entscheidungen und Aktivitäten in einem Teil der Welt bedeutende Folgen für Individuen und Gemeinschaften in weit entfernt liegenden Teilen der Welt haben. (...) Globalisierung ist ein in sich hochgradig widersprüchlicher Prozess, sowohl was seine Reichweite als auch die Vielfältigkeit seiner Konsequenzen angeht.
Robertson, 1992	Allgemein	Das Konzept der Globalisierung bezieht sich sowohl auf die Verdichtung der Welt als auch auf die Intensivierung des Bewußtseins von der Welt als Ganzem
Rodrik, 1992	Witschaft	A process involving the international integration of markets for goods, services, and capital, which pressures society to alter their traditional practices.
Waters, 2001	Soziologie	A social process in which the constraints of geography on social and cultural arrangements recede and in which people become increasingly aware that they are receding.
Das, 2006	Finanzen	Financial globalization is the integration of domestic financial system of a country with the global financial markets and institutions. It has strengthened interdependencies between markets and market participants across national boundaries. Enabling framework of financial globalization, first, includes liberalization and deregulation of the domestic financial sector as well as liberalization of the capital account.

Abb. 1.3 Übersicht Definitionen zur Globalisierung. (In Anlehnung an Müller-Mahn 2002)

Stufen der Globalisierung zu verzeichnen war. Aus dieser Kombination erwuchsen signifikante Veränderungen sowohl im unternehmerischen als auch sozialen Umfeld.

Als Konsequenz aus dem Beschriebenen ergeben sich für alle Unternehmen überlebensrelevante Herausforderungen. Die wettbewerblichen Rahmenbedingungen sind hinsichtlich Komplexität, Geschwindigkeit und Unsicherheit intensiver geworden! Unternehmen müssen sich dieser Herausforderung stellen, um nicht aus dem Markt gedrängt zu werden. Yahoo, Atari, Blackberry, Nokia, Lycos Europe, Hewlett-Packard, Kodak, Loewe, Sony oder LinkedIn sind Beispiele für Unternehmen, die aufgrund der unternehmerischen Herausforderungen entweder komplett aus dem Markt ausgeschieden sind, sich in einer Krise befinden oder noch auf der Suche nach dem eigentlichen Geschäftsmodell sind.

1.2 Definitionen

Definitionen haben oft die Gemeinsamkeit, dass sie mehrheitlich empirisch bedingt sind und diffus hinsichtlich der analytischen Dimension. In Abb. 1.3 sind einige Definitionen aus unterschiedlichen Wissenschaftsbereichen in Bezug auf den Begriff „Globalisierung" zusammengestellt. Ein Grund für die unterschiedlichen Sichtweisen und Interpretationen liegt in unterschiedlichen Wahrnehmungen, Erfahrungshintergründen und Zielen der Autoren, die diesen Begriff nutzen.

Unternehmer, insbesondere aus westlichen Industriestaaten, argumentieren, dass als eine Konsequenz der Globalisierung der internationale Wettbewerb zugenommen hat und dies negativen Einfluss auf Lohnsteigerungen und Arbeitsplatzsicherheit hat. Auf der anderen Seite argumentieren Entwicklungsländer, dass durch die Globalisierung das Ungleichgewicht zwischen den Kontinenten und Ländern immer mehr zunimmt und hier gegengesteuert werden muss. Darüber hinaus kritisieren Globalisierungsgegner den Prozess des Zusammenwachsens allgemein. Im Weiteren sehen Vertreter unterschiedlicher Gruppen und Verbände spezifische Aspekte und Konsequenzen als negativ an, beispielsweise die Umweltverschmutzung oder Kinderarbeit.

Die Analyse der Definitionen zeigt, dass hauptsächlich die beiden Bereiche Gesellschaft und Wirtschaft adressiert werden.

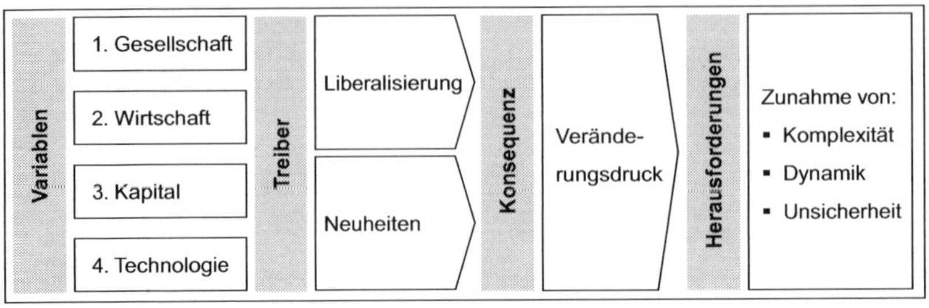

Abb. 1.4 Elemente und Zusammenhänge der Globalisierung

Der gesellschaftliche Aspekt bezieht sich insbesondere auf soziale Bindungen und Beziehungen. Konkrete Merkmale und Veränderungsbereiche sind, dass sich die Beziehungen hinsichtlich Struktur und Region verändern, intensiver und grundsätzlich liberaler werden. Wichtiges Merkmal für die Globalisierung 3.0 war dabei der mehrheitliche Zusammenbruch des sozialistischen Systems. In der Folge wurde zwischen Ost und West eine höhere Durchlässigkeit erreicht. Heute existieren nur noch wenige Länder, wie beispielsweise Nordkorea, die nahezu abgeschottet existieren und kaum am globalen Wirtschaftsleben teilnehmen. In der Konsequenz wird die Welt „stärker verdichtet". Im Sinne der Systemtheorie führt darüber hinaus die Zunahme der Systemelemente (aufgrund der Zunahme von Schnittstellen und Abhängigkeiten) zu einer höheren Komplexität und die Dynamik und Veränderungsgeschwindigkeit nehmen ebenso zu. Aus diesem Sachverhalt ergibt sich ein selbstverstärkender Zyklus. Aufgrund des Veränderungsdrucks nehmen Art, Inhalt und Geschwindigkeit unternehmerischer Transformation zu, was im Ergebnis wiederum den Veränderungsdruck erhöht.

Bei der Betrachtung des wirtschaftlichen Aspektes, als zweitem Element, neben bzw. zusätzlich zu den Merkmalen der gesellschaftlichen Dimension, wird offensichtlich, dass das Produktions- und Handelsvolumen ansteigt. Als Reaktion darauf sind Unternehmen gezwungen, ihr Strategie anzupassen. Diese Veränderung erhöht wiederum den Druck auf die anderen Wettbewerber und Marktteilnehmer sich anzupassen, was wiederum zu einem selbstverstärkenden Prozess führt.

Abschließend werden Kapital und Technologie als weitere zentrale Elemente der Globalisierung definiert. In der historischen Analyse der drei Globalisierungsstufen hatten wir diese Merkmale bereits als zentrale Treiber identifiziert, die eine notwendige Voraussetzung für Globalisierung sind. In Summe ergeben sich somit als Variablen der Globalisierung: Wirtschaft, Gesellschaft, Kapital und Technologie.

Eine spezifische Betrachtung der Finanzmärkte zeigt, dass auch hier die Aspekte Liberalisierung und Deregulierung treibende Kräfte für den Wandel sind und auch in diesem Bereich verschiedene Stufen der Globalisierung zu beobachten waren. In den früheren Entwicklungsphasen war es kennzeichnend, dass sich Veränderungen nur auf bestimmte Regionen oder eine begrenzte Anzahl an Staaten bezogen haben. In der jetzigen Phase der Globalisierung (wichtige Meilensteine waren dabei die Ölkrise und das Scheitern des Bretton Woods Systems in den 1970er-Jahren) haben die Veränderungen oft Auswirkung auf die viele oder fast alle Länder. Auch isolierte Staaten wie Nordkorea oder Kuba können Sie den Veränderungen und der Dynamik der Finanzmärkte nicht vollständig entziehen. Darüber hinaus sind auch hier technologische Veränderungen, insbesondere im Bereich der Informationstechnologie, wichtige Treiber für die Globalisierung.

Globalisierung

... ist ein permanenter Prozess. Die zentralen Variablen sind Gesellschaft, Wirtschaft, Kapital und Technologie. Veränderungen in einer oder mehrerer Variablen erzeugt Veränderungsdruck für die Systemelemente, was zu einem selbstverstärkenden Zyklus führt. Daraus resultieren die Herausforderungen Zunahme an Komplexität, Dynamik und Unsicherheit.

Die Vernetzung und die sich daraus ergebende Dynamik und Komplexität wird deutlich, wenn man sich beispielsweise den Verfall des Ölpreises und seine Auswirkungen auf Unternehmen und Volkswirtschaften oder die Zunahme der Volatilität von Aktienmärkten betrachtet. Eine maßgebliche neue Variable an den Kapitalmärkten ist dabei der Hochfrequenzhandel. Hier entscheiden computergestützte Systeme, basierend auf Algorithmen, wie Marktveränderungen zu interpretieren und welche Kauf- und Verkaufsentscheidungen zu treffen sind. Ein Transaktionsprozess dauert weniger als eine Millisekunde. Ziel ist es, menschliche Fehler und Limitierungen zu eliminieren. Mit Stand Herbst 2016 ist von einem Marktanteil dieser Handelssysteme von mehr als 50 % auszugehen.

In ▣ Abb. 1.4 sind die zentralen Elemente in Bezug auf die Globalisierung zusammengefasst. Wichtig ist die Darstellung der Zusammenhänge und Abhängigkeiten zwischen den Bestandteilen. Die vier identifizierten Veränderungsvariablen (Gesellschaft, Wirtschaft, Kapital und Technologie) sind sowohl Objekte, die selber der Veränderung unterliegen als auch Katalysatoren für den Prozess der Globalisierung.

Veränderungen hinsichtlich der Felder Liberalisierung und Neuheiten in Bezug auf die eine oder mehrere der vier Variablen erzeugen Veränderungsdruck in betroffenen Systemelementen, insbesondere Staaten, Regionen und Unternehmen. Dieser Veränderungsdruck muss insbesondere hinsichtlich der drei zentralen Herausforderungen Komplexität, Dynamik und Unsicherheit gehandhabt werden. Die historische Analyse hat dabei gezeigt, dass sich alle drei Herausforderungen über die letzten Jahrhunderte erhöht haben und es gibt keine Anzeichen, dass hier ein Wendepunkt, hin zu einer Reduzierung von Komplexität, Dynamik und Unsicherheit abzeichnet – im Gegenteil.

Für Unternehmen und deren Management, als zentralem Erkenntnisobjekt in diesem Buch, ergibt sich, dass sich diese in der Folge einem permanenten Veränderungsdruck gegenübersehen und dass sie mit den Herausforderungen der Zunahme von Komplexität, Dynamik und Unsicherheit umgehen können müssen. Um einen nachhaltigen Unternehmenserfolg sicherstellen zu können, müssen Unternehmen somit in diesem Bereich besser sein als die Wettbewerber.

Aus dieser Konstellation folgt, dass die zentrale Fragestellung, die in den weiteren Kapiteln dieses Buches im Kontext „Controlling“ diskutiert werden muss, den Mehrwert des Controllings für den Umgang mit den skizzierten Herausforderungen in den Mittelpunkt der Betrachtung stellen muss. Als Leitfragestellung für dieses Buch wird somit formuliert:

» Wie kann ein permanenter Veränderungsprozess in Unternehmen sichergestellt werden, mittels dessen die drei zentralen Herausforderungen der Globalisierung: Komplexität, Dynamik und Unsicherheit, besser als bei den Wettbewerbern gehandhabt werden können?

Zusammenfassung

Globalisierung ist ein permanenter Prozess. Dieser wird hier in die folgenden drei Phasen unterteilt:

- Globalisierung 1.0: neues Zeitalter der Kolonialisierung (1492 bis 1800)
- Globalisierung 2.0: Industrialisierung (1800 bis 2000)
- Globalisierung 3.0: Informationszeitalter (2000 bis heute).

▪ Weiterführende Literatur

- Clark, & Knowles (2003). Global myopia: globalization theory in International Business. *Journal of International Management*, S. 361.
- Das (2006). Globalization in the world of Finance, An analytical history. *Global Economy Journal.*
- Müller-Mahn (2002). Globalisierung: Definitionen und Fragestellungen. *Geographische Rundschau, 2002*(10), 4.
- Bundestag (Hrsg.) (2002). *Schlussbericht der Enquete-Kommission: Globalisierung der Weltwirtschaft – Herausforderungen und Antworten.* Berlin.

Die Herausforderung für Unternehmen besteht insbesondere darin, die sich aus der Globalisierung ergebenden drei zentralen Herausforderungen der Zunahme von Komplexität, Dynamik und Unsicherheit bestmöglich zu handhaben.

1.3 Übungsaufgaben: Merkmale der Globalisierung

- **1. In welche Phasen kann der Prozess der Globalisierung unterteilt werden?**

a. 1392–1900, 1900–1945, 1945–heute
b. 1492–1800, 1800–2000, 2000–heute
c. 1492–1800, 1800–1945, 1945–2005, 2005–heute
d. 1492–1792, 1792–2000, 2000–heute

- **2. Welche wichtigen Meilensteine wurden in der Phase Globalisierung 1.0 erreicht?**

a. Buchdruck von Johannes Gutenberg
b. Entwicklung der doppelten Buchführung
c. Buchdruck von Martin Luther
d. Teleskop von Hans Lippershey
e. Entdeckung Amerikas durch Columbus
f. Dampfmaschine von James Watt

- **3. Welche wichtigen Meilensteine wurden in der Phase Globalisierung 2.0 erreicht?**

a. Dampfmaschine von James Watt
b. Dampflokomotive
c. Dampfmaschine von Thomas Newcoman
d. Wandel von Landwirtschaft zur industriellen Produktion
e. Digitales Satellitenradio
f. Das iPhone revolutionierte den Smartphone Markt

- **4. Welche wichtigen Meilensteine wurden in der Phase Globalisierung 3.0 erreicht?**

a. Verbrennungsmotor
b. Smartphone
c. Internet
d. Dampflokomotive
e. Personal-Computer
f. WLAN

- **5. Welche Aussagen in Bezug auf die Globalisierung sind richtig?**

a. Es gibt keine Definition
b. Die Definition der Globalisierung umfasst die charakteristischen Merkmale: 1. Variablen 2. Treiber 3. Konsequenz 4. Herausforderungen
c. Die Definition der Globalisierung umfasst die charakteristischen Merkmale: 1. Zeit 2. Kosten 3. Qualität
d. Unternehmen profitieren von der Globalisierung, da alles statischer und weniger komplex wird
e. Die Globalisierung verursacht permanenten Wandel im Umfeld eines Unternehmens, an den sich Unternehmen anpassen müssen. Bei der Bewältigung dieser Herausforderung kann das Controlling unterstützen.

- **6. Auf welchen Variablen fußt die Definition des Controllings?**

a. Gesellschaft
b. Kapital
c. Zeit
d. Aktienkurs
e. Wirtschaft
f. Zinssatz
g. Technologie

- **7. Welche Aussagen in Bezug auf die Treiber der Globalisierung sind richtig?**

a. Treiber können nicht identifiziert werden
b. Die Treiber sind Technologie und Zeit
c. Die Treiber sind Liberalisierung und Neuheiten
d. Die Treiber erzeugen Veränderungsdruck
e. Die Treiber beeinflussen die anderen Bereiche der Globalisierung

- **8. Was sind die Herausforderungen denen sich Unternehmen aufgrund der Globalisierung gegenübersehen?**

a. Zunahme von Komplexität
b. Erhöhung der Umsatzsteuer
c. Zunahme der Dynamik
d. Zunahme der Unsicherheit
e. Reduzierung der Qualität
f. Kostensteigerung

1.4 Lösungen zu den Übungsaufgaben: Merkmale der Globalisierung

Die richtigen Antworten sind „fett" hervorgehoben

- **1. In welche Phasen kann der Prozess der Globalisierung unterteilt werden?**

a. 1392–1900, 1900–1945, 1945–heute
b. 1492–1800, 1800–2000, 2000–heute

c. 1492–1800, 1800–1945, 1945–2005, 2005–heute
d. 1492–1792, 1792–2000, 2000–heute

- **2. Welche wichtigen Meilensteine wurden in der Phase Globalisierung 1.0 erreicht?**

a. Buchdruck von Johannes Gutenberg
b. Entwicklung der doppelten Buchführung
c. Buchdruck von Martin Luther
d. Teleskop von Hans Lippershey
e. Entdeckung Amerikas durch Columbus
f. Dampfmaschine von James Watt

- **3. Welche wichtigen Meilensteine wurden in der Phase Globalisierung 2.0 erreicht?**

a. Dampfmaschine von James Watt
b. Dampflokomotive
c. Dampfmaschine von Thomas Newcoman
d. Wandel von Landwirtschaft zur industriellen Produktion
e. Digitales Satellitenradio
f. Das iPhone revolutionierte den Smartphone Markt

- **4. Welche wichtigen Meilensteine wurden in der Phase Globalisierung 3.0 erreicht?**

a. Verbrennungsmotor
b. Smartphone
c. Internet
d. Dampflokomotive von James Watt
e. Personal-Computer
f. WLAN

- **5. Welche Aussagen in Bezug auf die Globalisierung sind richtig?**

a. Es gibt keine Definition
b. Die Definition der Globalisierung umfasst die charakteristischen Merkmale: 1. Variablen 2. Treiber 3. Konsequenz 4. Herausforderungen
c. Die Definition der Globalisierung umfasst die charakteristischen Merkmale: 1. Zeit 2. Kosten 3. Qualität
d. Unternehmen profitieren von der Globalisierung, da alles statischer und weniger komplex wird
e. Die Globalisierung verursacht permanenten Wandel im Umfeld eines Unternehmens, an den sich Unternehmen anpassen müssen. Bei der Bewältigung dieser Herausforderung kann das Controlling unterstützen

- **6. Auf welchen Variablen fußt die Definition des Controllings?**

a. Gesellschaft
b. Kapital
c. Zeit
d. Aktienkurs
e. Wirtschaft
f. Zinssatz
g. Technologie

- **7. Welche Aussagen in Bezug auf die Treiber der Globalisierung sind richtig?**

a. Treiber können nicht identifiziert werden
b. Die Treiber sind Technologie und Zeit
c. Die Treiber sind Liberalisierung und Neuheiten
d. Die Treiber erzeugen Veränderungsdruck
e. Die Treiber beeinflussen die anderen Bereiche der Globalisierung nicht

- **8. Was sind die Herausforderungen denen sich Unternehmen aufgrund der Globalisierung gegenübersehen?**

a. Zunahme von Komplexität
b. Erhöhung der Umsatzsteuer
c. Zunahme der Dynamik
d. Zunahme der Unsicherheit
e. Reduzierung der Qualität
f. Kostensteigerung

Literaturverzeichnis

Al-Rodhan, N. (2006). *Historical Milestones of Globalization*. Genf.

Clark, T., & Knowles, L. L. (2003). Global myopia: globalization theory in International Business. *Journal of International Management*, (9), 361–372.

Müller-Mahn, D. (2002). Globalisierung: Definitionen und Fragestellungen. *Geographische Rundschau*, (10), 4–5.

Schürmann, L. (2016). Das sind die wertvollsten Startups der Welt. *Manager Magazin*, 30.10.2016. Online verfügbar unter http://www.manager-magazin.de/unternehmen/artikel/uber-xiaomi-snapchat-die-wertvollsten-start-ups-der-welt-a-1060426.html.

Wissenschaftstheoretischer Standpunkt

Olaf B. Mäder

O. B. Mäder, *Controlling klipp & klar*, WiWi klipp & klar, https://doi.org/10.1007/978-3-658-15747-0_2

2

Lernziele
- Erlangung eines grundsätzlichen Verständnisses in Bezug auf die Ziele und Aufgaben der Wissenschaftstheorie.
- Kenntnis des wissenschaftstheoretischen Standpunktes des Autors als notwendige Voraussetzung für das Verstehen der weiteren Ausführungen und Argumentation.

» Wenn es nur eine einzige Wahrheit gäbe, könnte man nicht hundert Bilder über dasselbe Thema malen (Pablo Picasso).

Picassos Aussage impliziert, dass ein Künstler Motive im Rahmen ihrer Darstellung auslegt und damit seine Persönlichkeit in diese einfließen lässt. Dem Betrachter bleibt bei der Interpretation des Kunstwerkes nur die Möglichkeit zur Deutung des Gesehenen, eine Übereinstimmung wird nicht erreicht. Je mehr Informationen dem Interpreten in Bezug auf den – in diesem Falle – Maler zur Verfügung stehen, desto einfacher wird die Nachvollziehbarkeit und in Folge dessen erhöhen durch den Künstler zu seinen Werken gegebene Informationen die Anschlussfähigkeit dieser.

Dieses Phänomen ist nicht nur beschränkt auf die Kunst, sondern ist grundsätzlich im Zusammenhang mit Individuen. Ausgehend von diesem Sachverhalt werden dem Leser in diesem Abschnitt Erläuterungen zum Standpunkt des Autors innerhalb der Wissenschaftstheorie gegeben. Ziel ist es dabei nicht, mittels einer weiteren individualisierten Definition die Nachvollziehbarkeit meiner Denkansätze und Schlussfolgerungen zu erreichen, vielmehr dienen aus der Bandbreite an Möglichkeiten abgeleitete Kriterien als Maßstab, an welchem die in den weiteren Kapiteln gezogenen Schlüsse zu messen sind.

» Wissenschaftstheorie, Teilgebiet der theoret. Philos., das die Voraussetzungen, Methoden, Strukturen, Ziele u. Auswirkungen v. Wiss. untersucht (Meyers Lexikonredaktion (Hrsg.) 1994, S. 979).

Epistemologie

... Teil der Philosophie, der sich mit dem Wissen und der Wissenschaft beschäftigt. Wird als Synonym für Erkenntnistheorie verwendet. Im Zentrum der Betrachtung steht die Frage nach den Rahmenbedingungen und Limitierungen des Wissenserwerbs.

Ontologie

... Teil der Philosophie, der sich mit Existenz und Sein beschäftigt. Auch Seins-Lehre genannt.

Die Definition des Begriffs „Wissenschaftstheorie" wird im Weiteren als feststehend angenommen. Problematisch im Sinne von diskussionswürdig stellt sich in der wissenschaftlichen Auseinandersetzung die Interpretation und Ausgestaltung der Begriffe „Voraussetzungen", „Methoden", „Strukturen", „Ziele" und „Auswirkungen" dar. Strittig ist dabei insbesondere das Verhältnis von Subjekt (Wissenschaftler) und Objekt (Forschungsgegenstand).

Bewusst werden zwei konträre wissenschaftstheoretische Grundströmungen, der Rationalismus und der Konstruktivismus, gegenübergestellt. Durch die damit erzeugte Polarisierung treten die Gegensätze dieser scharf hervor. Dies vereinfacht im Anschluss die Herausarbeitung meiner eigenen Haltung.

Bei der Erarbeitung von Unterscheidungsmerkmalen beziehe ich mich grundsätzlich auf die klassische Richtung des Rationalismus. Diese Form, deren Wurzeln in der Denkweise der griechischen Antike – speziell der des Sokrates – liegen, nimmt eine scharfe Trennung zwischen echtem Wissen – welches begründet ist und somit „die Wahrheit" darstellt – und Meinen bzw. Glauben vor. (Seiffert und Radnitzky 1989)

Prägnant charakterisiert wird der Rationalismus durch folgende Aussage:

» Was auch immer die näheren Einzelheiten einer rationalistischen Formulierung sind, ein wichtiger Aspekt ist in jedem Fall ihre Allgemeingültigkeit und ihr ahistorischer Charakter (Chalmers 1989).

Basis des klassischen Rationalismus sind Axiome. Sie stellen die gültige Wahrheit dar und sind deshalb auch ohne Beweis als absolut richtige Grundsätze anzuerkennen. Aus diesen allgemeinen Annahmen wird mit Hilfe von Ableitungen ein axiomatisch-deduktives System geschaffen. Das beschriebene Vorgehen soll sicherstellen, dass das Ergebnis die Wirklichkeit allgemeingültig abbildet.

Auf Grund des vertretenen Universalitätsanspruchs waren der klassische Rationalismus und seine Protagonisten seit jeher stürmischer Kritik ausgesetzt. Bereits Xenophanes hat diesen Dogmatismus mit dem Hinweis zurückgewiesen, dass „… das durch die Vernunft erlangte Wissen teilweise ‚hypothetisch' ist …" (Seiffert und Radnitzky 1989, S. 177).

Die Kontroverse hatte und hat nach meiner Meinung eine katalysierende Wirkung auf die Weiterentwicklung der Wissenschaftstheorie. Der klassische Rationalismus kann somit für sich in Anspruch nehmen, grundlegend zur Ausdifferenzierung dieser beigetragen zu haben.

Ähnlich dem Rationalismus haben sich unter dem Oberbegriff „Konstruktivismus" verschiedene, zum Teil stark divergente Ausprägungen herausgebildet. Im Folgenden bildet der durch die Wissenschaftler Humberto R. Maturana, Heinz von Förster und Ernst von Glasersfeld grundlegend gestaltete radikale Konstruktivismus die Basis der Ableitung.

Kennzeichnend für die Grundeinstellung des radikalen Konstruktivismus ist:

» Dementsprechend verabschiedet sich der radikale Konstruktivismus von der Vorstellung, mit Hilfe korrespondenztheoretischer Überlegungen die Realität abbilden zu können. Er ersetzt die vermeintlich realen Fakten dieser Welt durch individuelle Wirklichkeitskonstruktionen (Philipp 2000).

Das Subjekt steht im Mittelpunkt der Betrachtung. Realität bzw. Wirklichkeit ist nicht um das Subjekt, sondern wird durch dieses konstruiert. Die individuelle Wirklichkeitskonstruktion stellt dabei einen Rechenprozess dar, in welchem

» … mehrere Reize und Eindrücke, die ins Innere gelangen, im Nervensystem in einen Zusammenhang gebracht (werden, Anmerkung des Verfassers) (Förster und Pörsken 1998, S. 18).

Die subjektive Konstruktion beinhaltet einen Selektionsprozess, über den nur bestimmte Reize den Zugang zum Inneren des Systems erlangen und verarbeitet werden. Durch diesen Vorgang wird die deckungsgleiche Konstruktion zweier Wirklichkeiten unmöglich.

» Für den Radikalen Konstruktivismus folgt daraus, dass Wissenschaft nie ein Bereich objektiver Erkenntnis sein kann, und dass die Objektivität und die Wahrheit nicht als Legitimation von Wissenschaft gelten dürfen, da sie nie absolut, sondern immer subjektabhängig sind (Tomaschek 1999).

Auf Grund des Objektivitätsausschlusses stellt sich die Frage nach der Machbarkeit von Kommunikation und in der Konsequenz nach dem sozialen Zusammenleben. Zur Gewährleistung dieser wird eine Abfolge von Handlungen eingeführt, an deren Ende ein Konsens oder Dissens steht. Vorangestellt ist der Austausch von Signalen, die vom jeweiligen Empfänger im Rahmen seiner Wirklichkeitskonstruktion zu Informationen zusammengesetzt werden. Um als Ergebnis Einvernehmen oder Meinungsverschiedenheit feststellen zu können, bedarf es aber einer „impliziten Ethik".

Die „Ethik" gibt es nicht und ist somit nach v. Foerster unaussprechlich. Sie muss in der Sprache immer anwesend, implizit, sein.

» Ich möchte Sprache und Handeln auf einem unterirdischen Fluss der Ethik schwimmen lassen und darauf achten, dass keines der beiden untergeht, so dass Ethik nicht explizit zu Wort kommt und Sprache nicht zur Moralpredigt degeneriert (Förster 1993, S. 68 f).

Wichtiger Bestandteil dieser ist die Aufforderung, den Versuch zu unternehmen, sich in die Situation des Gegenübers zu versetzen und darüber ein Verständnis für seine Erkenntnis der Dinge zu entwickeln. Durch die Auflösung des Kommunikationskonflikts und der sich ergebenden Möglichkeit vielfacher Übereinstimmung wird die Approximation an eine „Quasiwirklichkeit" geschaffen.

> Je verlässlicher die Wiederholung so eines Erlebnisses sich heraufbeschwören lässt, um so solider wird der Eindruck seiner Wirklichkeit (Förster et al. 1998, S. 33).

Auch der radikale Konstruktivismus ist, vor allem auf Grund seiner Trennung von Subjekt und Objekt, starker Kritik ausgesetzt (Mahlmann 1999). Durch dieses Vorgehen, in Verbindung mit der spezifischen Betrachtung und Aufwertung des Individuums, hat er zur Erweiterung der Handlungsoptionen der Systemtheorie beigetragen.

Die Gegenüberstellung des klassischen Rationalismus und des radikalen Konstruktivismus hat deutlich gemacht, wie unterschiedlich die Sichtweisen und daraus resultierenden Meinungen in Bezug auf die Wissenschaftstheorie sein können. Neben diesen beiden Positionen gibt es weitere wissenschaftstheoretische Richtungen, die durch permanente individuelle Anpassungen und Abwandlungen die Entscheidungsmöglichkeiten auf ein – nach meiner Meinung – unüberschaubares Maß anwachsen lassen. Im Folgenden werden deshalb Kriterien abgeleitet, welche als Maßstab für die Arbeit fungieren und gleichzeitig meinen wissenschaftstheoretischen Standpunkt festlegen.

Den grundlegenden Rahmen bilden die konstruktivistischen Postulate nach Heinz von Förster. Dies sind im Einzelnen „Kooperation", „Anerkennung des Anderen als autonomes Subjekt", „Interaktionalität der Bedeutungs- und Sinnkonstruktionen" und „Erweiterung von Handlungsalternativen" (Rusch und Schmidt 1995).

Entscheidende Bedeutung kommt dem Subjekt zu. Auf Grund der subjektiven Wirklichkeitskonstruktion ist es nicht möglich, die Wahrheit als Abschließendes zu erreichen. Hypothesen werden vielmehr als Lösungsvorschläge verstanden, die als optionale Orientierungs- und Entscheidungshilfe Ausgangspunkt für einen diese betreffenden Diskussionsprozess darstellen. Eine gemeinsame Zeichenmenge ist Voraussetzung dieses Diskurses, wobei das Ergebnis offen ist, das heißt beim Fortbestand divergierender Meinungen sind diese von den Diskutanten zu tolerieren.

Speziell für die Betriebswirtschaft bedeutet dies, dass sie praktikable Lösungswege aufzeigt: „Für die Praxis ist wichtig, dass sie in der Theorie der Unternehmung Orientierungshilfe und Entscheidungshilfen findet." (Albach 2001, S. 32). Dieser Sichtweise schließt sich beispielsweise Wüthrich an (Wüthrich 1984).

Auch wenn der Nobelpreisträger Mullis die Meinung vertritt „Wenn 99 Prozent aller Wissenschaftler einer Meinung sind, ist sie mit großer Wahrscheinlichkeit falsch" (Behr und Reichardt 2000, S. 22), sehe ich die Nutzungshäufigkeit einer nichtbeweisbaren Aussage als Gradmesser zu qualitativen Unterscheidung. Hinsichtlich der Aussage von Mullis ist meine Hypothese zwar kritisch zu betrachten, jedoch gibt es eine Vielzahl von Beispielen in allen Wissenschaftsbereichen, die eine gegenteilige, das heißt meine Argumentation stützen. Darüber hinaus ist die Häufigkeit der Zuhilfenahme meines Erachtens ein Indiz für die Qualität einer Hypothese, da zum einen durch permanente Hinterfragung und Reflexion die Wahrscheinlichkeit der zukünftigen Wiederholung erhöht wird und zum anderen die erneute Selektion, zur Wirklichkeitskonstruktion eines Individuums, auf eine Kausalität der Vermutung und deren Praktikabilität hindeutet.

Nach Ernst-Ludwig Winnacker muss im Weiteren zwischen Möglichem und Wahrscheinlichem differenziert werden. So ist es nach der kinetischen Gastheorie möglich, dass „... sich plötzlich alle Gasmoleküle in diesem Zimmer in dessen hintere Hälfte zurückziehen und wir hier ersticken." (Klein 2001, S. 15), aber seiner Meinung nach unwahrscheinlich.

Als exemplarische Parallele zu sich in der Praxis bewährten Aussagen der Naturwissenschaft, sehe ich für die Betriebswirtschaft die Balanced Scorecard (BSC). Kaplan und Norton haben damit ein Instrument entwickelt, welches, individuell anpassbar, dazu beitragen kann, die strategische und operative Perspektive zu verknüpfen (Kaplan und Norton 1997). Die Erkenntnis, dass Unternehmenserfolg von verschiedenen Variablen und auch qualitativen Aspekten determiniert wird, ist mittlerweile anerkannte und die BSC ein häufig in der betrieblichen Praxis eingesetztes (Controlling-) Instrument.

Voraussetzungen	*Trennung von Epistemologie und Ontologie*
Methoden	*Selbstkonstruktion der Wirklichkeit durch die Individuen*
Strukturen	*Kommunikation der Individuen wird über die Nutzung der ‚impliziten Ethik' sichergestellt*
Ziele	*Orientierungs- und Entscheidungshilfen tragen zur Problemlösung bei*
Auswirkungen	*Die Nutzungshäufigkeit wird zum Gradmesser für die Qualität von Hypothesen*

Abb. 2.1 Merkmale des zugrundeliegenden wissenschaftstheoretischen Verständnisses

Glasersfeld spricht in diesem Zusammenhang allgemein von einem hinreichenden Repertoire gemeinsamer Erfahrungen, welche dazu beitragen können, dass Zweideutigkeiten und Missverständnisse im Zusammenleben verhindert werden (Glasersfeld 2001).

Als wissenschaftstheoretische Leitmaxime für diese Arbeit bilden die in Abb. 2.1 dargestellten fünf Bestandteile eine spezifische Kausalkette. Für den Forschungsprozess ist es dabei notwendig, dass ich mein Verständnis für die Rahmenbedingungen in Bezug auf das Erkenntnisobjekt darlege und darauf aufbauend die Ableitung der Lösungsvorschläge begründe. Durch dieses Vorgehen wird sichergestellt, dass der Leser mittels der gegebenen Informationen, trotz der von mir subjektiv vorgenommenen Interpretation des Sachverhaltes, anschlussfähig bleibt und in der Folge die Grundlage für eine (ergiebige) Diskussion gegeben ist.

Neben der Relevanz der Erkenntnisse hinsichtlich Voraussetzungen, Methoden, Strukturen, Ziele und Auswirkungen zur Theorieableitung des objektivierungsorientierten Controllingansatzes, ergeben sich auch Implikationen für die praktische Umsetzung. Insbesondere das Wissen darüber, dass Individuen ihre Wirklichkeit selbst konstruieren, ist bei der praktischen Ausgestaltung eines Controllingsystems zu berücksichtigen. Den sich daraus ergebenden möglichen Verzerrungen und den in der Folge resultierenden schlechteren Entscheidungen muss entgegengewirkt werden. Nur so kann die Entscheidungsqualität in Unternehmen und damit deren Wettbewerbsfähigkeit erhöht werden.

Zusammenfassung
Mein wissenschaftstheoretischer Standpunkt und damit der Maßstab für die vorliegende Arbeit lässt sich zusammenfassend wie folgt skizzieren:

- Ausgangs- und Mittelpunkt sind Individuen, welche ihre Wirklichkeit selbst organisieren und erzeugen;
- Voraussetzung des sozialen Zusammenlebens ist eine durch die Eigenschaften „Toleranz", „Respekt", „Interaktionswille" und „gemeinsame Zeichenbasis" geprägte offene Diskussion;
- spezifische Zielsetzung für die hier vorgenommene betriebswirtschaftliche Betrachtung ist die Ableitung von hypothetischen Problemlösungsmöglichkeiten, welche als Orientierungs- und Entscheidungshilfe dienen.

Weiterführende Literatur

- Mäder (2006). *Ein Cockpit für den Aufsichtsrat.* Wiesbaden.
- Lynn (2001). *The Dream of Reality: Heinz von Foerster's Constructivism.* New York.
- Förster, & Pörksen (2006). *Wahrheit ist die Erfindung eines Lügners: Gespräche für Skeptiker.* Heidelberg.
- Wüthrich, Philipp, Winter (2001). *Grenzen ökonomischen Denkens – Auf den Spuren einer dominanten Logik.* Wiesbaden.

2

2.1 Übungsaufgaben: Wissenschaftstheoretischer Standpunkt

- **1. Benennen Sie die richtigen Aussagen in Bezug auf den radikalen Konstruktivismus und den klassischen Rationalismus!**

a. Im radikalen Konstruktivismus gibt es eine auf Axiomen basierende Wahrheit.
b. Im klassischen Rationalismus gibt es eine auf Axiomen basierende Wahrheit.
c. Im Zentrum der Betrachtung des radikalen Konstruktivismus steht das Subjekt.
d. Grundannahme des radikalen Konstruktivismus ist es, dass jedes Subjekt seine eigene Wirklichkeit konstruiert.
e. Der klassische Rationalismus basiert auf Axiomen.

- **2. Mit welchen Elementen von Wissen setzt sich die Wissenschaftstheorie, als Teil der theoretischen Philosophie, auseinander?**

a. Strukturen
b. Ziele
c. geschichtlichen Wurzeln
d. Voraussetzungen
e. quantitativer Vorhersagbarkeit
f. Methoden
g. Auswirkungen

- **3. Welche Merkmale sind für das hier vertretene wissenschaftstheoretische Verständnis zentral?**

a. Individuen konstruieren Ihre Wirklichkeit selbst!
b. Ziel eines Diskurses ist immer Konsens!
c. Hypothesen sind immer zu falsifizieren!
d. Axiome können die Kommunikation vereinfachen!
e. Die Kommunikation von Individuen wird über die Nutzung einer impliziten Ethik sichergestellt!
f. Toleranz, Respekt, Interaktionswille und eine gemeinsame Zeichenbasis sind Voraussetzung für Kommunikation!
g. Orientierungs- und Entscheidungshilfen tragen zur Problemlösung bei!

2.2 Lösungen zu den Übungsaufgaben: Wissenschaftstheoretischer Standpunkt

Die richtigen Antworten sind „fett" hervorgehoben.

- **1. Benennen Sie die richtigen Aussagen in Bezug auf den radikalen Konstruktivismus und den klassischen Rationalismus!**

a. Im radikalen Konstruktivismus gibt es eine auf Axiomen basierende Wahrheit.
b. Im klassischen Rationalismus gibt es eine auf Axiomen basierende Wahrheit.
c. Im Zentrum der Betrachtung des radikalen Konstruktivismus steht das Subjekt.
d. Grundannahme des radikalen Konstruktivismus ist es, dass jedes Subjekt seine eigene Wirklichkeit konstruiert.
e. Der klassische Rationalismus basiert auf Axiomen.

- **2. Mit welchen Elementen von Wissen setzt sich die Wissenschaftstheorie, als Teil der theoretischen Philosophie, auseinander?**

a. Strukturen
b. Ziele
c. geschichtlichen Wurzeln
d. Voraussetzungen
e. quantitativer Vorhersagbarkeit
f. Methoden
g. Auswirkungen

- **3. Welche Merkmale sind für das hier vertretene wissenschaftstheoretische Verständnis zentral?**

a. Individuen konstruieren Ihre Wirklichkeit selbst!
b. Ziel eines Diskurses ist immer Konsens!
c. Hypothesen sind immer zu falsifizieren!
d. Axiome können die Kommunikation vereinfachen!
e. Die Kommunikation von Individuen wird über die Nutzung einer impliziten Ethik sichergestellt!
f. Toleranz, Respekt, Interaktionswille und eine gemeinsame Zeichenbasis sind Voraussetzung für Kommunikation!
g. Orientierungs- und Entscheidungshilfen tragen zur Problemlösung bei!

Literaturverzeichnis

Albach, H. (2001). Die Betriebswirtschaftslehre als Orientierungs- und Entscheidungshilfe. *Frankfurter Allgemeine Zeitung*, 12.03.2001, 32.

Behr, R. (2000). Interview mit dem Nobelpreisträger für Chemie Kary Mullis. *Süddeutsche Zeitung – Magazin*, 23.06.2000, 22.

Chalmers, A. (1989). *Wege der Wissenschaft*. Berlin.

von Förster, H. (1993). *KybernEthik*. Berlin.

von Förster, H., & Pörsken, B. (1998). *Wahrheit ist die Erfindung eines Lügners* (2. Aufl.). Heidelberg.

von Förster, H., Glasersfeld, E., Hejl, P., Schmidt, S., Watzlawick, P. (1998). *Einführung in den Konstruktivismus* (4. Aufl.). München.

Glasersfeld, E. (2001). Über die Grenzen der Sprache. In H. Wüthrich, A. Philipp, W. Winter (Hrsg.), *Grenzen ökonomischen Denkens – Auf den Spuren einer dominanten Logik*. Wiesbaden.

Kaplan, R., & Norton, D. (1997). *Balanced Scorecard: Strategien erfolgreich umsetzen*. Stuttgart.

Klein (2001). Der Mensch ist mehr als die Summe seiner Gene – Interview mit Ernst-Ludwig Winnacker. *Frankfurter Allgemeine Zeitung*, 03.02.2001, 15.

Mäder, O. (2006). *Ein Cockpit für den Aufsichtsrat – Entwurf eines systemisch-prozessorientierten Modells zur aufgabenspezifischen Informationsversorgung des Aufsichtsrats*. Wiesbaden.

Mahlmann, M. (1999). *Rationalismus in der praktischen Theorie*. Baden-Baden.

Meyers Lexikonredaktion (Hrsg.) (1994). *Meyers großes Handlexikon* (17. Aufl.). Mannheim.

Philipp, A. (2000). *Die Selbstverantwortung der Betriebswirtschaft – Versuch einer gesellschaftsorientierten Haltung*. Frankfurt am Main.

Rusch, G., & Schmidt, S. (1995). *Konstruktivismus und Ethik*. Frankfurt am Main.

Seiffert, H., & Radnitzky, G. (1989). *Handlexikon zur Wissenschaftstheorie*. München.

Tomaschek, N. (1999). *Der Konstruktivismus: Versuch einer Darstellung der konstruktiv(istisch)en Philosophie*. Regensburg.

Wüthrich, H. (1984). *Ansatz eines mehrdimensionalen Führungskonzeptes zur Durchsetzung des strategischen Managements in der Unternehmung*. St. Gallen.

Allgemeiner Managementkreislauf

Olaf B. Mäder

O. B. Mäder, *Controlling klipp & klar*, WiWi klipp & klar, https://doi.org/10.1007/978-3-658-15747-0_3

3

Lernziele
- Kenntnis der grundsätzlichen Abfolge notwendiger Aktivitäten zur Erreichung unternehmerischer Ziele.
- Verständnis über den Mehrwert von Managementinstrumenten, als Hilfsmittel im Managementprozess.

In diesem Kapitel wird ein Standardprozess, basierend auf vier Hauptaktivitäten, beschrieben, den Führungskräfte bei jeder Aufgabenstellung durchlaufen sollten. Auch wenn der allgemeine Managementkreislauf sehr simpel erscheint, ist es aus meiner Sicht evident, immer strukturiert und fundiert zu handeln, da alle alternativen Vorgehensweisen Zeit und Geld verschwenden werden.

» Der Langsamste, der sein Ziel nicht aus den Augen verliert, geht noch immer geschwinder, als jener, der ohne Ziel umherirrt (Gotthold Ephraim Lessing).

Ausgangspunkt des in ◘ Abb. 3.1 dargestellten allgemeinen Managementkreislaufes muss die Zielbildung sein. Das Zitat von Lessing hinsichtlich der Zielorientierung verdeutlicht, dass das Fehlen eines klaren Zieles immer zu Ressourcenverschwendung führen wird. Der Zielbildungsprozess ist somit eine notwendige Voraussetzung für effektives und effizientes Handeln.

Effektivität

... ist ein Maß für die Fähigkeit ein definiertes Ziel zu erreichen. Der Aufwand ist in diesem Kontext nicht relevant. Es wird einzig die Zielerreichung betrachtet.
- Kurz: die richtigen Dinge tun.

Effizienz

... ist ein Maß für das Kosten-Nutzen-Verhältnis und reflektiert somit die angemessene Nutzung der Ressourcen
- Kurz: die Dinge richtig tun.

Die Beachtung dieses Grundsatzes ist dabei von zentraler Bedeutung, insbesondere in Bezug auf die Betriebswirtschaftslehre und die Führung von Unternehmen sowie aus Sicht des Controllings, da die in Unternehmen verfügbaren Ressourcen in der Regel limitiert sind und deshalb deren optimale Allokation eine wichtige Voraussetzung ist. Der Zielbildungsprozess kann dabei in fünf Phasen unterteilt werden:

1. **Zielsuche:** In dieser ersten Phase sind eine Vielzahl von möglichen Zielen zu sammeln. In diesem Stadium ist es irrelevant, ob die Ziele realistisch sind oder nicht, es geht vielmehr darum, sich eine Vorstellung über das Zielspektrum zu verschaffen und somit ein besseres Verständnis für die Problematik zu erhalten.
2. **Operationalisierung der Ziele:** Im nächsten Schritt erfolgt eine Detaillierung der Ziele. Dies umfasst sowohl die qualitative als auch quantitative Beschreibung und Ausgestaltung möglicher Ziele. Die Quantifizierung ist insbesondere in den weiteren Phasen des allgemeinen Managementkreislaufs von Bedeutung, da durch einen quantitativen Soll-Ist-Vergleich die Zielerreichung gemessen werden kann.
3. **Zielanalyse und -bewertung:** Aus der umfangreichen Liste der möglichen Ziele, die unter 1. Erstellt wurde, ist eine Short-List zu erstellen. Dieser Prozess muss anhand klarer Kriterien nachvollziehbar erfolgen.
4. **Prüfung der Realisierbarkeit:** Die in die engere Wahl gezogenen Ziele müssen nun hinsichtlich der Machbarkeit überprüft werden. Neben dem Abgleich mit den vorhanden personellen und materiellen Ressourcen sind weitere Aspekte in die Machbarkeitsprüfung einzubeziehen. Ziele sollen zwar herausfordernd sein, jedoch wirken unrealistische Ziel in der Regel demotivierend.
5. **Auswahlentscheidung:** Diese finale Entscheidung fußt auf den erhobenen Informationen der ersten vier Phasen. Damit wird ein objektivierter Prozess sichergestellt (siehe ► Abschn. 6.3). Ein weiterer Vorteil eines strukturierten und fundierten Zielbildungsprozesses ist die geschaffene Informations- und Wissensbasis auf die im weiteren Prozess zurückgegriffen werden kann.

Planung

... gedankliche Vorwegnahme zukünftigen Handelns.

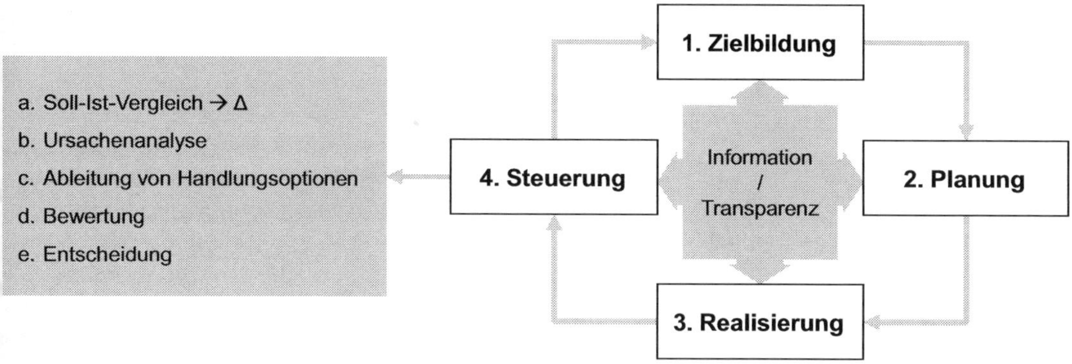

Abb. 3.1 Allgemeiner Managementkreislauf

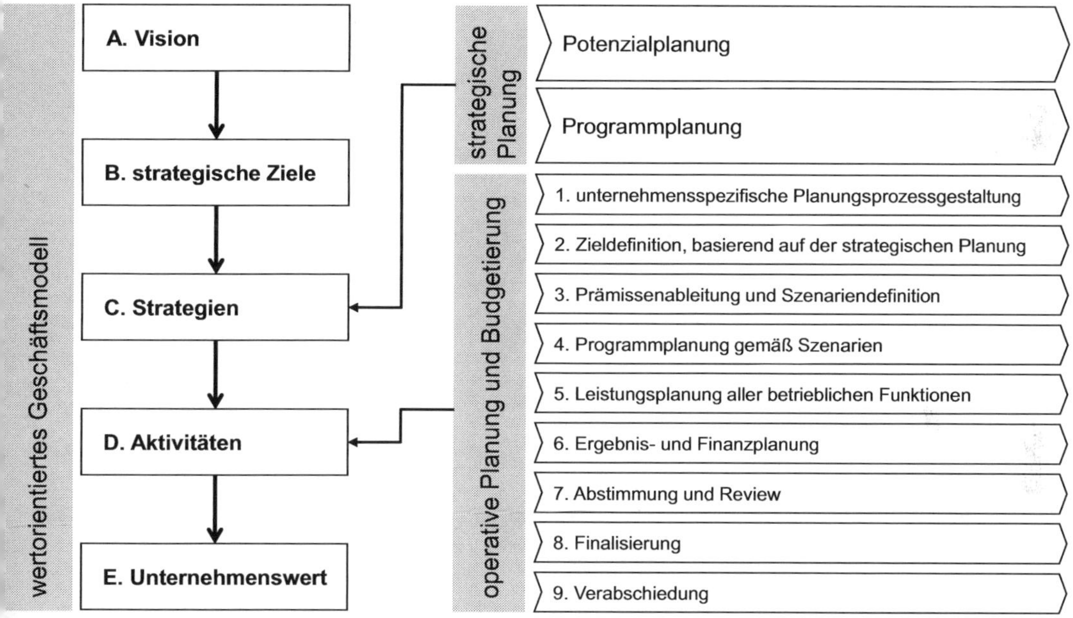

Abb. 3.2 Der unternehmerische Planungsprozess

Nach dem Zielbildungsprozess erfolgt die Planung, der zweite Schritt im Rahmen des allgemeinen Managementprozesses. Die Definition für Planung zeigt auf, dass es hier um die Auseinandersetzung mit der Zukunft geht. Vor dem Hintergrund der Erkenntnis in Bezug auf die Globalisierung, dass hinsichtlich der Aspekte Komplexität, Dynamik und Unsicherheit eine Zunahme zu verzeichnen war und auch in Zukunft sein wird, stellt sich die Frage, ob Planung sinnvoll ist, wenn diese „den Zufall durch den Irrtum" ersetzt.

Ich stimme den Kritikern zu, wenn diese behaupten, dass die Planung sehr wahrscheinlich falsch sein wird, d. h., dass die Realität eine andere sein wird. Die Konsequenz ist für jedoch nicht, auf Planung zu verzichten. Aus meiner Sichtweise wäre es fatal, Planung aufzugeben. Vielmehr stellt die Planung weiterhin für mich den wichtigsten Teil des Managementkreislaufes dar, was es evident macht, die Planung differenziert zu betrachten und umzusetzen. Ein mögliches Vorgehensmodell ist in Abb. 3.2 dargestellt.

Beispiel: Zusammenhang strategischer und operativer Planung

Die Ergebnisse der strategischen Planung bilden die Grundlage für die Unternehmensaktivitäten und da-

mit die operative Planung. Änderungen in der strategischen Planung können somit enorme Auswirkungen auf die operative Planung haben.
Anhand der strategischen Neuausrichtung des Unternehmens Blackberry wird dieser Aspekt illustriert. Blackberry traf im Rahmen der Restrukturierung die Entscheidung, dass die Hardware, d. h. die Endgeräte, nicht mehr selber, sondern durch einen Auftragsfertiger produziert werden sollen. Unter der Annahme, dass die Programmplanung hinsichtlich der Absatzzahlen Bestand hat, ergeben sich aus dem Wechsel von „make" zu „buy" signifikante Auswirkungen für die operative Planung, insbesondere hinsichtlich der benötigten Ressourcen in der betrieblichen Funktion „Produktion".

Zuerst ist zwischen strategischer und operativer Planung zu unterscheiden. Als Basis kann das wertorientierte Geschäftsmodell heranzogen werden (siehe auch ▶ Abschn. 5.3). Während in den Phasen „1. Vision" und „2. Strategische Ziele" der strategische Zielbildungsprozess stattfindet, erfolgt die Realisierung in den Phasen 3. Strategie (strategische Planungsaspekte) und 4. Aktivitäten (operative Planungsaspekte). Da die strategischen Handlungsoptionen vielfältig sind, wird die Wertkette nach Porter als Basisstruktur herangezogen. So ergibt sich eine grundsätzlich funktionsorientierte Sichtweise. Die Fähigkeiten des Unternehmens müssen analysiert und entsprechende Kernkompetenzen definiert werden. Darauf aufbauend muss hinsichtlich aller primären und unterstützenden Aktivitäten und über alle betrieblichen Funktionen hinweg eine Make-or-Buy-Entscheidung getroffen werden. Neben der Potenzialplanung hat im Rahmen des strategischen Planungsprozesses auch die Programmplanung zu erfolgen. Die Ergebnisse beider strategischer Planungsschritte stellen die Basis für die operative Planung dar.

Die prozessuale Gestaltung der operativen Planung orientiert sich am „Controlling-Prozessmodel" (International Group of Controlling (Hrsg.) 2011). Adaptiert ergeben sich als Elemente für die operative Planung neun Prozessschritte (vgl. ◘ Abb. 3.2). In einem ersten Schritt ist zu überprüfen, ob der allgemeine Planungsprozess aufgrund unternehmensspezifischer Gegebenheiten anzupassen ist. Basierend auf den Ergebnissen der strategischen Potenzial- und Programmplanung sind operative Zielvorgaben zu definieren. Diese, verknüpft mit weiteren Annahmen wie beispielsweise über volkswirtschaftliche oder technologische Entwicklungen, führen zu Planungsprämissen. Gemäß dem Objektivierungsgebot ist nicht einwertig zu planen, vielmehr ist die Unsicherheit in Szenarien abzubilden. Die Unsicherheit von Planung wird auf diese Weise klar herausgestellt. Die folgende operative Programmplanung bildet die Basis für die funktionale Leistungsplanung. Ausgehend von den ermittelten Quantitäten ist die Monetarisierung als Ergebnis- und Finanzplanung möglich. Im Rahmen des Genehmigungs- und Kommunikationsprozesses erfolgt im siebenten Schritt die Abstimmung mit den Bereichen sowie mit den Leitungs- und Überwachungsgremien. Die neu gewonnenen Erkenntnisse fließen in eine finale Planungsversion ein, die dann formal zu verabschieden ist.

Dieser allgemeine Planungsprozess erlaubt eine Strukturierung, die hinsichtlich ihres Abstraktionsgrades sowohl den strategischen als auch den operativen Erfordernissen Rechnung trägt.

Der dritte Schritt des allgemeinen Managementprozesses „Realisierung" umfasst alle Aktivitäten im Unternehmen. Die Bandbreite an Möglichkeiten ist dabei nahezu unendlich. Diese Phase umfasst die Entwicklung, Produktion und den Verkauf eines neuen Flugzeuges ebenso, wie die faktischen Gründungsaktivitäten eines Start-Ups oder die Herstellung eines Zahnstochers. Diese Aktivitäten haben zwei zentrale Aspekte gemeinsam. Auf der einen Seite ist es der praktische Test, ob der Plan funktioniert oder nicht. Auf der anderen Seite werden durch Aktivitäten Auszahlungen oder Einzahlungen generiert. In der hier verwandten Logik der Unternehmenswertorientierung (vgl. ▶ Kap. 5), die auf Free Cash-Flows fußt, wird damit der Unternehmenswert direkt beeinflusst.

Wie oben bereits aufgezeigt, wird in der Realität der Plan regelmäßig vom Ist abweichen. Dies führt zum vierten Schritt des allgemeinen Managementkreislaufs der Steuerung. Wie in ◘ Abb. 3.1 dargestellt, ergibt der Soll-Ist-Vergleich regelmäßig dieses Delta (Δ). Die Abweichung ist auf die Unsicherheit von unternehmerischen Entscheidungen zurückzuführen, die, insbesondere aufgrund ihrer Zukunftsorientierung, nicht beseitigt werden können. Im Weiteren sind die Daten der vorhergehenden Phasen, insbesondere aus der Planungsphase, von entscheidender Bedeutung. Auf der einen Seite sind die Planwerte Voraussetzung für die quantitative Ermittlung der Abweichung durch die Differenzbildung von Plan und Ist.

Auf der anderen Seite sind die zugrundeliegenden Informationen, Annahmen und Prämissen entscheidend für die sich an den Soll-Ist-Vergleich anschließende Ursachenanalyse. Nur wenn hier aus der Planungsphase detaillierte und nachvollziehbare Informationen vorliegen, ist es möglich die Gründe für die Abweichung zu ermitteln.

Die Ursachen sind im Weiteren Grundlage für die Erarbeitung von Handlungsoptionen. Grundsätzlich sind hier zwei Entscheidungsfelder möglich. Zum einen die Ableitung von Gegenmaßnahmen, um die Zielerreichung sicherzustellen und zum anderen die Anpassung der Ziele. Welche der beiden Bereiche realisiert werden sollen oder müssen hängt von der Ausgangslage ab. Das grundsätzlich schlechtere Szenario ist die Zielanpassung. „Gewinnwarnungen", d. h. die Information des Kapitalmarktes darüber, dass ein Unternehmen die ursprünglichen Ziele in Bezug auf den Jahresgewinn nicht erreichen kann, sind hierfür ein Beispiel der Zielanpassung als Ergebnis des Steuerungsprozesses. Neben dieser Handlungsmöglichkeit muss in dieser dritten Phase „Ableitung von Handlungsoptionen" überprüft werden, welche Möglichkeiten es gibt, beispielsweise durch kurzfristige Kosteneinsparung oder Effizienzsteigerung, die originären Gewinnziele doch noch zu erreichen.

Im Weiteren sind die Handlungsoptionen einer dezidierten Bewertung zu unterziehen. Grundlage dafür sind erneut Planungsszenarien. Die Erstellung dieser erfolgt grundsätzlich analog der Phasen des Planungsprozesses. Gegebenenfalls ist hier selektiv vorzugehen. Basierend auf den zur Verfügung stehenden Informationen sind die Vor- und Nachteile der Möglichkeiten gegenüberzustellen und abzuwägen, welche Konsequenzen die jeweiligen Entscheidungen haben. In Bezug auf das Beispiel „Gewinnzielerreichung" ergibt sich das Risiko bei der Kommunikation einer Gewinnwarnung, dass die Teilnehmer am Kapitalmarkt, d. h. Kreditgeber und Anteilseigner, negativ darauf reagieren. Werden Gewinnwarnungen häufiger kommuniziert, zeigt die Praxis, dass das Vertrauen in die Fähigkeiten des Topmanagements häufig nachhaltig erschüttert wird, was meistens zu personellen Konsequenzen führt. Im Gegensatz dazu ist bei der Definition von Gegenmaßnahmen insbesondere darauf zu achten, ob diese sowohl vom Umfang her als auch in Bezug auf die zeitliche Betrachtung ausreichen und es realistisch ist, mit diesen Maßnahmen die Erreichung der Ursprungsziele zu gewährleisten.

Im Ergebnis der ersten vier Schritte der Steuerungsphase des allgemeinen Managementprozesses liegt eine fundierte Grundlage, gemessen an den entscheidungsrelevanten Informationen, vor, auf der das Management seine Entscheidung treffen kann.

Hinsichtlich der organisationalen Wahrnehmung gilt es zu unterstreichen, dass die Schritte 4.a. bis 4.d. grundsätzlich vom Controlling wahrgenommen werden können/müssen. Die tatsächliche Entscheidung in 4.e. obliegt jedoch dem Management. Das Controlling hat ausschließlich eine Unterstützungsfunktion!

Zusammenfassung

Der allgemeine Managementkreislauf ist ein erstes Werkzeug, welches dazu genutzt wird, die Komplexität unternehmerischen Handelns handhabbar zu machen.

Die Nutzung dieses Ansatzes trägt dazu bei sowohl Effektivität als auch Effizienz sicherzustellen und ist somit entscheidend für unternehmerischen Erfolg.

▪ Weiterführende Literatur

- Mäder (2015). Den Planungsprozess optimieren, *Controlling & Management Review 2015*(1), 8.
- Horváth (2003). Hat die Budgetierung noch Zukunft? *Zeitschrift für Controlling und Management 1*(47), 4.
- Womack, & Jones (2003). *Lean Thinking: Banish Waste and create Wealth in your Corporation*. New York.
- Silver (2012). *The Signal and the Noise. Why so many Predictions fail – but some don't*. New York.
- PMI (2010). *A Guide to the Project Management Body of Knowledge* (PMBOK Guide).

3

3.1 Übungsaufgaben: Allgemeiner Managementkreislauf

1. Was ist der allgemeine Managementkreislauf?

a. Ein Dokument, das alle Methoden umfasst, die ein Manager wissen muss.
b. Ein Prozess, der den Managementkreislauf hinsichtlich Entscheidung und Umsetzung einfach strukturiert.
c. Ein Verfahren, das sicherstellt, dass alle betrieblichen Funktionen einheitlich auf die Erreichung der Unternehmensziele hinarbeiten.
d. Eine Checkliste, die sicherstellt, dass Manager bei Entscheidungen alle notwendigen Daten berücksichtigt haben.

2. Was sind die Schritte des allgemeinen Managementkreislaufs?

a. Brainstorming
b. Reporting
c. Zielbildung
d. Management
e. Planung
f. Berechnung
g. Realisierung
h. Steuerung

3. In welcher Reihenfolge müssen die Schritte des allgemeinen Managementprozesses ablaufen?

a. Zielbildung, Planung, Realisation, Steuerung, Reporting
b. Planung, Zielbildung, Realisation, Steuerung
c. Zielbildung, Planung, Realisation, Steuerung
d. Ursachenanalyse, Ableitung von Handlungsoptionen, Bewertung, Entscheidung

4. Welche der folgenden Aussagen ist hinsichtlich der „Zielbildung" richtig?

a. Mit einem Ziel wird die gedanklich das zukünftige Handeln vorweggenommen.
b. Mit einem Ziel wird eine klare Vorgabe hinsichtlich der zu erreichenden Ergebnisse definiert.
c. Mit einem Ziel wird die Grundlage geschaffen, die Voraussetzung für effektives und effizientes Handeln ist.
d. Nach der Zielbildung erfolgt die Realisierung.
e. Bevor ein Ziel definiert werden kann, ist detailliert zu planen.

5. Wie wird „Planung" definiert?

a. Planung ist der dritte Schritt.
b. Planung ist die gedankliche Vorwegnahme zukünftigen Handelns.
c. Planung ist die kritische Reflexion abgeschlossener Handlungen.
d. Planung ist der Vergleich der Ziele mit dem aktuellen Status.
e. Planung ist die Schätzung zukünftiger Cash-Flows zur Ermittlung des Unternehmenswertes.

6. Welche der Aussagen in Bezug auf die Phase „Realisierung" sind richtig?

a. Realisierung ist die Ausführung der Planung.
b. Realisierung umfasst die Planung der benötigten Mitarbeiter.
c. In der Realisierungsphase zeigt sich, ob die vorgelagerte Planung funktioniert.
d. Das Ergebnis der Realisierungsphase wird in Soll-Werten dokumentiert.

7. Welche der folgenden Aussagen in Bezug auf die Phase „Steuerung" sind richtig?

a. Planungsinformationen sind für die Steuerung irrelevant.
b. Die Steuerung wird in fünf Teilschritte untergliedert.
c. Der Vorgänger der Steuerungsphase ist die Planungsphase.
d. Die Plan-Werte entsprechen meistens den Ist-Werten.
e. In der Steuerungsphase werden Plan- und Ist-Werte miteinander verglichen.

8. Welche der folgenden Teilschritte ist Bestandteil der Steuerungsphase?

a. Warenlieferung
b. Bewertung
c. Aufwandsschätzung
d. Entscheidung
e. Ableitung von Handlungsoptionen
f. Sensitivitätsanalyse
g. Soll-Ist-Vergleich → Δ
h. Ursachenanalyse
i. Entwicklung

- **9. Welche Beziehung hat Controlling, insbesondere in Bezug auf den vierten Schritt „Steuerung"?**

a. Controlling ist der Steuerung vorgelagert.
b. In der Steuerungsphase ist Controlling für alle Teilschritte verantwortlich.
c. Entscheidungen sind durch das Management zu treffen und nicht durch das Controlling.
d. Controlling hat keinen Bezug zum allgemeinen Managementprozess.
e. Controlling unterstützt den allgemeinen Managementprozess in allen Phasen.

3.2 Lösungen zu den Übungsaufgaben: Allgemeiner Managementkreislauf

Die richtigen Antworten sind „fett" hervorgehoben.

- **1. Was ist der allgemeine Managementkreislauf?**

a. Ein Dokument, das alle Methoden umfasst, die ein Manager wissen muss.
b. Ein Prozess, der den Managementkreislauf hinsichtlich Entscheidung und Umsetzung einfach strukturiert.
c. Ein Verfahren, das sicherstellt, dass alle betrieblichen Funktionen einheitlich auf die Erreichung der Unternehmensziele hinarbeiten.
d. Eine Checkliste, die sicherstellt, dass Manager bei Entscheidungen alle notwendigen Daten berücksichtigt haben.

- **2. Was sind die Schritte des allgemeinen Managementkreislaufs?**

a. Brainstorming
b. Reporting
c. Zielbildung
d. Management
e. Planung
f. Berechnung
g. Realisierung
h. Steuerung

- **3. In welcher Reihenfolge müssen die Schritte des allgemeinen Managementprozesses ablaufen?**

a. Zielbildung, Planung, Realisation, Steuerung, Reporting
b. Planung, Zielbildung, Realisation, Steuerung
c. Zielbildung, Planung, Realisation, Steuerung
d. Ursachenanalyse, Ableitung von Handlungsoptionen, Bewertung, Entscheidung

- **4. Welche der folgenden Aussagen ist hinsichtlich der „Zielbildung" richtig?**

a. Mit einem Ziel wird die gedanklich das zukünftige Handeln vorweggenommen.
b. Mit einem Ziel wird eine klare Vorgabe hinsichtlich der zu erreichenden Ergebnisse definiert.
c. Mit einem Ziel wird die Basis geschaffen, die Voraussetzung für effektives und effizientes Handeln ist.
d. Nach der Zielbildung erfolgt die Realisierung.
e. Bevor ein Ziel definiert werden kann, ist detailliert zu planen.

- **5. Wie wird „Planung" definiert?**

a. Planung ist der dritte Schritt.
b. Planung ist die gedankliche Vorwegnahme zukünftigen Handelns.
c. Planung ist die kritische Reflexion abgeschlossener Handlungen.
d. Planung ist der Vergleich der Ziele mit dem aktuellen Status.
e. Planung ist die Schätzung zukünftiger Cash-Flows zur Ermittlung des Unternehmenswertes.

- **6. Welche der Aussagen in Bezug auf die Phase „Realisierung" sind richtig?**

a. Realisierung ist die Ausführung der Planung.
b. Realisierung umfasst die Planung der benötigten Mitarbeiter.
c. In der Realisierungsphase zeigt sich, ob die vorgelagerte Planung funktioniert.
d. Das Ergebnis der Realisierungsphase wird in Soll-Werten dokumentiert.

3

- **7. Welche der folgenden Aussagen in Bezug auf die Phase „Steuerung" sind richtig?**

a. Planungsinformationen sind für die Steuerung irrelevant.
b. Die Steuerung wird in fünf Teilschritte untergliedert.
c. Der Vorgänger der Steuerungsphase ist die Planungsphase.
d. Die Plan-Werte entsprechen meistens den Ist-Werten.
e. In der Steuerungsphase werden Plan- und Ist-Werte miteinander verglichen.

- **8. Welche der folgenden Teilschritte ist Bestandteil der Steuerungsphase?**

a. Warenlieferung
b. Bewertung
c. Aufwandsschätzung
d. Entscheidung
e. Ableitung von Handlungsoptionen
f. Sensitivitätsanalyse
g. Soll-Ist-Vergleich → Δ
h. Ursachenanalyse
i. Entwicklung

- **9. Welche Beziehung hat Controlling, insbesondere in Bezug auf den vierten Schritt „Steuerung"?**

a. Controlling ist der Steuerung vorgelagert.
b. In der Steuerungsphase ist Controlling für alle Teilschritte verantwortlich.
c. Entscheidungen sind durch das Management zu treffen und nicht durch das Controlling.
d. Controlling hat keinen Bezug zum allgemeinen Managementprozess.
e. Controlling unterstützt den allgemeinen Managementprozess in allen Phasen.

Literaturverzeichnis

International Group of Controlling (2011). (Hrsg.). *Controlling-Prozessmodell*. Freiburg im Breisgau.

Organisationale Verortung des Controllings

Olaf B. Mäder

O. B. Mäder, *Controlling klipp & klar*, WiWi klipp & klar, https://doi.org/10.1007/978-3-658-15747-0_4

Lernziele

- Erlangung der Grundkenntnisse in Bezug auf Herausforderungen der Unternehmensorganisation.
- Bewusstsein über die Notwendigkeit und die Probleme bei der inhaltlichen Abgrenzung und organisationalen Zu- und Einordnung der Controllingfunktion.

Controlling ist eine Unternehmensfunktion. Damit diese realisiert werden kann, ist Controlling in der Unternehmensorganisation zu institutionalisieren. Ziel dieses Kapitels ist es aufzuzeigen, welche Bandbreiten an Möglichkeiten für die organisationale Verankerung des Controllings gegeben sind.

Hinsichtlich der Unternehmensorganisation ist in die Aufbau- und die Ablauforganisation zu unterscheiden. Die Ablauforganisation definiert den Arbeitsprozess, d. h. es werden Aktivitäten in eine inhaltliche und zeitliche Reihenfolge gegliedert und in einem zweiten Schritt Organisationselementen zugewiesen. Letztere ergeben die Aufbauorganisation. Die Ablauforganisation spiegelt die hierarchische Gliederung eines Unternehmens wider. Die Ausgestaltung sowohl der Aufbau- als auch der Ablauforganisation wird durch eine Vielzahl von Variablen determiniert (bspw. Verantwortungsdelegation, Formalisierung, Leitungsspanne).

Die Definition von Prozessen in Bezug auf die inhaltliche und zeitliche Definition muss zuerst erfolgen. Darauf aufbauend kann eine sinnvolle Abgrenzung der Organisationelemente erfolgen, die im Weiteren für die Abwicklung der Aktivitäten verantwortlich sind.

Ablauforganisation

... legt fest, welche Aufgaben in welcher Reihenfolge zu erfolgen haben. Die Gliederungselemente sind inhaltlicher und zeitlicher Art. Darüber hinaus wird die Verknüpfung zur Aufbauorganisation vorgenommen, indem die Ausführung von Aktivitäten Organisationselementen zugeordnet wird. Ablauforganisation wird synonym zu Prozessorganisation verwendet.

Aufbauorganisation

... bestimmt die Aufteilung der Aufgaben auf Organisationselemente (bspw. Abteilungen, Stellen) innerhalb eines Unternehmens. Gleichzeitig werden die Beziehungen zwischen den Organisationselementen mittels Verantwortungs-, Kompetenz- und Informationsregeln festgelegt. (Hutzschenreuter 2009)

Als Basis zur Illustration wird die Wertkette von Porter genutzt (siehe ■ Abb. 4.1). Grundsätzlich ist die Wertschöpfungskette von Porter ein Instrument, um die Tätigkeiten in einem Unternehmen zu strukturieren. Damit kann dieses Tool auch zur Verortung der betrieblichen Funktion Controlling genutzt werden.

Nach einer allgemeinen Betrachtung erfolgt eine detaillierte Darstellung und Abgrenzung in Bezug auf „benachbarte" betriebliche Funktionen, insbesondere Finanzen, Rechnungswesen, Informationsmanagement/-technologie und Management allgemein. Ziel ist es grundsätzliche Herausforderungen hinsichtlich Abgrenzung und Aufgabenzuordnung darzustellen und so eine erste Vorstellung zu erarbeiten, die bei der weiteren Analyse des Controllings und der Ableitung des objektivierungsorientierten Controllingansatzes hilfreich ist. In ► Abschn. 9.2.5 wird nochmals detailliert auf den Aspekt der Controllingorganisation, dann spezifisch im Rahmen des objektivierungsorientierten Controllingansatzes, eingegangen.

Die Wertkette ist ein Managementinstrument, das das grundsätzliche Ziel verfolgt, ein Unternehmen zu strukturieren. Konkret wird das Unternehmen als die Summe von Aktivitäten gesehen, die auf Wertschöpfung ausgerichtet sind. Der Fokus der Wertschöpfung ist dabei zweidimensional. Erstens sollen alle Aktivitäten Kundennutzen generieren. Alle Mitarbeiter eines Unternehmens haben sich deshalb in ihrem Tun permanent zu hinterfragen, ob die Aktivitäten die durchgeführt werden oder geplant sind, Kundennutzen stiften. Ist dies nicht der Fall, ist die Aktivität zu unterlassen, da alternativ Unternehmensressourcen verschwendet werde.

Dieser Grundgedanke ist dem Lean Management entlehnt (Womack und Jones 2013). Gemäß der Leanphilosophie ist der Wertstrom innerhalb

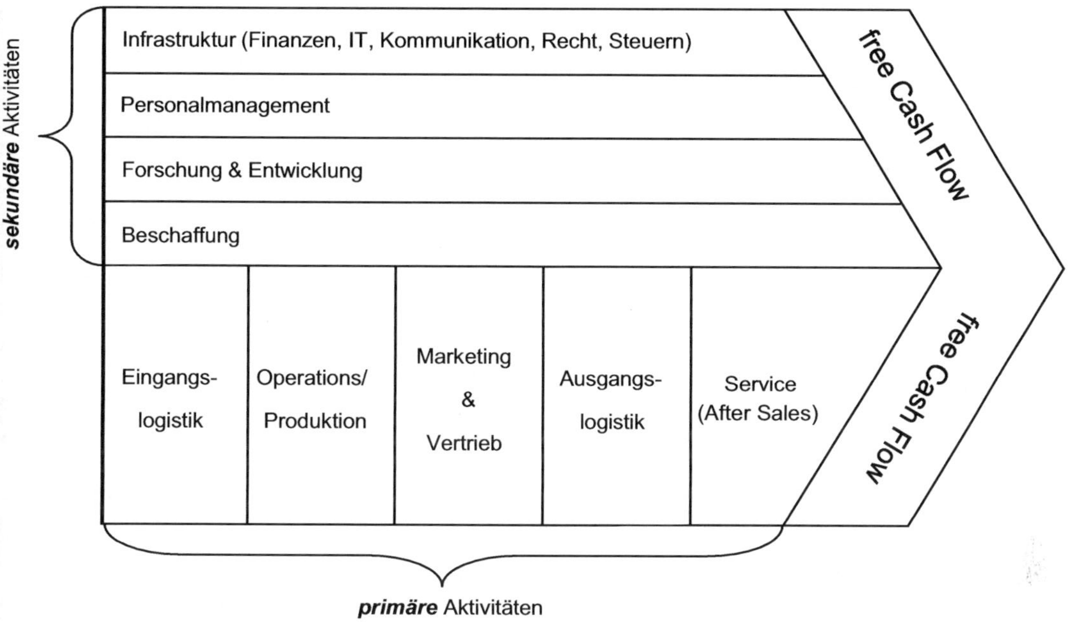

Abb. 4.1 Wertschöpfungskette. (Nach Porter 2000)

eines Unternehmens das zentrale Entscheidungskriterium. Dabei können Tätigkeiten in Unternehmen grundsätzlich in drei Kategorien unterteilt werden:
1. Eindeutig wertschöpfend und damit direkte Stiftung von Kundennutzen: bspw. Einbau des Armaturenbretts bei der PKW-Produktion.
2. Keine eindeutige Wertschöpfung, jedoch unter den gegebenen Rahmenbedingungen zwingend notwendig: bspw. Qualitätskontrolle oder Erstellung eines Jahresabschlusses.
3. Keine Wertschöpfung und grundsätzlich vermeidbar = Blindleistung: bspw. Bestände, Überproduktion oder Wartezeiten.

Zweitens, müssen alle Aktivitäten einen positiven Einfluss auf die (zukünftigen) Free Cash-Flows, das Risiko des Unternehmens (Finanzstrukturrisiko und Geschäftsmodellrisiko) oder den zeitlichen Aspekt der Cash-Flow-Generierung haben. Durch diese Vorgabe erfolgt die Verknüpfung mit dem Unternehmenswert als finaler Spitzenkennzahl.

In ► Kap. 5 wird detailliert ausgeführt, warum der wertorientierte Ansatz, d. h. die Steigerung des Vermögens der Anteilseigner, als fundamentaler Ansatz für privatwirtschaftliche Unternehmen geboten ist. Die Steigerung des Vermögens der Anteilseigner berücksichtigt insbesondere das unternehmerische Risiko, dass jeder Investition innewohnt. Vor diesem Hintergrund muss eine angemessene Honorierung für den Eingang dieses Risikos erfolgen, was grundsätzlich in einer angemessenen Verzinsung des eingesetzten Kapitals Berücksichtigung findet.

Die Hauptaufgabe des Topmanagements eines Unternehmens ist es, Entscheidungen zu treffen. Wie ich später zeigen werde, konterkariert der koordinationsorientierte Controllingansatz diese Aufgabenteilung, da dem Controlling die Aufgabe der Koordination zugewiesen wird. Aufgrund der Tatsache, dass Koordination immer auch das Treffen von Entscheidungen impliziert, besteht die Gefahr, dass das Controlling als eine Art Metamanagement gesehen wird oder diese Aufgabe dem Controlling zugeschrieben wird. Dieser Ansatz bzw. die zugrundeliegende Idee werden hier nicht verfolgt. Vielmehr ist die hier angenommene Controlling-Philosophie die einer Unterstützungs- und Servicefunktion, mit dem Ziel nach Transparenz zu Streben! Dies fußt auf einem objektivierten Vorgehen den Informationsumfang zu optimieren und so Entscheidungsträgern ein Informationsangebot zur Verfügung zu stellen, mit dem diese ihre originäre Aufgabe „Entscheidungen treffen" besser wahrnehmen können.

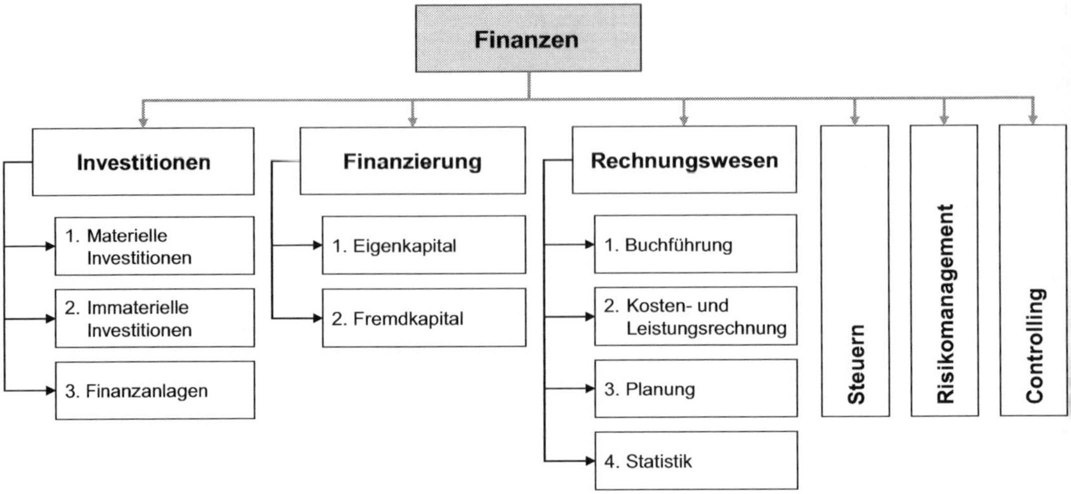

Abb. 4.2 Historisch bedingte organisationale Einordnung des Controllings

Als Konsequenz dieses Ansatzes, ist Controlling organisational grundsätzlich direkt dem „Business Partner" zuzuordnen, das heißt dem (Top) Management. In Abhängigkeit von der Komplexität und anderen Kontextfaktoren des spezifischen Unternehmens, können sich somit Controlling-(Stabs)-Stellen auf C-Level (Geschäftsführung/CEO) und auch auf Divisions-, Segment- oder Abteilungsebene ergeben, wenn hier diese Unterstützungs- und Beratungsfunktion notwendig ist.

Neben dieser engen Auslegung zeige ich in ▶ Kap. 8, dass sowohl aus theoretischen als auch aus praktischen Überlegungen heraus dem Controlling (deutlich) mehr Aufgaben zugeordnet werden können und dies praktisch auch erfolgt. Diese weite Auslegung umfasst die Zuordnung von Rechnungswesenaufgaben und i. d. R. die organisationale Einordnung in den Finanzbereich. „Rechnungswesenaufgaben" umfassen dabei sowohl die Tätigkeiten des externen als auch internen Controlling.

Die Skizze der historischen Entwicklung wird zeigen, dass die Wurzeln des Controllings im quantitativ-monetären Bereich liegen, was eine Begründung für den heute in der Praxis anzutreffenden Zustand ist. Ausgehend von dieser Limitierung der Datenverarbeitung auf quantitativ-monetäre Daten und Informationen, hat eine Entwicklung dahingehend stattgefunden, dass auch weitere quantitative sowie qualitative Daten und Informationen durch das Controlling zu verarbeiten sind. Dieser Prozess hat zu der Situation geführt, dass in der Praxis heute sehr heterogene Ausprägungen hinsichtlich aufbau- und ablauforganisatorischer Einordnung des Controllings anzutreffen ist.

Die Zuordnung zum Finanzbereich ergibt sich somit insbesondere aufgrund historischer und praktischer Entwicklungen über die letzten Jahrzehnte. „Finanzen" wird häufig als Synonym und Summe aller Aufgaben im Unternehmen verwendet, die sich mit quantitativ-monetären Aspekten befassen. Insbesondere werden dann die Themen Investitionen, Finanzierung, Rechnungswesen, Steuern, Risikomanagement und Controlling organisational zusammengefasst (siehe Abb. 4.2).

Auch wenn eine Fokussierung auf quantitativ-monetäre Aspekte in der Praxis häufig anzutreffen ist, werden hier, entsprechend der maßgeblichen Controlling-Philosophie, die Ziele und Aufgaben des Controllings weiter gefasst und gehen über rein quantitativ-monetäre Aspekte hinaus. Zentral für die übergeordnete Zielsetzung privatwirtschaftlicher Unternehmen ist eine ganzheitliche Betrachtung, die auch qualitative Elemente umfasst. Zentrale Gründe hierfür wurden bereits in den einführenden Kapiteln herausgearbeitet. Insbesondere die sich aus der Globalisierung ergebenden Herausforderungen erfordern eine ganzheitliche Sichtweise. Daneben hat die Analyse des wissenschaftstheoretischen Aspektes gezeigt, dass Subjekte ihre eigene Wirklichkeit konstruieren. In der Folge sind Limitierungen und Anomalien von Menschen zu berücksichtigen. Dies wurde insbesondere durch Erkenntnisse der Verhaltenswissenschaften herausgearbeitet. Werden diese vernachlässigt, wird der Entscheidungsprozess negativ beeinflusst, die Entscheidungsqualität sinkt und damit wird auch die Wettbewerbsfähigkeit des betroffenen Unternehmens geringer. Eine weiterführende Auseinandersetzung mit dem Entscheidungsprozess sowie den beeinflussenden Variablen, wie beispielsweise des menschlichen Verhaltens, erfolgt in ▶ Abschn. 6.1.

Grundsätzlich werde ich später noch zeigen, dass wichtige Voraussetzungen für die Aufgabenerfüllung des Controllings im engeren Sinne eine kritische Distanz zum operativen Tagesgeschäft sowie ein hohes Maß an Unabhängigkeit sind. Hierzu ist insbesondere eine klare Abgrenzung zum internen und externen Rechnungswesen notwendig. Diese Differenzierung heißt im Umkehrschluss aber nicht, dass Controlling im engeren Sinne losgelöst von Daten und Informationen des Rechnungswesens agiert. Vielmehr nutzt das Controlling diese Eingangsdaten und verarbeitet diese. Die konkrete Erstellung von beispielsweise Buchungssätzen, die Erstellung eines Jahresabschlusses oder die Anlage von Kostenträgern und die Verbuchung von Kosten und Leistungen auf diesen wird davon aber abgegrenzt und organisational unterschieden.

Informationsmanagement

... ist die Bewirtschaftung von Informationen mit dem Ziel, diese im geforderten Umfang, zur richtigen Zeit, im richtigen Format an den richtigen Ort zu bringen.

Aus den bisherigen Ausführungen geht hervor, dass Controlling sich mit „Informationen" auseinandersetzt. Jedoch ist Controlling nicht für das Informationsmanagement insgesamt zuständig. Neben der Abgrenzung des Controllings zu den Aktivtäten der Finanzabteilung ist auch eine Verortung in Bezug auf das Informationsmanagement notwendig. Die grundsätzliche Aufgabe des Informationsmanagements gemäß Definition, ist ähnlich der der Logistik. Anstatt von Material, Halbfertigfabrikaten, Teilen oder Gütern, ist das Objekt der Bewirtschaftung jedoch immateriell. Die Prinzipielle Aufgabe des Informationsmanagements ist die Bewirtschaftung von Informationen. Die zentralen Kriterien im Rahmen der Bewirtschaftung sind dabei Umfang, Zeit, Format und Ort. Diese vier Dimensionen sind so auszuführen, dass im Ergebnis ein ausgewogenes Optimum erreicht wird.

Das Informationsmanagement hat über die letzten Jahrzehnte mehr und mehr an Bedeutung gewonnen. Neben den drei traditionellen Produktionsfaktoren Arbeit, Boden und Kapital ist „Information" als vierter Produktionsfaktor hinzugetreten. Die Bedeutung wird dabei durch den Begriff „Informationszeitalter" unterstrichen.

Zur adäquaten Sicherstellung der Zielerreichung des Informationsmanagements ist ein systemischer Ansatz sinnvoll, zielführend und notwendig. Hierzu finden sich in Theorie und Praxis eine Vielzahl an Möglichkeiten der Abbildung.

Zur Vereinfachung orientiere ich mich im Weiteren an dem Modell von Krcmar (siehe ◘ Abb. 4.3). Der Ansatz von Krcmar mit seinen vier Elementen 1. Führungsaufgaben, 2. Management der Informationswirtschaft, 3. Management der Informationssysteme und 4. Management der Informations- und Kommunikationstechnik stellt eine hervorragende Basis für eine Abgrenzung zwischen den Bereichen Informationstechnologie, Management und Controlling dar. Dem Management können klar die Führungsaufgaben zugewiesen werden. Die Strategie sowie die grundsätzlichen Rahmenbedingungen und Annahmen sind hier zu definieren. Die Elemente 3. und 4. sind durch den Bereich Informationstechnologie wahrzunehmen. Kernherausforderungen sind Aspekte der Hardware und Software.

Das Handlungsobjekt des Managements der Informationswirtschaft, ist der Informationsumfang. Die Bestimmung desselben ist das Kernproblem aus dem das Objektivierungsgebot erwächst (vgl. Vorwort). Konkret muss aus den drei Bestandteilen Informationsangebot, -nachfrage und -bedarf der entscheidungsrelevante, verarbeitbare Informationsumfang optimal abgeleitet werden. Damit wird eine optimale Entscheidungsfindung und somit Entscheidungsqualität ermöglicht.

In der Konsequenz ist die Aufgabe der Informationswirtschaft durch das Controlling wahrzunehmen. Neben den Führungsaufgaben sowie der

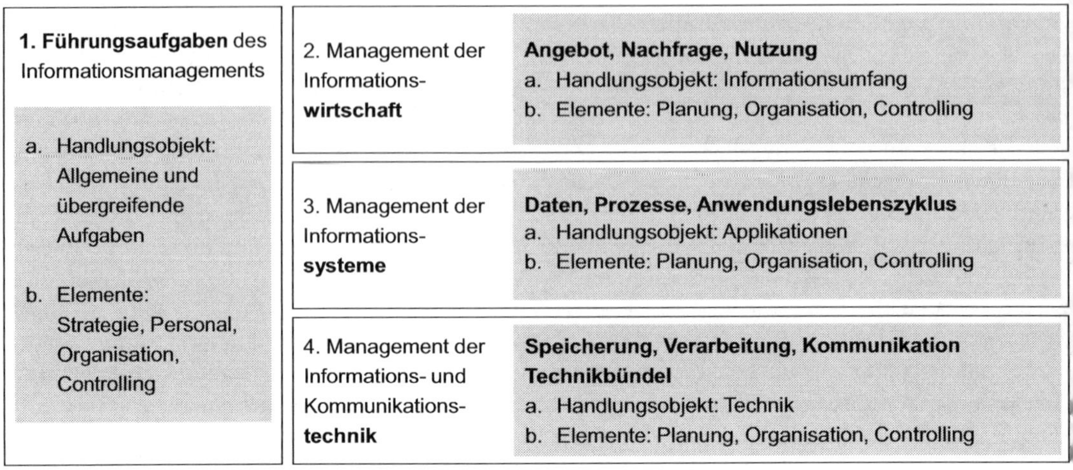

Abb. 4.3 Konzept des Informationsmanagements. (Nach Krcmar 2015)

Informationstechnologie, muss das Controlling als dritte beteiligte betriebliche Funktion, sich mit dem inhaltlichen Aspekt des Informationsmanagements befassen. Im Rahmen dessen fällt dem Controlling auch eine Unterstützungs- und Mitwirkungspflicht hinsichtlich der Planung, Realisierung und des Betriebs des Informationsmanagements zu, um die unternehmensspezifischen Anforderungen zu erreichen.

Dies ist eine große Herausforderung, da aufgrund der inhaltlichen Heterogenität der betrieblichen Funktionen Logistik, Produktion, Marketing & Sales, Beschaffung, Forschung & Entwicklung, Personalwesen, Recht, IT sowie Finanzen teilweise andere oder spezifische Informationen notwendig sind. Darüber hinaus müssen die Mitarbeiter des Controllings mit Fachleuten aus anderen Bereichen, insbesondere aus der IT sowie Prozessexperten intensiv zusammenarbeiten, um nach der Definition eines Unternehmensprozessmodells dieses, abgebildet in einer adäquaten Hard- und Softwarelandschaft, zu implementieren.

Ziel dieses Kapitels war es, die Bandbreite an Herausforderungen in Bezug auf das Controlling auf der einen Seite und die Möglichkeiten der sich daraus ergebenden organisationalen Einordnung auf der anderen Seite zu skizzieren. Das daraus resultierende Grundverständnis erleichtert das Verständnis der weiteren Analyse. Eine detaillierte Betrachtung der organisationalen Ausgestaltung und Einordnung des Controllings erfolgt in ▶ Abschn. 9.2.5.

Zusammenfassung

Controlling ist eine Unternehmensfunktion und muss deshalb in der Unternehmensorganisation institutionalisiert werden. Hierfür gibt es eine Vielzahl an Optionen.

Die ablauf- und aufbauorganisatorische Einordnung des Controllings hängt von verschiedensten Faktoren ab. Eine Konkretisierung erfolgt in ▶ Abschn. 9.2.5.

Zentral ist darüber hinaus die unternehmensspezifische Anpassung.

Grundsätzlich wird hier eine Verortung, in dem System der Wertkette, bei den unterstützenden Funktionen vorgenommen. Konkret innerhalb der Infrastruktur.

Eine zentrale Herausforderung ist die Abgrenzung zu anderen, benachbarten betrieblichen Funktionen. Ein strukturiertes und klares Vorgehen ist hier notwendig, um Aufgabenerfüllung und Verantwortlichkeit sicherzustellen.

Weiterführende Literatur

- Porter (2000). *Wettbewerbsvorteile* (6. Aufl.). Frankfurt am Main.
- Kieser, & Walgenbach (2010). *Organisation.* Stuttgart.
- Rainer, & Cegielski (2013). *Introduction to Information Systems.*

- Krcmar (2009). *Informationsmanagement* (5. Aufl.). Berlin.
- Hutzschenreuter (2009). *Allgemeine Betriebswirtschaftslehre* (3. Aufl.). Wiesbaden.
- Picot, Dietl, Franck, Fiedler, Royer (2012). *Organisation: Theorie und Praxis aus ökonomischer Sicht.* Stuttgart.

4.1 Übungsaufgaben: Organisationale Verortung des Controllings

1. Welche Aussagen zur Wertkette nach Porter sind richtig?

a. Die Wertkette ist ein Ansatz, der die betrieblichen Funktionen eines Unternehmens strukturiert.
b. Controlling ist eine primäre Aktivität.
c. Die Wertkette unterstützt die Strukturierung von Unternehmensanalysen sowie der wertorientierten Unternehmensführung.
d. Die Wertkette teil die Aktivitäten in primäre, sekundäre und tertiäre.
e. Basierend auf der Analyse mit der Wertkette können Wettbewerbsvorteile und Kernkompetenzen identifiziert werden.

2. Die Ablauforganisation …

a. … ist die Definition und Verknüpfung von Organisationselementen.
b. … kann synonym für „Aufbauorganisation" verwendet werden.
c. … muss vor der Aufbauorganisation definiert werden.
d. … legt fest, welche Aktivitäten in welcher Reihenfolge zu erfolgen haben.
e. … hat als Ergebnis das Organigramm.

3. Die Aufbauorganisation …

a. … legt die Aufteilung von Aufgaben auf Organisationselemente (bspw. Abteilungen, Stellen) innerhalb eines Unternehmens fest.
b. … kann synonym für „Ablauforganisation" verwendet werden.
c. … wird u. a. durch die Variablen Verantwortungsdelegation, Formalisierung, Leitungsspanne determiniert.
d. … legt fest, welche Aufgaben in welcher Reihenfolge zu erfolgen haben.
e. hat als Ergebnis das Organigramm.

4. Welche Aussagen in Bezug auf „Controlling" sind richtig?

a. Controlling ist eine Unterstützungsfunktion.
b. Controlling muss immer direkt dem Vorstand zugeordnet werden.
c. Die ablauf- und aufbauorganisatorische Einordnung des Controllings hängt von verschiedensten Faktoren ab.
d. Die Abgrenzung zu anderen betrieblichen Funktionen ist im Handelsgesetzbuch festgelegt.
e. Controlling kann als Stabsstelle dem Vorstand zugeordnet werden.

4.2 Lösungen zu den Übungsaufgaben: Organisationale Verortung des Controllings

Die richtigen Antworten sind „fett" hervorgehoben.

1. Welche Aussagen zur Wertkette nach Porter sind richtig?

a. Die Wertkette ist ein Ansatz, der die betrieblichen Funktionen eines Unternehmens strukturiert.
b. Controlling ist eine primäre Aktivität.
c. Die Wertkette unterstützt die Strukturierung von Unternehmensanalysen sowie der wertorientierten Unternehmensführung.
d. Die Wertkette teil die Aktivitäten in primäre, sekundäre und tertiäre.
e. Basierend auf der Analyse mit der Wertkette können Wettbewerbsvorteile und Kernkompetenzen identifiziert werden.

2. Die Ablauforganisation …

a. … ist die Definition und Verknüpfung von Organisationselementen.
b. … kann synonym für „Aufbauorganisation" verwendet werden.
c. … muss vor der Aufbauorganisation definiert werden.

d. ... legt fest, welche Aktivitäten in welcher Reihenfolge zu erfolgen haben.
e. ... hat als Ergebnis das Organigramm.

- **3. Die Aufbauorganisation ...**

a ... legt die Aufteilung von Aufgaben auf Organisationselemente (bspw. Abteilungen, Stellen) innerhalb eines Unternehmens fest.
b. ... kann synonym für „Ablauforganisation“ verwendet werden.
c .... wird u. a. durch die Variablen Verantwortungsdelegation, Formalisierung, Leitungsspanne determiniert.
d. ... legt fest, welche Aufgaben in welcher Reihenfolge zu erfolgen haben.
e. hat als Ergebnis das Organigramm.

- **4. Welche Aussagen in Bezug auf „Controlling“ sind richtig?**

a. Controlling ist eine Unterstützungsfunktion.
b. Controlling muss immer direkt dem Vorstand zugeordnet werden.
c. Die ablauf- und aufbauorganisatorische Einordnung des Controllings hängt von verschiedensten Faktoren ab.
d. Die Abgrenzung zu anderen betrieblichen Funktionen ist im Handelsgesetzbuch festgelegt.
e. Controlling kann als Stabsstelle dem Vorstand zugeordnet werden.

Literaturverzeichnis

Hutzschenreuter, T. (2009). *Allgemeine Betriebswirtschaftslehre*. Wiesbaden.

Krcmar, H. (2015). *Einführung in das Informationsmanagement* (2. Aufl.). Berlin.

Porter, M. (2000). *Wettbewerbsvorteile* (6. Aufl.). Frankfurt am Main.

Womack, J., & Jones, D. (2013). *Lean Thinking: Banish Waste and create Wealth in your Corporation*. London.

Wertorientierung

Olaf B. Mäder

O. B. Mäder, *Controlling klipp & klar,* WiWi klipp & klar, https://doi.org/10.1007/978-3-658-15747-0_5

Lernziele

- Kenntnis der Limitierung durch bilanzpolitische Maßnahmen.
- Wissen über die Notwendigkeit einer zukunftsorientierten Betrachtung im Rahmen von Management- und Investitionsentscheidungen.
- Grundkenntnisse zu den Haupteinflussfaktoren der Unternehmensbewertung: Free Cash Flow, Risiko und Zeit.

5

In diesem Kapitel stelle ich zum einen dar, warum ein auf zukünftigen Free Cash-Flows basierender Unternehmenswert die einzig sinnvolle Spitzenkennzahl für privatwirtschaftliche Unternehmen ist. Zum anderen werden die Grundlagen der Unternehmensbewertung skizziert.

» Earnings are a matter of opinion! Cash Flow is a fact! (Black et al. 2001)

5.1 Schwächen und Limitierungen der Daten aus Jahresabschlüssen

In den Medien werden zur Beschreibung und Bewertung der Leistungsfähigkeit von Unternehmen insbesondere die Kennzahlen Earnings before Interest and Tax (EbIT), Earnings before Tax (EbT), Gewinn, Umsatz oder Umsatzrendite als Kennzahlen herangezogen. Diese Kennzahlen sind Ergebnis der Jahresabschlusserstellung und damit der Bilanzierung. Berücksichtigen wir dies vor dem Hintergrund des Zitats in Bezug auf die beiden Elemente „Earnings" und „Cash Flow" stellt sich die Frage, was sind die zentralen Differenzierungsmerkmale von Gewinn und Cash-Flow bzw. der Zahlen des Jahresabschlusses und der Unternehmensbewertung.

Bilanzierung

... zentrale Aufgabe des externen Rechnungswesens, mit den zwei Schritten/Entscheidungen:

- Bilanzierung dem Grunde nach und
- Bilanzierung der Höhe nach.

Externes Rechnungswesen ... ist ein System zur Berechnung, Verarbeitung, Speicherung und Informationsbereitstellung in Bezug auf Geschäftsvorfälle sowie die Erstellung und Kommunikation des Jahresabschlusses eines Unternehmens. Der Jahresabschluss zeigt die Vermögens-, Finanz- und Ertragslage eines Unternehmens.

Bilanzpolitik

... gemäß den relevanten Rechnungslegungsnormen zulässige Maßnahmen zur bewussten Gestaltung des Jahresabschlusses, um die wirtschaftlichen Ergebnisse eines Unternehmens in einer intendierten Form zu präsentieren.

Die Bilanzierung, als die zentrale Aufgabe des externen Rechnungswesens, umfasst zwei Schritte. Erstens, ist die Entscheidung der Bilanzierung dem Grunde nach zu treffen. Zweitens, wenn die Bilanzierungsentscheidung dem Grunde nach positiv ausgefallen ist, erfolgt die Bilanzierung der Höhe nach. Beide Bilanzierungsschritte bieten, basierend auf den zugrundeliegenden Rechnungslegungsnormen, einen Gestaltungsspielraum. Ein solcher Gestaltungsspielraum ist grundsätzlich sowohl nach deutschem Handelsrecht (HGB), als auch nach den amerikanischen Rechnungslegungsnormen „United States General Accepted Accounting Principles" (US-GAAP) und den „International Financial Reporting Standards" (IFRS) gegeben. In der Konsequenz haben die Unternehmen die Möglichkeit zur Bilanzpolitik.

Mittels der Bilanzpolitik werden die Rechnungslegungsnormen unternehmensspezifisch zielorientiert ausgelegt, um die wirtschaftlichen Ergebnisse eines Unternehmens in einer intendierten Form zu präsentieren. Die Auslegung und Umsetzung hängt von den Zielen der für die Jahresabschlüsse im Unternehmen Verantwortlichen ab.

Die Bilanzpolitik umfasst Methoden und Verfahren zur zielorientierten Information in Jahresabschlüssen. Damit kann ein Unternehmen die Öffentlichkeit in einer Art und Weise informieren, die vom Management gewollt ist. Grundsätzlich lassen sich zwei Strategien voneinander abgrenzen.

Zum einen ist ein „konservatives" Vorgehen möglich. Wählt ein Unternehmen diesen Ansatz, wird es Ansatz- und Bewertungsspielräume so nutzen, dass die Vermögens-, Finanz- und Ertragslage vorsichtig dargestellt wird. Es werden tendenziell stille Reserven gebildet und der Gewinn minimiert. Ein konservativer Ansatz der Bilanzpolitik wird grundsätzlich von starken, wirtschaftlich erfolgreichen Unternehmen gewählt.

Im Gegensatz dazu steht die progressive Bilanzpolitik. Hier ist es das Ziel, die Vermögens-, Finanz- und Ertragssituation eines Unternehmens weniger vorsichtig darzustellen. Reflektiert am Unternehmensgewinn, als Gradmesser für wirtschaftlichen Erfolg, wird versucht diesen so hoch wie möglich auszuweisen, d. h. es wird eine Gewinnmaximierungsstrategie verfolgt. Dazu werden die Spielräume hinsichtlich der Bilanzierung dem Grunde und der Höhe nach genutzt. Dieser Ansatz wird grundsätzlich von Unternehmen genutzt die sich in einer wirtschaftlich herausfordernden Situation befinden oder bei denen andere Gründe vorliegen, das Unternehmen in der Öffentlichkeit maximal positiv zu präsentieren. Ein typisches Beispiel für den letzteren Fall ist ein angestrebter Börsengang. Im Rahmen dessen soll den potentiellen Eigenkapitalinvestoren kommuniziert werden, dass ein wirtschaftlich starkes Unternehmen vorliegt, dass, reflektiert in einem hohen Gewinn, auch die Ertragskraft hat Dividenden zu zahlen. Ob dies in der Zukunft tatsächlich erfolgen kann steht in Frage, da ein wichtiges Merkmal der Bilanzpolitik die zeitliche Verlagerung ist. Dies bedeutet, dass Maßnahmen der Bilanzpolitik dazu führen, Aufwendungen oder Erträge vorzuziehen oder in die Zukunft zu verlagern. Die Entstehung selber wird dadurch nicht beeinflusst.

Beispiel: Bilanzpolitik durch Entwicklungskostenaktivierung

Durch das Bilanzrechtsmodernisierungsgesetz wurde das Aktivierungsverbot für selbstgeschaffene immaterielle Vermögensgegenstände nach § 248 Abs. 2 HGB in ein Wahlrecht für bestimmte Sachverhalte umgewandelt. So können Unternehmen Entwicklungskosten aktivieren, d. h. es erfolgt eine Qualifikation als Vermögensgegenstand auf der Aktivseite der Bilanz. Die Zugangsbewertung erfolgt zu Herstellungskosten. In den folgenden Berichtsperioden erfolgt eine planmäßige Abschreibung, bei Bedarf auch außerplanmäßig (Mäder und Ehret 2009).

Die Aktivierung und damit das Entstehen eines Vermögensgegenstandes wirkt in der Periode der Aktivierung nicht gewinnmindernd. Vielmehr erfolgt die Berücksichtigung in der Gewinn- und Verlustrechnung in den Folgeperioden durch die Abschreibungen, welche als Aufwand den Gewinn und damit das Eigenkapital mindern.

Nehmen wir als Beispiel zwei Flugzeughersteller an. Beide entwickeln über einen Zeitraum von fünf Jahren ein neues Flugzeugmodell. Pro Jahr entstehen 500 m€ Entwicklungskosten. In Summe fallen also 2,5 Mrd. € Entwicklungskosten an. Unternehmen A aktiviert die Entwicklungskosten gemäß dem Wahlrecht in § 248 Abs. 2 HGB. Unternehmen B verbucht die Entwicklungskosten direkt als Aufwand in der Gewinn- und Verlustrechnung in der jeweiligen Periode, in der die Entwicklungskosten anfallen.

In der Konsequenz hat Unternehmen B in den fünf Jahren der Flugzeugentwicklung p. a. einen geringeren Gewinn als Unternehmen A i. H. v. 500 m€. Im Anschluss an die Entwicklungsphase kehrt sich die Situation jedoch um. Unternehmen A schreibt nun den Vermögensgegenstand „Entwicklungskosten für Flugzeugneuentwicklung" über die Nutzungsdauer ab. Beispielsweise kann sich diese an der geplanten Produktionsmenge orientierten, so dass für jedes produzierte und verkaufte Flugzeug in der relevanten Periode ein Anteil der Entwicklungskosten als Aufwand in der Gewinn- und Verlustrechnung verbucht wird.

In Summe betragen die Entwicklungskosten für beide Unternehmen 2,5 Mrd. €. Jedoch erfolgt die zeitliche Berücksichtigung als Aufwand und damit die Gewinnbeeinflussung bei den Unternehmen A und B zeitlich versetzt.

Unternehmen A, das die Entwicklungskosten direkt im Jahr der Entstehung als Aufwand verbucht, verfolgt eine konservative Bilanzpolitik. Unternehmens B, das die Entwicklungskosten über den Zeitraum der Entwicklungsphase aktiviert, verfolgt eine progressive Bilanzpolitik.

Neben der Bilanzentscheidung dem Grunde nach (welche sich mit dem Sachverhalt auseinandersetzt, ob ein Vermögensgegenstand oder eine Schuld vorliegt und ob diese bilanziert werden muss oder kann), ist die zweite Bilanzierungsentscheidung der Höhe nach. Es ist also ein Betrag zu ermitteln, mit dem der Bilanzposten wertmäßig in die Bilanz aufgenommen wird. Für die meisten Vermögensgegenstände oder Schulden ist die Bewertung einfach durchzuführen. Vermögensgegenstände werden mit den (fortgeführten) Anschaffungs- und Herstellungskosten bilanziert, Schulden grundsätzlich zum Rückzahlungs- oder Erfüllungsbetrag. Für einen endfälligen Kredit oder eine Verbindlichkeit aus Lieferungen und Leistungen ist der Bilanzansatz der Höhe nach somit aus dem Kreditvertrag oder der Rechnung einfach ablesbar.

Anders verhält es sich mit ein paar anderen Bilanzpositionen, insbesondere Rückstellungen. Rückstellungen sind Verbindlichkeiten, die hinsichtlich dem Grunde oder Höhe nach ungewiss sind, jedoch das Eintreten mit einer hinreichend großen Wahrscheinlichkeit zu erwarten ist. Vor diesem Hintergrund sieht § 249 HGB drei Gruppen von Rückstellungen vor:

1. Rückstellungen für ungewisse Verbindlichkeiten,
2. Rückstellungen für drohende Verluste aus schwebenden Geschäften,
3. Aufwandsrückstellstellungen (1. im Geschäftsjahr unterlassene Aufwendungen für Instandhaltung, die im folgenden Geschäftsjahr innerhalb von drei Monaten, oder für Abraumbeseitigung, die im folgenden Geschäftsjahr nachgeholt werden, 2. Gewährleistungen, die ohne rechtliche Verpflichtung erbracht werden).

Vor diesem Hintergrund sind beispielsweise Rückstellungen für mögliche Schadensersatzzahlungen, Garantieleistungen oder Pensionen für Mitarbeiter zu bilden. Für letztere kann bei der Ermittlung auf ein klares Vorgehen mittels versicherungsmathematischer Verfahren zurückgegriffen werden. Auch wenn die Pensionsrückstellungen, die für große deutsche Unternehmen ein wichtige Rolle spielen, aufgrund der Niedrigzinsphase und der sich daraus ergebenden geringeren Abzinsung, die zu höheren Bilanzausweisen führt, in den letzten Jahren Gegenstand der Diskussion waren, da hier durch die niedrigen Zinsen hohe Zuführungen durch die Unternehmen vorzunehmen waren, ist die Bildung dem Grunde und der Höhe nach grundsätzlich als unkritisch einzustufen.

Beispiel: Problem der Quantifizierung von Rückstellungen

Im Sommer 2014 wurde der Tabakkonzern R.J. Reynolds Tobacco Company von einer Jury in Pensacola für schuldig befunden und zu einer Zahlung i. H. v. 23,6 Mrd. $ verurteilt.

Grundlage war der Tot eines Kettenrauchers, der an Lungenkrebs gestorben war. Dessen Witwe hat das Unternehmen daraufhin auf Schadensersatz verklagt. Das Urteil ist noch nicht rechtskräftig, da die Möglichkeit des Einspruchs besteht. Somit ist die Höhe einer möglicherweise zu leistenden Schadensersatzzahlung noch unbestimmt.

Anders verhält es sich mit Rückstellungen für Schadensersatzzahlungen. Wie das Beispiel der R.J. Reynolds Tobacco Company zeigt, steht aus der Klage der Witwe eine mögliche Schadensersatzzahlung durch das Unternehmen im Raum. Aus der Bewertungsentscheidung dem Grunde nach ist das Eintreten hinreichend wahrscheinlich, so dass eine Rückstellung gebildet werden muss. Im Weiteren stellt sich die Frage nach dem Betrag der hier aufwandswirksam zu passivieren ist. Als Worst Case kann die Entscheidung der Jury mit 23,6 Mrd. $ angenommen werden. Diese Höhe ist jedoch nicht realistisch, da der U.S. Supreme Court im Jahr 2003 entschieden hat, dass die Höhe eines Strafschadensersatzes grundsätzlich das Neunfache des tatsächlichen Schadensersatzes, im hier vorliegenden Fall in Bezug auf einen Busfahrer, nicht überschreiten soll. Im Best Case würde darüber hinaus gegebenenfalls ein Berufungsverfahren zum Freispruch des Tabakkonzerns führen. In der Konsequenz ergibt sich für die Höhe der notwendigen Rückstellung eine große Bandbreite. Da die Bildung der Rückstellung zu einem Aufwand in der betreffenden Periode führt, würde der Geschäftsvorfall direkt den Gewinn in voller Höhe mindern.

Eine ähnliche Situation hinsichtlich der Bildung von Rückstellungen sah sich die Volkswagen AG in Bezug auf den Dieselabgasskandal in den Jahren 2015 und 2016 gegenüber. Aufgrund der Manipulation der Software für bestimmte Dieselmotoren hat das Unternehmen zum einen die Verpflichtung die Fahrzeuge so um- bzw. auszurüsten, dass diese den gesetzlichen Vorgaben entsprechen. Darüber hinaus drohen Schadensersatzklagen, sowohl von betroffenen Kunden, als auch Investoren. Zwar wurden in 2015 bereits Rückstellungen in Höhe von circa 6,5 Mrd. € gebildet, jedoch decken diese voraussichtlich nur die Kosten für den Rückruf und die Software- und Hardwareaktualisierungen. Die Höhe möglicher Schadenersatzzahlungen hängt von verschiedenen Faktoren ab, die zum Zeitpunkt der Jahresabschlusserstellung für das Jahr 2015 schwierig zu schätzen sind. Aufgrund dieser Herausforderung hat die Volkswagen AG die Veröffentlichung des Jahresabschlusses 2015 verschoben, unter anderem um mit hoffentlich besseren Informationen und damit Prämissen diese Quantifizierung vornehmen zu können.

Zusammenfassend in Bezug auf die Bilanzierung und Jahresabschlüsse als deren Ergebnis ist somit festzuhalten, dass deren Aussagekraft limitiert ist. Die vorhandenen Spielräume hinsichtlich der bilanziellen Behandlung von Vermögensgegenständen und Schulden in Bezug auf Grund und Höhe der Bilanzierung ermöglichen Bilanzpolitik, welche, rechtlich zulässig, die Gestaltung der Jahresabschlüsse hinsichtlich der Ziele der Verantwortlichen im Unternehmen ermöglicht. Die Präsentation der Vermögens-, Finanz- und Ertragslage eines Unternehmens wird damit verzerrt.

Ein weiteres Merkmal der Jahresabschlüsse ist deren Vergangenheitsorientierung. Diese Eigenschaft ergibt sich aus den Aufgaben des externen Rechnungswesens. Neben der (nachlaufenden) Selbstinformation für das Management hat der Jahresabschluss insbesondere eine Dokumentations- und Rechenschaftsfunktion. Diese gilt sowohl gegenüber dem Staat, für den die Ergebnisse die Steuerbemessungsgrundlage darstellen, als auch gegenüber den Anteilseignern und Gläubigern. Um dieser Aufgabe nachzukommen sind alle Geschäftsvorfälle einer Periode aufzuzeichnen und, bei den meisten Unternehmen zum Jahresende, im Jahresabschluss zu konsolidieren. Aus den Daten des Jahresabschlusses könne diese für eine bestimmte Periode der Vergangenheit die Vermögens-, Finanz- und Ertragslage eines Unternehmens ablesen und sich somit eine Meinung zur wirtschaftlichen Entwicklung in diesem Zeitraum bilden. Die Zahlen zeigen somit die Vergangenheit, geben aber keinen Aufschluss über die wirtschaftliche Entwicklung des Unternehmens in der Zukunft.

Zwar soll über den für bestimmte Unternehmen handelsrechtlich vorgeschriebenen Lagebericht auch ein Ausblick auf die weitere Entwicklung gegeben werden,

> » … Ferner ist im Lagebericht die voraussichtliche Entwicklung mit ihren wesentlichen Chancen und Risiken zu beurteilen und zu erläutern; zugrunde liegende Annahmen sind anzugeben (§ 289 HGB).

jedoch war in der Praxis zu beobachten, dass diesem Teil des Jahresabschlusses geringe Bedeutung von Unternehmensseite geschenkt wurde. Es ist auch nicht verwunderlich, dass Unternehmensverantwortliche hinsichtlich der zukünftigen Unternehmensentwicklung möglichst wenig konkret werden möchten, da sie im Zweifelsfall daran später gemessen werden und im Extremfall eine Klage droht, wenn die tatsächliche Entwicklung von der prognostizierten abweicht.

Die zukünftige Unternehmensentwicklung ist jedoch das entscheidende Kriterium für einen Investor. Die Ergebnisse der Vergangenheit sind nur noch partiell relevant, beispielsweise ob nach dem Erwerb von Aktien hier noch, aufgrund einer guten wirtschaftlichen Entwicklung, eine Dividendenzahlung für das Vorjahr erfolgt. Von entscheidender Bedeutung für einen Investor ist jedoch die Antwort auf die Frage, wie das eingesetzte Kapital in der Zukunft verzinst wird.

Beispiel: Vergangener Erfolg kein Garant für zukünftig positive Entwicklung

Nokia, ein finnischer Telekommunikationskonzern, war einer der Pioniere der Mobiltelefonhersteller und seit Mitte der 1990er-Jahre Marktführer.

Das Unternehmen verpasste den Smartphone Trend, nach der Einführung des iPhones im Frühjahr 2007, obwohl es bereits 1996 mit dem Nokia 9000 Communicator einen Vorgänger heutiger Smartphones in den Markt gebracht hatte.

Im September 2013 teilte Nokia mit, dass der Bereich „Devices & Services" für 5,4 Mrd. € an Microsoft verkauft wird. Der Unternehmenswert der Sparte wurde in dieser Transaktion mit 3,8 Mrd. € bewertet. Die darüber hinaus gezahlten 1,6 Mrd. € umfassten Zahlungen für immaterielle Vermögensgegenstände wie Patente und Lizenzen. Das Patentportfolio von Nokia umfasst circa 8500 Designpatente sowie schätzungsweise 30.000 Gebrauchsmuster und weitere Patente.

Devices & Services in m€	2007	2008	2009	2010	2011	2012
Umsatzerlöse	37.705	35.099	27.859	29.134	23.943	15.686
Operatives Ergebnis	7854	5816	3314	3299	884	−1100

Vergleicht man den Preis, der für die Handysparte von Nokia, gezahlt wurde (ohne Patente), mit dem operativen Ergebnis aus dem Jahr 2007, entspricht dieser gerade der Hälfte des operativen Ergebnisses von 2007. Daraus wird offensichtlich, dass vergangene Erfolge nicht präjudizierend für eine positive wirtschaftliche Entwicklung in der Zukunft sind.

Nokia ist ein exzellentes Beispiel für die mögliche Fehlleitung durch historische Daten aus Jahresabschlüssen. Wie der Übersicht in dem grauen Kasten zeigt, war die Gewinnsituation in den Jahren 2007 bis 2011 positiv. Die Marktführerschaft bei Mobiltelefonen zeigte sich auch in den wirtschaftlichen Ergebnissen, insbesondere in den Jahren 2007 und 2008. Jedoch verloren, insbesondere in Industriestaaten, nach der Einführung des iPhones 2007 und dem zunehmenden Erfolg von Smartphones, normale oder einfache Mobiltelefone, sogenannte Feature Phones, an Bedeutung. In der Folge schrumpfte der Marktanteil, damit der Umsatz und dieser wirtschaftliche Niedergang schlug sich 2012 in einem negativen operativen Ergebnis nieder. Im Weiteren wurde das Nokia-Mobiltelefon-Geschäftsfeld (inklusive Patente) für 5,4 Mrd. € an Microsoft verkauft. Dies entspricht 70 % des operativen Ergebnisses der Sparte im Jahr 2007. Es ist somit offensichtlich, dass historische Ergebnisse nur einen begrenzten Aussagegehalt haben und vielmehr die Frage gestellt werden muss, mit welchen Produkten oder Dienstleistungen ein Unternehmen in drei, fünf oder zehn Jahren Zahlungsüberschüsse erzielen kann.

Vor diesem Hintergrund ist es nicht verwunderlich, sondern aus Unternehmens- und Investorensicht zwingend, dass Facebook auf seiner jährlichen Entwicklerkonferenz im April 2016 einen Zehnjahresplan vorgestellt hat, der aufzeigt, dass die Schwerpunkte des Unternehmens hinsichtlich Produkten und Dienstleistungen in der nächsten Dekade in den Bereichen Vernetzung, künstliche Intelligenz und virtuelle Realität liegen. Diese Themen spiegeln Zukunftstrends wider und bilden somit die Basis für die Schaffung von Kundennutzen und langfristig positiver Unternehmensentwicklung.

Eine dritte wichtige Limitierung der Daten aus Jahresabschlüssen, neben der Verzerrung durch Bilanzpolitik und der Vergangenheitsorientierung, ist die Nichtberücksichtigung des Risikos in den Jahresabschlüssen. Das unternehmerische Risiko reflektiert die Möglichkeit, dass ein Unternehmen geringere Gewinne als geplant erzielt oder sogar Verluste anstatt Gewinn realisiert. Dabei wird das unternehmerische Risiko durch eine Vielzahl an Faktoren beeinflusst. Dies sind zum Beispiel Umsatzerlöse, Stückkosten, Material- oder Personalkosten, Wettbewerb, das gesamtwirtschaftliche Klima oder gesetzliche Regulierungen. Im Ergebnis tragen die Anteilseigner das unternehmerische Risiko. In der Bilanz wird das Ergebnis im Eigenkapital abgebildet. Jedoch unterliegt diese Bilanzposition ebenso bilanzpolitischen Möglichkeiten der Einflussnahme und ist damit begrenzt aussagefähig.

Grundsätzlich wird in der Unternehmensbewertung das Risiko im Diskontierungszinssatz berücksichtigt. Dieser setzt sich auf dem Basiszinssatz sowie dem unternehmensspezifischen Risikozuschlag zusammen. Letzterer wird grundsätzlich durch die beiden Komponenten „Finanzstrukturrisiko“ und „Geschäftsmodellrisiko“ aufgespannt. In den folgenden beiden Abschnitten zur Wertorientierung gehe ich auf den Aspekt „Risiko“ detailliert ein und ich werde zeigen, welche große Auswirkung diese Variable auf den Unternehmenswert hat.

Zusammenfassung

Jahresabschlüsse sind vergangenheitsorientiert, berücksichtigen weder Zeit noch Risiko und darüber hinaus können die Ergebnisse durch zielgerichtete Bilanzpolitik verzerrt sein.

Deshalb sind die sich ergebenden Zahlen und Informationen nur sehr begrenzt für die Beurteilung und Steuerung von Unternehmen geeignet.
Es stellt sich somit die Frage, welches alternative Konzept hierfür besser geeignet ist.

5.2 Ansatz der Unternehmenswertorientierung

Die Wertorientierung, basierend auf diskontierten, zukünftigen Free Cash-Flows, ist kein neuer Ansatz oder Berechnungsmethode. Das hier angenommene Grundmodell (Shareholder-Value-Ansatz) wurde durch Alfred Rappaport 1986 veröffentlicht (Rappaport 1986).

In Deutschland ist der Begriff „Shareholder-Value" mehrheitlich negativ belegt. Diese Ausgangslage ist Insbesondere beeinflusst durch die „Heuschreckendebatte" in Bezug auf Private Equity Unternehmen, Gehaltsexzesse von Topmanagern und die Gier von Bankern und Investoren. Die skizzierten Elemente waren u. a. initiale Gründe für die globale Finanz- und Wirtschaftskrise, ab dem Jahr 2007. Diese negativen Beispiele lenken jedoch von dem Fakt ab, dass die Mehrheit der Unternehmen und Unternehmer verantwortlich und nachhaltig unternehmerisch Handeln und damit Arbeitsplätze und Wohlstand schaffen.

Gleichzeitig generieren erfolgreiche Unternehmen eine (angemessene) Verzinsung des Kapitals der Aktionäre und Eigenkapitalgeber. Dies ist aus meiner Sicht legitim, da die Unternehmer Verantwortung übernehmen und das unternehmerische Risiko tragen. Letzteres impliziert, dass bei wirtschaftlichem Misserfolg das investierte Eigenkapital, als Risikokapital, verloren ist. Es ist also zu berücksichtigen, dass Unternehmer nicht nur sehr erfolgreich sein können und damit vermögend werden, wie beispielsweise Mark Zuckerberg (Facebook), Bill Gates (Microsoft), die Samwer-Brüder (Alando, Jamba, Rocket Internet), Claus Wellenreuther, Hans-Werner Hector, Klaus Tschira, Dietmar Hopp oder Hasso Plattner (alle SAP), vielmehr ist klar herauszustellen, dass eine Vielzahl von Gründern und Unternehmern wirtschaftlichen Misserfolg haben und somit Vermögen verlieren.

Darüber hinaus ist es heute allgemein anerkannt, dass ein eindimensionaler Ansatz, ausschließlich auf die Maximierung des Aktionärsvermögens ausgerichtet, zu kurz greift. Vielmehr sind die Ziele weiterer Interessengruppen in einem ganzheitlichen Zielsystem zu berücksichtigen. Neben dem Kundennutzen ist es, insbesondere in wissensintensiven Branchen, notwendig, die Bedürfnisse und Erwartungen der Mitarbeiter zu berücksichtigen. Das Wissen der Mitarbeiter ist die Grundlage für die zukünftige erfolgreiche Entwicklung von Unternehmen.

Die Beispielunternehmen in Bezug auf die erfolgreichen Gründer reflektieren diese Notwendigkeit, da Technologieunternehmen wie Google, Facebook, Rocket Internet oder SAP die Bedürfnisse ihrer Mitarbeiter befriedigen wollen und die Arbeitsbedingungen und das Arbeitsumfeld positiv gestalten, um beispielsweise gute Softwareingenieure binden oder neue akquirieren zu können.

Neben der Erkenntnis, dass ein unternehmenswertorientiertes Management adäquat und sinnvoll ist, da es eine langfristig-zukunftsorientierte und ganzheitliche Sichtweise als Maßstab zugrunde legt, illustriert das folgende Zitat von Harrison die typischen Herausforderungen der Wertorientierung, nicht nur für Softwareunternehmen, sondern für alle Unternehmen:

> » The economic worth of a commercial organization is a function of the present value of its future benefits, discounted for both time and risk. Consequently, the economic value of a software firm is greatly affected by the predictability of the organization's software development projects, since unpredictable projects warrant large risk premiums. We can quantitatively approximate the value of increased predictability, and evaluate the effectiveness of efforts, such as process improvement, to improve the predictability of software development projects (Harrison 2006).

Der Unternehmenswert kann grundsätzlich mittels unterschiedlicher Methoden berechnet werden. Grundlage für meinen wertorientierten Ansatz stellt die Discounted Cash-Flow-Methode (DCF) dar. Auch die DCF-Methode hat verschiedene Ausprägungen. Die Ausformung sowie damit verbundenen

$$UW_0 = \underbrace{\sum_{t=1}^{T} \frac{fCF_t}{(1+i)^t}}_{\text{Diskontierte freie Cash-Flows der nahen Phase}} + \underbrace{\frac{fCF_{T+1}}{i} * \frac{1}{(1+i)^T}}_{\text{Diskontierte freie Cash-Flows der fernen Phase - ewige Rente}}$$

UW_0 ... Unternehmenswert zum Zeitpunkt 0 (Stichtag)
i ... Diskontierungszinssatz
t ... Zeit
fCF ... freie Cash-Flows

■ **Abb. 5.1** Basisformel für die Berechnung des Unternehmenswertes

Vor- und Nachteile sollen hier nicht weiter diskutiert werden. Es ist vielmehr mein Ziel, die grundsätzliche Logik sowie die impliziten Merkmale zu skizzieren, um die Grundlage für das Verständnis der weiteren Argumentation zu legen. Für eine weitere Vertiefung ist wieder eine Auswahl an Literatur am Ende des Kapitels aufgeführt.

Grundlage für die Unternehmensbewertung stellt das sogenannte Phasenmodell dar (siehe ■ Abb. 5.1). Die nahe Phase umfasst regelmäßig die ersten drei bis fünf Jahre der Zukunft. Diese werden detailliert betrachtet und geplant. Im Anschluss wird von einem eingeschwungenen Zustand des Unternehmens ausgegangen, weshalb für die weitere Zukunft vereinfachend die ewige Rente der freien Cash-Flows als Bestandteil des Unternehmenswertes ermittelt wird. Eine weitere Annahme ist das „Going-Concern-Prinzip", d. h. per Definition besteht das Unternehmen unendlich lange fort. Der Unternehmenswert (UW_0) zu Beginn der Periode/zum Stichtag ist die Summe aller zukünftigen freien Cash-Flows (fCF), die mit dem Zinssatz i abgezinst werden.

Neben dem Diskontierungsfaktor wird im Folgenden noch auf die Ableitung der freien Cash-Flows eingegangen und es werden das Vorgehen sowie damit verbundene Herausforderungen skizziert. Auf weitere spezifische Aspekte der Unternehmensbewertung wie beispielsweise die Berücksichtigung des Wachstums in der fernen Phase, die Berücksichtigung von Ertragssteuern der Anteilseigner oder die Bewertung von wachstumsstarken, ertragsschwachen oder kleinen Unternehmen wird auf die einschlägige Literatur in der Übersicht am Ende dieses Kapitels verwiesen.

Für die Schätzung bzw. Bildung des Diskontierungsfaktors liegen erneut verschiedene Verfahren und Vorgehensweisen vor. Ausgangspunkt ist grundsätzlich der risikolose Zins. Diese Größe spiegelt die Verzinsung für eine Investition wider, deren Risiko per Definition Null ist. Das heißt ein Investor wird zum einen sein investiertes Kapital zurückgezahlt bekommen und zum anderen erhält er die vereinbarte Verzinsung. Die Wahrscheinlichkeit, und damit das Risiko, dass Zahlungsausfälle erfolgen, ist Null. Als Vergleichsobjekt werden hierfür regelmäßig deutsche Staatsanleihen herangezogen, die eine lange Laufzeit (beispielsweise 10 oder 20 Jahre) haben. Aufgrund des nicht vorhandenen Risikos ergibt sich eine geringe Verzinsung. Diese beträgt beispielsweise für eine 10-jährige deutsche Staatsanleihe zum Stichtag 14.04.2016 0,13 %.

Der Risikozuschlag wird regelmäßig unter Zuhilfenahme des Capital Asset Pricing Models (CAPM) ermittelt. Für das dezidierte Vorgehen sei auf die Ausführungen im Wirtschaftsprüferhandbuch (IDW (Hrsg.) 2014), von Brealey/Myers/Allen (Brealey et al. 2011) sowie von Koller/Goedhart/Wessels (Koller et al. 2010) verwiesen. Im Ergebnis wird mittels des CAPM das Risiko eines spezifischen Wertpapiers im Vergleich zu einem Marktportfolio ermittelt. Dieses Risikomaß wird als Beta (β) bezeichnet. Das Risiko des Benchmarks, d. h. des Marktportfolios beträgt 1. Ergibt die Analyse für ein spezifisches Unternehmen ein ß größer 1, ist das Risiko der Aktie größer als das Risiko des Gesamtmarktes. Im Gegensatz dazu ist das unternehmensspezifische Risiko geringer als das des Gesamtmarktes, wenn ß kleiner 1 ist. Es ist zu berücksichtigen, dass das CAPM insbesondere für nicht börsennotierte Unternehmen nur mit Einschränkungen anwendbar ist.

Ausgehend von dem ermittelten Beta wird dieses mit dem sogenannten Marktrisiko einer Branche multipliziert. Aus dem Produkt von Betafaktor eines Unternehmens × Marktrisiko einer Branche ermittelt sich der unternehmensspezifische Risikozuschlag.

Der für die Diskontierung der zukünftigen freien Cash-Flows gesuchte Diskontierungszinssatz i wird dann aus der Summe von Basiszinssatz und unternehmensspezifischem Risikozuschlag gebildet.

Die höhere Verzinsung von Investitionen mit einem höheren Risiko gilt nicht nur für Unternehmen, sondern auch für andere Wertpapiere wie beispielsweise Staatsanleihen. Wurde eine (risikolose) deutsche Staatsanleihe mit 0,13 % verzinst, lag die Verzinsung für portugiesische Staatsanleihen zum selben Stichtag bei 3,01 % und für griechische Staatsanleihen bei 9,43 %. Die höheren Renditen spiegeln das (deutlich) höhere Ausfallrisiko wider, d. h. die Investoren gehen davon aus, dass insbesondere bei Griechenland, eine Rückzahlung zum vollen Betrag nicht wahrscheinlich ist. Konkret wird mittels des Risiko das Zahlungsausfallrisiko abgebildet.

Cash-Flow

... ist eine Messgröße für die Beeinflussung der Liquidität eines Unternehmens in einer Periode. Der Cash-Flow ergibt sich als Differenz von Einzahlungen (Cash-In) abzüglich der Auszahlungen (Cash-Out) in einer Periode. Die Cash-Flow-Sicht ist von der Gewinn- und Verlustrechnungssicht zu unterscheiden. Mittels letzterer wird der wirtschaftliche Erfolg, d. h. die Veränderung des Eigenkapitals, in einer Periode durch die Differenz aus Aufwendungen und Erträgen und dem sich daraus ergebenden Gewinn oder Verlust ermittelt.

Free Cash-Flow

... ist die Summe aus operativem Cash-Flow und Cash-Flow aus Investitionstätigkeit. Er ist eine Messgröße für die finanziellen Mittel bzw. deren Veränderung in einer Periode, die den Anteilseigner zur Verfügung stehen. Der freie Cash-Flow kann beispielsweise für Dividendenzahlungen, Aktienrückkäufe, die Reduzierung des Fremdkapitals, Unternehmenskäufe oder andere, zusätzliche Investitionen genutzt werden.

Risikozuschlag für ein Unternehmen

... bildet zusammen mit dem Basiszinssatz den Diskontierungsfaktor für die Abzinsung. Der Risikozuschlag spiegelt das spezifische Risiko in Bezug auf das betrachtete Unternehmen wider. Es umfasst grundsätzlich das Bilanzstrukturrisiko sowie das Geschäftsmodellrisiko. Die Berechnung kann vereinfacht über folgende beide Variablen vorgenommen werden:

- Risikozuschlag = Marktrisiko (einer Branche) × Betafaktor (eines Unternehmens)

Beta (β)

... ist im Bereich der Finanzwirtschaft eine Messgröße für die Volatilität/das Risiko eines Wertpapiers in Relation zur Volatilität/des Risikos eines Benchmarks mit dem das Wertpapier verglichen wird.

- $\beta > 1$ ... größere Volatilität/Risiko im Vergleich zum Benchmark/Markt
- $\beta < 1$ ... kleinere Volatilität/Risiko im Vergleich zum Benchmark/Markt

Die neben dem Diskontierungszinssatz zweite zentrale Größe der Ermittlung des Unternehmenswertes ist der freie Cash-Flow in einer bestimmten Periode. Der freie Cash-Flow kann grundsätzlich direkt oder indirekt ermittelt werden.

Bei der indirekten Vorgehensweise bildet der Gewinn/Verlust, das heißt das Ergebnis der Gewinn- und Verlustrechnung, die Basis. Ausgehend vom Gewinn/Verlust werden in der Periode nichtauszahlungswirksame Erträge abgezogen und nichtauszahlungswirksame Aufwendungen wieder hinzugerechnet.

Im Gegensatz dazu werden bei der direkten Ermittlung die Auszahlungen von den Einzahlungen abgezogen. Das Ergebnis ist der freie Cash-Flow, welcher den Aktionären zusteht. Es ist nun zu entscheiden, wie diese finanziellen Überschüsse verwendet werden. Der freie Cash-Flow kann beispielsweise für Dividendenzahlungen, Aktienrückkäufe, die Reduzierung des Fremdkapitals, Unternehmenskäufe oder andere, zusätzliche Investitionen genutzt werden.

Das bisher beschriebene Verfahren zur Berechnung des Unternehmenswertes mittels DCF ist eine mathematische Problemstellung, jedoch aus meiner Sicht nicht die zentrale Herausforderung. Die Kernherausforderung in Bezug auf die Variablen der Unternehmensbewertung ist die Ableitung und zeitliche Zuordnung der freien Cash-Flows. Hierfür sind Schätzungen bzw. Prognosen in Bezug auf die unternehmerischen Aktivitäten notwendig. Wichtige Einflussfaktoren sind hier erneut die Elemente, die das unternehmerische Risiko beeinflussen. Es ist somit für die nächsten Jahre, für die nahe Phase im Detail, mittels Planungsrechnungen zu prognostizieren, wie sich die freien Cash-Flows unter Einfluss von Umsatzerlösen, Stückkosten, Material- oder Personalkosten, Wettbewerb, das gesamtwirtschaftliche Klima und gesetzliche Regulierungen entwickeln werden. Dieses grundsätzliche Problem der Unsicherheit unternehmerischen Handelns wird durch die Möglichkeit von schwarzen Schwänen verschärft.

Schwarzer Schwan

… Zwischenfall oder Ereignis, das überraschend auftritt und einen großen Effekt oder eine große Auswirkung hat. Beispiele hierfür sind:

- Terroranschläge auf das World Trade Center in New York am 11. September 2001,
- Katastrophe im japanischen Kernkraftwerk Fukushima am 11. März 2011, als Folge eines Tsunami,
- „Jahrhunderthochwasser" an der Elbe in den Jahren 2002 und 2013.

Vor diesem Hintergrund ist zu hinterfragen, wie die Prognose der zukünftigen freien Cash-Flows unter den beschriebenen Rahmenbedingungen, optimal erfolgen kann. Das Institut der Wirtschaftsprüfer bietet hier mit seinen Ausführungen im Wirtschaftsprüferhandbuch (IDW (Hrsg.) 2014) sowie dem Standard zu den „Grundsätzen zur Durchführung von Unternehmensbewertungen" (IDW (Hrsg.) 2008) eine gute Orientierung. Abstrakt wird das Vorgehen im Rahmen der Ermittlung eines „objektivierten Unternehmenswertes" dargestellt.

Der Aspekt der Objektivierung wird in Teil II detailliert ausgeführt, konkretisiert sowie strukturiert. Es werden Kriterien und das Vorgehen für eine Objektivierung im Allgemeinen abgeleitet. Im Rahmen der Prognose zukünftiger freier Cash-Flows ist insbesondere die Berücksichtigung der Unsicherheit von zentraler Bedeutung. Diese ist vom unternehmensspezifischen Risiko zu unterscheiden, dass im Diskontierungszinssatz abgebildet wird. Die Unsicherheit muss vielmehr in Form von Bandbreiten, als Ergebnis von Szenarien, resultieren. Einwertige Schätzungen des Unternehmenswertes, womöglich auf zwei Nachkommastellen genau, sind fahrlässig und suggerieren einen Grad der Richtigkeit und damit Sicherheit, der im Rahmen der zukünftigen Wertermittlung unmöglich ist. Für eine pointierte Auseinandersetzung mit dem Aspekt „einwertiger Ergebnisse in der Unternehmensbewertung vergleiche die Ausführungen von Moxter aus dem Jahr 1977, die diesbezüglich nicht an Relevanz und Aktualität eingebüßt haben" (Moxter).

Zusammenfassung

Jahresabschlüsse sind vergangenheitsorientiert, berücksichtigen weder Risiko noch Zeit und die Ergebnisse können durch Bilanzpolitik der Unternehmen beeinflusst sein. Deshalb sind die Werte, Kennzahlen und Informationen hinsichtlich ihres Aussagegehaltes limitiert.

Die finale Spitzenkennzahl „Unternehmenswert", basierend auf diskontierten zukünftigen freien Cash-Flows, reflektiert die Antwort auf die Frage, mit welchen Produkten und Dienstleistungen ein Unternehmen zukünftige Einzahlungen (Umsatz), zu welchen Auszahlungen (Kostenstruktur) erzielen will. Durch die Diskontierung werden ebenso Risiko und Zeit berücksichtigt. Aufgrund dieser ganzheitlichen, zukunftsorientierten Betrachtung sehe ich den Unternehmenswert als die einzig sinnvolle

Spitzenkennzahl für privatwirtschaftliche Unternehmen.

Im Rahmen der Berechnung des Unternehmenswertes ist die **Prognose des zukünftigen freien Cash-Flows** die größte Herausforderung, insbesondere aufgrund der Unsicherheit, beispielsweise intensiviert durch Globalisierung und das Auftreten schwarzer Schwäne.

Weiterführende Literatur

- Mäder, & Ehret (2009). Bewertung selbst erstellter Software im Rahmen der Eigennutzung – Auswirkungen des BilMoG-E. *Zeitschrift für Bilanzierung und Rechnungswesen, 2009*(1), 16.
- Koller, Goedhart, Wessels (2010). *Valuation – Measuring and managing the value of companies*. New Jersey.
- Moxter (1977). Die sieben Todsünden des Unternehmensbewerters. In Goetzke, & Sieben (Hrsg.), *Unternehmensbewertung und Grundsätze ihrer ordnungsmäßigen Durchführung*. Köln.
- Rappaport (1986). *Creating Shareholder Value*. New York.
- Estridge, & Lougee (2007). Measuring Free Cash Flows for Equity Valuation: Pitfalls and Possible Solutions. *Journal of Applied Corporate Finance, 2007*(2), 60.
- Black, Wright, Davies (2001). *In Search of Shareholder Value: Managing the Drivers of Performance*. London.
- Kazlauskienė, & Christauskas (2007). Risk Reflection in Business Valuation Methodology. *Engineering Economics, 2007*(1), 7.
- IDW (Hrsg.) (2014). *WP Handbuch 2014: Wirtschaftsprüfung, Rechnungslegung, Beratung*, Band II. Düsseldorf.
- IDW (Hrsg.) (2008). IDW S 1 i.d.F. 2008 – Grundsätze zur Durchführung von Unternehmensbewertungen. *Fachnachrichten IDW, 2008*(7), 271.

5.3 Wertorientiertes Geschäftsmodell

In ▶ Kap. 1 wurden die Herausforderungen der Globalisierung abgeleitet und deren Auswirkungen auf Unternehmen beschrieben. Aufgrund von Liberalisierung und Neuheiten entsteht in Bezug auf Unternehmen ein permanenter Veränderungsdruck, der die Zunahme an Komplexität, Dynamik und Unsicherheit über die Zeit intensiviert. Zur erfolgreichen Handhabung dieser Herausforderungen ist es notwendig, das Wettbewerbsumfeld sowie das Unternehmen selber klar zu strukturieren und somit steuerbar zu machen. In Theorie und Praxis finden sich hierfür eine Vielzahl an Instrumenten und Verfahren. In diesem Abschnitt werde ich deshalb das wertorientierte Geschäftsmodell ableiten und erklären, warum dies ein adäquates Instrument ist, die beschriebenen Herausforderungen zu meistern.

Porters Wertschöpfungskette (Porter 2000) und die Balanced Scorecard von Kaplan/Norton (Kaplan und Norton 1997) sind ganzheitliche Instrumente für die Strukturierung und das Management von Unternehmen. Neben diesen umfassenden Instrumenten gibt es weitere Tools zur Analyse spezifischer Aspekte wie beispielsweise die SWOT-Analyse, den Kernkompetenz- oder Earned-Value-Management-Ansatz. Auch wenn die Wertschöpfungskette und die Balanced Scorecard ganzheitlich sind, bedarf es des Inputs hinsichtlich der Geschäftsstrategie, das heißt beide Instrumente fußen auf einer erarbeiteten Strategie. Die Stärke ist im Weiteren die Verknüpfung der strategischen mit operativen Aspekten, es erfolgt ein strukturiertes Herunterbrechen langfristig-abstrakter Sachverhalte in Aktivitäten des Tagesgeschäftes.

Will man einen Schritt weiter gehen, also das Ziel verfolgen ein Unternehmen über alle Managementphase hinweg abzubilden, bedarf es eines Ansatzes des strategischen und operativen Aspekts bis hin zu einer finalen Spitzenkennzahl vereint. Das Instrument muss sowohl umfassend als auch unternehmensindividuell anpassbar sein. In der Folge darf der Detaillierungsgrad nicht zu hoch sein. Im Ergebnis muss es die Grundphilosophie bzw. Daseinsberechtigung des Unternehmens ebenso abdecken, wie die Umsetzung und Wertgenerierung. Aufgrund der Mehrgliedrigkeit ist eine prozessuale Vorgehensweise notwendig, die sich aus mehreren Schritten zusammensetzt und durch diese Strukturierung insbesondere die Komplexität in einem ersten Schritt reduziert.

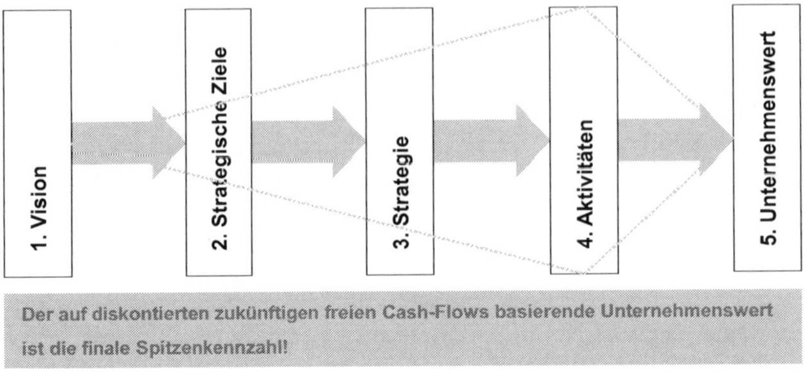

Abb. 5.2 Das wertorientierte Geschäftsmodell (wGM) als Grundmuster

Prozess

… geordnete Abfolge miteinander verknüpfter Aktivitäten und/oder Verfahren, mittels derer zielorientiert Input in Output umgewandelt wird.

Die durchgängige Betrachtung und Verknüpfung verschiedener Stufen des Managements, von abstrakten normativ-strategischen Zielen bis hin zu operativen Realisierung, steht als erfolgskritisch im Zentrum der Betrachtung. Dieser Ansatz berücksichtigt dabei die empirische Erkenntnis, dass es für das Management eine der größten Herausforderungen ist, Strategie umzusetzen.

» Vision is nothing without operational implementation, and operational implementation is nothing without target-oriented strategic guidance!

In der Folge führt diese Erkenntnis zur zwingenden Berücksichtigung des Performance-Measurement-Ansatzes im Rahmen der Ableitung eines ganzheitlichen Geschäftsmodells. Das Statement „if you can't measure it, you can't manage it" war Ausgangspunkt für Forschung und Ableitung von Performance-Management-Systemen. Diese Ansätze müssen dabei insbesondere folgende fünf Parameter erfüllen:

1. **Multidimensionale Betrachtung:** Klassifikationskriterien sind dabei: quantitativ/qualitativ, kurz- und langfristig, strategische/operativ, Daten des Rechnungswesens/Daten anderer Bereiche;
2. **Ganzheitliche Herangehensweise:** alle Unternehmensfunktionen müssen Berücksichtigung finden;
3. **Performance- und Wertorientierung:** die Darstellung muss ziel-, leistungsorientiert und auf eine finale Spitzenkennzahl ausgerichtet sein;
4. **Prozessorientierung:** das System muss in klar abgrenzbare Elemente gegliedert sein, die auf eine finale Zielgröße ausgerichtet sind;
5. **Kombination verschiedener Instrumente und Verfahren:** da es nicht das perfekte Modell, Instrument oder den besten Ansatz für eine performance- und wertorientierte Vorgehensweise gibt und der Ansatz adaptierbar sein muss, ist die Kombination verschiedener Verfahren und Instrumente zu ermöglichen.

Die Ergebnisse meiner Argumentation sind in Abb. 5.2 und 5.3 zusammenfassend dargestellt. Das wertorientierte Geschäftsmodell beginnt mit der (Unternehmens-) Vision, die die Frage beantwortet: Was macht das Unternehmen in Gegenwart und Zukunft einzigartig? Die Vision (hier auch Synonym für Mission Statement) reflektiert die Legitimation des Unternehmens. Sie sollte in ein bis drei Sätzen formuliert sein und allen Unternehmensangehörigen eine klare Orientierungshilfe in allen Entscheidungssituation sein, verbunden mit einer emotionalen Komponente.

	Allgemeine Determinaten	Prozessorientiertes Geschäftsmodell als Basis	Performance Measurement	Unternehmenswert
Merkmale der Determinaten	Umfassend, individuell anpassbares und nicht zu detailliertes Modell	Ganzheitiche Sichtweise	Multidimensionale Betrachtung	Basierend auf zukünftigen freien Cash-Flows
	Nutzung anerkannter Methoden zur Sicherstellung des Objektivierungsgebotes	Strukturierung über ein Unternehmensprozess-modell	Ganzheitliche Herangehensweise	Unternehmenswert ist nur arithmetische Berechnung
			Performance- und Wertorientierung	Fokussierung auf Eingangsparameter
			Prozessorientierung	Berücksichtigung der Unsicherheit
			Kombination verschiedener Instrumente und Verfahren	Auf Szenarien basierend Ermittlung von Wertbandbreiten

Abb. 5.3 Determinanten und charakteristische Merkmale des wertorientierten Geschäftsmodells

BMW-Vision: Strategy Number One (bis 2015)

… the BMW Group is the world's leading provider of premium products and premium services for individual mobility.

BMW-Vision: Strategy Number One – Next (ab 2016)

… We are Number ONE. We inspire people on the move: We shape tomorrow's individual premium mobility.

Das Beispiel der BMW Group illustriert die Herausforderung, einer auch zeitgemäßen Vision auf der einen Seite und die langfristige Orientierung auf der anderen Seite. Die „alte" Vision umfasst sowohl die historischen Wurzeln als Premium-Automobilhersteller, berücksichtigt jedoch den Wandel der Gesellschaft, insbesondere hinsichtlich der zunehmenden Bedeutung der Nutzung als Alternative zum Besitz (Sharing-Economy). Diese strategische Herausforderung, verbunden mit der Digitalisierung und der Elektromobilität bilden die drei zentralen Veränderungstreiber in der Automobilbranche in den kommenden Jahrzehnten ab. Der damit einhergehende Wandel schlägt sich in der neuen, durch den seit Mai 2015 amtierenden CEO der BMW Group Harald Krüger, mit seinem Managementteam erarbeiteten Strategie nieder. Der Anspruch der Marktführerschaft bleibt erhalten, jedoch tritt der Produkt(ions)aspekt in den Hintergrund. Die individuelle Mobilität wird noch stärker ins Zentrum gestellt. Damit wird die vollständige Transformation von einem Automobilhersteller zu einem auf Digitalisierung basierenden Mobilitätskonzern definiert. In der Folge ist der langfristige Weg grob vorgezeichnet und die Mitarbeiter von BMW haben eine klare Orientierung für ihr Handeln. Es ist offensichtlich, dass sich aus dieser Neuausrichtung auch Implikationen für die weiteren Phasen des wertorientierten Geschäftsmodells für BMW ergeben. Als ein Beispiel betreibt das Unternehmen im Herbst 2016 Personalmarketing für Jobs im Bereich Softwareentwicklung unter dem Slogan „Automobilgeschichte schreibt man heute in C++".

Abb. 5.2 zeigt, dass, ausgehend von der abstrakten Vision, in den darauffolgenden Phasen eine weitere Ausdifferenzierung erfolgt. Die gestrichelte Linie illustriert dies.

Somit hat in der zweiten Stufe eine strategische Zielformulierung zu erfolgen. Regelmäßig geht dies mit einer Quantifizierung einher. So war es um das Jahr 2010 ein sehr populäres strategisches Ziel, bis 2020 den Umsatz zu verdoppeln. Das Beispiel verdeutlicht einige wichtige Aspekte strategischer Ziel. Erstens, der Zeitrahmen strategischer Ziele umfasst meistens fünf bis zehn Jahre. Zweitens, haben strategische Ziele eine enorme Auswirkung auf die weiteren Phasen des wGM.

So kann eine Umsatzverdoppelung durch organisches oder anorganisches Wachstum erfolgen. Die erste Option, organisches Wachstum, impliziert, dass das Unternehmen eigene, neue Produkte und Dienstleistungen in den Markt bringen oder neue Märkte erschließen muss. Dies hat insbesondere Auswirkungen auf den Forschungs- und Entwicklungsbereich, die Lieferkette und die Produktionskapazitäten. Herausforderung und Bedeutung des Planungsprozesses wurde bereits im Zusammenhang mit dem allgemeinen Managementkreislauf in ► Kap. 3 diskutiert. Die Auswirkungen der Verfehlung strategischer Ziele kann durch ein Beispiel von Volkswagen illustriert werden. Aufgrund von Investitionen stiegen die Fixkosten an dem nordamerikanischen Standort Chattanooga. Da die tatsächliche Produktionsmenge (deutlich) hinter der geplanten Produktionsmenge zurückblieb, konnten diese Fixkosten nur auf eine geringer Menge verteilt werden als geplant. Im Ergebnis sind die gesamten Stückkosten gestiegen, was, unter Annahme der Konstanz des Verkaufspreises, zu einer Reduzierung der Profitabilität geführt hat.

Beispiel: Strategische Ziele

1. Volkswagen

Das erklärte strategische Ziel des ehemaligen VW CEOs Martin Winterkorn und des ehemaligen Aufsichtsratsvorsitzenden Ferdinand Piëch war es, dass VW bis 2018 mehr als 10 m Fahrzeuge pro Jahr absetzen wollte. Dieses Ziel wurde schon in 2014 erreicht. Kritisch war jedoch die Annahme, dass zur Zielerreichung auch ein signifikantes Wachstum in Nordamerika beitragen sollte.

Vor diesem strategischen Hintergrund wurden die Produktionskapazitäten im amerikanischen Werk in Chattanooga mittels Investitionen von circa 1 Mrd. € erweitert. Da das Wachstum auf dem nordamerikanischen Markt jedoch hinter den Erwartungen zurückblieb, war für Chattanooga eine geringe Auslastung zu verzeichnen. In der Folge ergaben sich höher als geplante Fixkosten, die unter anderem ein Grund für die geringe Umsatzrendite der Kernmarke Volkswagen sind.

2. Airbus Group (ehemals EADS N.V.):

Das erklärte Ziel des CEOs der Airbus Group war es, den Umsatz bis 2020 zu verdoppeln und gleichzeitig den Umsatzanteil der zivilen Flugzeuge prozentual am Gesamtumsatz zu reduzieren.

Zur Erreichung dieses strategischen Ziels sollte im Jahr 2012 eine Übernahme/Fusion mit BAE Systems erfolgen. Ausgehend vom veröffentlichten Umsatz der EADS N.V. in 2012 i. H. v. 56 Mrd. € und dem Umsatz von BAE Systems i. H. v. 23 Mrd. € im gleichen Jahr, hätte allein diese Transaktion 41 % Umsatzzuwachs gebracht. Darüber hinaus wäre gleichzeitig eine deutliche Reduzierung des Umsatzanteils der zivilen Flugzeuge einhergegangen.

Aufgrund des Vetos der deutschen Regierung kam der Zusammenschluss nicht zustande.

Das intendierte Zusammengehen der Airbus Group mit BAE Systems ist ein Beispiel für anorganisches Wachstum. Durch den Kauf eines oder mehrerer anderer Unternehmen kann eine schnelle und signifikante Erhöhung des Umsatzes erfolgen.

Die dritte Phase der wGM ist die „Strategie". In der Literatur ist eine Vielzahl an Definitionen für diese Managementaufgabe zu finden. Nach meiner Meinung beschreibt die prägnante Definition von Mintzberg das übergeordnete Ziel der Strategie und die somit im Strategiebildungsprozess notwendigen Aufgaben sehr gut:

> A strategy is a pattern in a stream of decisions (Henry Mintzberg).

In Bezug auf die Grundidee des wGM erfolgt in der Strategiebildungsphase ein weiteres Herunterbrechen der abstrakten Inhalte und Vorgaben von Vision und strategischen Zielen. Im Ergebnis muss die Strategie die Frage beantworten, wie die gesetzten strategischen Ziele erreicht werden sollen. Der betrachtete Zeitraum variiert regelmäßig zwischen drei bis zehn Jahren, in Abhängigkeit von der spezifischen Unternehmenssituation. Auch kann oder muss eine Anpassung der Strategie in Teilbereichen erfolgen. Grund hierfür ist wiederum die der Planung immanenten Unsicherheit. Durch neue Informationen aus dem allgemeinen Managementprozess kann es im Rahmen des Steuerungsprozesses (vgl. ▣ Abb. 3.1) als Ergebnis zu dieser Notwendigkeit kommen. Der Strategiebildungsprozess kann grundsätzlich in vier Phasen unterschieden werden:

1. **Analyse:** Was sind die Stärken und Schwächen eines Unternehmens?
2. **Optionen:** Was sind, basierend auf den Analyseergebnissen, Handlungsmöglichkeiten?
3. **Bewertung:** Objektivierte Bewertung der erarbeiteten Handlungsoptionen.
4. **Entscheidung:** Finale Entscheidung des Topmanagements, welche Strategie implementiert und umgesetzt werden soll.

Im Weiteren finden sich in der Literatur zum strategischen Management eine Vielzahl an Methoden und Instrumenten, die sowohl im Rahmen der Strategiebildung, als auch der Strategieimplementierung und -umsetzung als Hilfsmittel genutzt werden können. Eines der bekanntesten Bücher hat Porter mit seinem Werk „Competitive Strategy: Techniques for Analyzing Industries and Competitors“ (Porter 1980). Er beschreibt sowohl den Analyseprozess, als auch die Umsetzung, das heißt wie Unternehmen die Analyseergebnisse in eine spezifische Strategie überführen können. Darüber hinaus propagiert er drei generische Normstrategien, die für die strategische Positionierung leitend sein können:
1. Kostenführer,
2. Differenzierung,
3. Fokussierung.

Der letzte Schritt der Detaillierung erfolgt in der vierten Phase „Aktivitäten“. Wie bereits oben ausgeführt, stellt der Übergang von Phase drei „Strategie“ zu Phase vier „Aktivitäten“ grundsätzlich die größte Herausforderung für das Management dar: Ideen müssen in tatsächliche Aktionen umgesetzt werden. Ein möglicher Grund für das Scheitern kann sein, dass die Mitarbeiter die Elemente des strategischen Managements (Vision – strategische Ziel – Strategie) nicht verstehen oder nachvollziehen und somit diese auch nicht umsetzen können. In der Konsequenz müssen zum einen die Elemente des wGM konsequent und stringent aufeinander aufbauen. Des Weiteren muss das Management, beginnend mit dem Vorstand, als Vorbild agieren und selber gemäß dem strategischen Rahmen glaubwürdig handeln.

Aktivitäten umfassen dabei alle denkbaren Geschäftsvorfälle. Damit ist der Kauf von Büromaterial ebenso gemeint, wie der Kauf einer teuren Maschine oder der Erwerb eines Wettbewerbers. Auch wenn der Kauf von Maschinen oder anderen Unternehmen strategische Entscheidungen sind, stellen sie gleichzeitig Aktivitäten dar, da allen Aktivitäten eine Eigenschaft gemein haben: sie sind zahlungswirksam. Der Kauf von Büromaterial, Maschinen oder Unternehmen verursacht grundsätzlich Auszahlungen. Im Gegensatz dazu generiert der Verkauf von Produkten und Dienstleistungen Einzahlungen. In der Konsequenz wirken beide Bereiche an Aktivitäten auf den Free Cash-Flow und damit auf den Unternehmenswert als finale Spitzenkennzahl.

Die abschließende Berechnung des Unternehmenswertes führt alle vorgelagerten Aktivitäten und Handlungen in einer abschließenden Kennzahl zusammen und bildet damit den Maßstab für den wirtschaftlichen Erfolg eines Unternehmens. Das hier angenommene DCF-Verfahren wurde im vorhergehenden Abschnitt beschrieben. Aufgrund der Wichtigkeit sei hier noch einmal wiederholt:

» Im Rahmen der Berechnung des Unternehmenswertes ist die Prognose des zukünftigen freien Cash-Flows die größte Herausforderung, insbesondere aufgrund der Unsicherheit im Rahmen der Zukunftsorientierung!

Zusammenfassung
Mittels des wertorientierten Geschäftsmodells und den dort definierten fünf Schritten (1. Vision, 2. Strategische Ziele, 3. Strategie, 4. Aktivitäten und 5. Unternehmenswert) wird ein prozess- und leistungsorientiertes Management, ausgerichtet auf die finale Spitzenkennzahl „Unternehmenswert“ ermöglicht. Mit diesem ganzheitlichen, vollumfänglichen und adaptierbaren Ansatz hinsichtlich strategischer und operativer Aspekte, wird das Management befähigt, mit den unternehmerischen Herausforderungen umzugehen.

Weiterführende Literatur

- Young, & O'Byrne (2001). *EVA and value-based management: a practical guide to implementation*. New York.
- Porter (1998). *Competitive Strategy: Techniques for Analyzing Industries and Competitors*. New York.

- Porter (1998). *Competitive Advantage: Creating and Sustaining Superior Performance* (2. Aufl.). New York.
- Kaplan, & Norton (1996). *The Balanced Scorecard: Translating Strategy into Action.* Boston.
- Coenenberg, & Salfeld (2003). *Wertorientierte Unternehmensführung – Vom Strategieentwurf zur Implementierung.* Stuttgart.

5.4 Übungsaufgaben: Wertorientierung

1. Was sind „klassische" Kennzahlen, mit denen die Leistung von Unternehmen bewertet werden kann?

a. Umsatz
b. Gründungsjahr
c. EbIT
d. Gehalt des Vorstandsvorsitzenden
e. Gewinn
f. Eigenkapitalrendite

2. „Cash Flow is a fact!"

a. Diese Aussage ist nicht sinnvoll.
b. Gewinne sind ebenso ein „Fakt".
c. Im Gegensatz zum Cash Flow kann der Gewinn durch bilanzpolitische Maßnahmen stark beeinflusst/gestaltet werden.
d. Gewinn = Cash Flow.
e. Der Cash Flow ist für Unternehmen irrelevant und ist deshalb in einer Unternehmensanalyse nicht zu berücksichtigen.

3. Umsatz, EbIT, Gewinn und Eigenkapital …

a. … sind Elemente des Betriebsabrechnungsbogens.
b. … sind Elemente des Jahresabschlusses.
c. … sind Elemente der Bilanzierung.
d. … können durch Bilanzpolitik nicht beeinflusst werden.
e. … sind vergangenheitsorientiert und damit sehr gut für die Prognose der zukünftigen Entwicklung von Unternehmen geeignet.

4. Eine Kennzahl zur Beurteilung eines privatwirtschaftlichen Unternehmens sollte …

a. … auf dem Umsatz aufbauen.
b. … vergangenheitsorientiert sein.
c. … zukunftsorientiert sein.
d. … unternehmensspezifische Risiken berücksichtigen.
e. … durch Bilanzpolitik beeinflussbar sein.
f. … qualitativ sein.

5. Was sind Elemente bzw. Variablen der Formel zur Unternehmenswertermittlung?

a. Unternehmensgröße
b. Risiko
c. Anzahl der Mitarbeiter
d. Diskontierungszins
e. Arbeitsstunden
f. Zeit
g. Free Cash Flow

6. Der erste Teil der Formel zur Berechnung des Unternehmenswertes bildet die ewige Rente ab.

a. Richtig.
b. Es gibt keinen „ersten" und „zweiten" Term, die Aussage macht keinen Sinn.
c. Falsch, der erste Teil bildet die diskontierten Free Cash Flows der nahen Phase ab.
d. Mit der Formel wird nicht der Unternehmenswert, sondern die Eigenkapitalrentabilität abgebildet.

7. Der zweite Teil der Formel zur Berechnung des Unternehmenswertes bildet die ewige Rente ab.

a. Richtig.
b. Ja. Darüber hinaus spiegelt der zweite Teil die sogenannte Going-Concern-Prämisse wider, was vereinfacht bedeutet, dass das Unternehmen ewig besteht.
c. Falsch, der zweite Teil bildet die diskontierten Free Cash Flows der nahen Phase ab.
d. Der Unternehmenswert beruht auf den diskontierten Free Cash Flows eines Unternehmens. Deshalb muss auch die ewige Rente in den Gesamtunternehmenswert mit einfließen.

8. Welche der folgenden Aussagen in Bezug auf „Bilanzpolitik" sind richtig?

a. Wer Bilanzpolitik betreibt macht sich strafbar.
b. Bilanzpolitik gehört zum internen Rechnungswesen.

c. Bilanzpolitik beruht auf den Zielen von handelnden Personen, bspw. dem Vorstandsvorsitzenden.
d. Bilanzpolitik umfasst die gemäß der relevanten Rechnungslegungsnormen zulässigen Maßnahmen zur bewussten Gestaltung des Jahresabschlusses, um die wirtschaftlichen Ergebnisse eines Unternehmens in einer intendierten Form zu präsentieren.
e. Bilanzpolitik wird nur im Rahmen der Bilanzierungsentscheidung „der Höhe nach" betrieben.

▪ **9. Was ist die Grundidee des wertorientierten Geschäftsmodells?**

a. Das Working Capital zu optimieren.
b. Risiken frühzeitig zu identifizieren und Gegenmaßnahmen abzuleiten.
c. Dem Management einen ganzheitlichen, vollumfänglichen und adaptierbaren Ansatz zur Verfügung zu stellen, mit dem Unternehmen analysiert und auf die Kennzahl „Unternehmenswert" ausgerichtet werden können.
d. Die Steuerlast von Unternehmen zu optimieren.

▪ **10. Welche der folgenden Aussagen in Bezug auf das wertorientierte Geschäftsmodell sind richtig?**

a. Das Modell ist in jedem Unternehmen gleich anzuwenden.
b. Ist ein Managementwerkzeug, um alle Aktivitäten auf die finale Kennzahl „Unternehmenswert" auszurichten.
c. Controlling hat die Aufgabe Transparenz über das gesamte Modell zu schaffen.
d. Das Modell lässt operative Aspekte außer Acht.
e. Für öffentliche Unternehmen kann das Modell grundsätzlich auch angewendet werden. Hierzu muss jedoch i. d. R. eine andere Spitzenkennzahl definiert werden.

▪ **11. Was sind Stärken des Ansatzes „wertorientiertes Geschäftsmodell"?**

a. Es werden sowohl strategische als auch operative Aspekte berücksichtigt.
b. Es stellt sicher, dass der Umsatz innerhalb von 2 Jahren verdoppelt werden kann.
c. Es separiert Management und Wertorientierung.
d. Eine klare Prozess- und Wertorientierung.
e. Es ist ein ganzheitlicher, vollumfänglicher und adaptierbarer Ansatz.

▪ **12. In welcher Reihenfolge sind die Schritte des wertorientierten Geschäftsmodells gegliedert?**

a. Vision, Unternehmenswert, strategische Ziele, Strategie, Aktivitäten.
b. Vision, strategische Ziele, Unternehmenswert, Strategie, Aktivitäten.
c. Vision, strategische Ziele, Strategie, Aktivitäten, Unternehmenswert.
d. Unternehmenswert, Vision, strategische Ziele, Strategie, Aktivitäten.
e. Vision, strategische Ziele, Strategie, Aktivitäten.

▪ **13. Die Vision ...**

a. ... umfasst einen Zeithorizont von 3–5 Jahren.
b. ... reflektiert die Legitimation des Unternehmens.
c. ... sie sollte in ein bis drei Sätzen formuliert sein und allen Unternehmensangehörigen eine klare Orientierungshilfe in allen Entscheidungssituation sein, verbunden mit einer emotionalen Komponente.

▪ **14. Die strategischen Ziele ...**

a. ... sind der vierte Schritt im wertorientierten Geschäftsmodell.
b. ... sind eine erste Konkretisierung der abstrakten Vision.
c. ... sind die Voraussetzung für die Formulierung der Vision.
d. ... umfassen einen Zeithorizont von 5 bis 10 Jahren. Ein Beispiel könnte sein „Verdoppelung des Umsatzes innerhalb der nächsten 7 Jahre".
e. ... sind der zweite Schritt im wertorientierten Geschäftsmodell.

▪ **15. Die Strategie ...**

a. ... baut auf den strategischen Zielen auf.
b. ... ist Voraussetzung für strategischen Ziele.
c. ... ist der dritte Schritt im wertorientierten Geschäftsmodell.
d. ... ist der vierte Schritt im wertorientierten Geschäftsmodell.
e. ... ist die Voraussetzung für die operative Umsetzung.

f. … gibt eine Antwort darauf, wie die strategischen Ziele erreicht werden sollen.

- **16. Die Aktivitäten …**

a. … stehen nicht im Zusammenhang mit der Strategie und den strategischen Zielen.
b. … sind weniger detailliert als die Strategie.
c. … sind die operative Umsetzung strategischer Entscheidungen.
d. … übertragen „reine Ideen“ in die Realität.
e. … generieren Einzahlungen und Auszahlungen und haben deshalb direkten Einfluss auf den Unternehmenswert.

- **17. Welche Aussagen in Bezug auf Strategien sind richtig?**

a. Es gibt nahezu unendlich viele Möglichkeiten zur strategischen Ausrichtung von Unternehmen.
b. Nach Porter gibt es drei generische Normstrategien, die für die strategische Positionierung leitend sein können: Kostenführer, Differenzierung und Fokussierung.
c. Voraussetzung für die Strategieformulierung ist das Wissen über die aktuelle Situation eines Unternehmens, insbesondere dessen Stärken und Schwächen.
d. Der Strategiebildungsprozess kann grundsätzlich in die vier Phasen Analyse, Optionen, Bewertung und Entscheidung gegliedert werden.

- **18. Ermittelns Sie aus den folgenden Informationen den Unternehmenswert des Start-Ups „Future Aircraft AG“ sowohl für den Best-Case (4 Jahre Entwicklungsdauer), als auch für den Base-Case (5 Jahre Entwicklungsdauer) und den Worst-Case (7 Jahre Entwicklungsdauer)! Verschärfen Sie das Worst-Case-Szenario mit einem höheren Risikozuschlag von 11 %!**

Ein Investor trifft die Entscheidung, das Duopol von Airbus und Boeing aufzubrechen. Hierzu wird ein Unternehmen gegründet. In der ersten Phase des Unternehmens wird, zur Vereinfachung, von nur einem Produkt, d. h. nur einem Flugzeugtyp, ausgegangen.

Folgende Informationen in Bezug auf die Einzahlungen und Auszahlungen liegen vor:

a. Entwicklungskosten p. a.: 1500 m€
b. Produktionskosten p. Flugzeug: 65 m€
c. Preis p. Flugzeug: 100 m€
d. Produzierte Stückzahl p. a.: 55 Flugzeuge
e. Basiszinssatz: 4 %
f. Risikozuschlag: 5 %
g. Bewertungsstichtag: 01.01.2010

Aufgrund der langen Entwicklungszeit wird die nahe Phase mit 10 Jahren angenommen. Hinsichtlich der ewigen Rente wird unterstellt, dass durch die Weiterentwicklung des Flugzeugtyps die produzierte und abgesetzte Stückzahl an Flugzeugen konstant gehalten werden kann.

Anmerkung: Diesem Rechenbeispiel sind einige Vereinfachungen zugrunde gelegt, insbesondere:

- Eine lineare Verteilung der Kosten und Umsätze über die einzelnen Jahre.
- Beim Produktionsanlauf ist, insbesondere bei komplexen Produkten, regelmäßig eine Lernkurve zu beobachten, d. h.:
  - Dass die Stückkosten zu Beginn deutlich höher liegen, als in einem sogenannten eingeschwungenen Zustand,
  - Dass die Produktionsmenge in den ersten Jahren Schrittweise erhöht wird und somit,
  - Die angestrebte Produktionsmenge von 55 Flugzeugen p. a. erst im dritten oder vierten Jahr erreicht wird.

5.5 Lösungen zu den Übungsaufgaben: Wertorientierung

Die richtigen Antworten sind „fett“ hervorgehoben.

- **1. Was sind „klassische“ Kennzahlen, mit denen die Leistung von Unternehmen bewertet werden kann?**

a. Umsatz
b. Gründungsjahr
c. EbIT
d. Gehalt des Vorstandsvorsitzenden
e. Gewinn/Verlust
f. Eigenkapitalrendite

- **2. „Cash Flow is a fact!“**

a. Diese Aussage ist nicht sinnvoll.
b. Gewinne sind ebenso ein „Fakt“.

c. **Im Gegensatz zum Cash Flow kann der Gewinn durch bilanzpolitische Maßnahmen stark beeinflusst/gestaltet werden.**
d. Gewinn = Cash Flow.
e. Der Cash Flow ist für Unternehmen irrelevant und ist deshalb in einer Unternehmensanalyse nicht zu berücksichtigen.

■ **3. Umsatz, EbIT, Gewinn und Eigenkapital …**
a. … sind Elemente des Betriebsabrechnungsbogens.
b. **… sind Elemente des Jahresabschlusses.**
c. **… sind Elemente der Bilanzierung.**
d. … können durch Bilanzpolitik nicht beeinflusst werden.
e. … sind vergangenheitsorientiert und damit sehr gut für die Prognose der zukünftigen Entwicklung von Unternehmen geeignet.

■ **4. Eine Kennzahl zur Beurteilung eines privatwirtschaftlichen Unternehmens sollte …**
a. … auf dem Umsatz aufbauen.
b. … vergangenheitsorientiert sein.
c. **… zukunftsorientiert sein.**
d. **… unternehmensspezifische Risiken berücksichtigen.**
e. … durch Bilanzpolitik beeinflussbar sein.
f. … qualitativ sein.

■ **5. Was sind Elemente bzw. Variablen der Formel zur Unternehmenswertermittlung?**
a. Unternehmensgröße
b. **Risiko**
c. Anzahl der Mitarbeiter
d. **Diskontierungszins**
e. Arbeitsstunden
f. **Zeit**
g. **Free Cash Flow**

■ **6. Der erste Teil der Formel zur Berechnung des Unternehmenswertes bildet die ewige Rente ab.**
a. Richtig.
b. Es gibt keinen „ersten“ und „zweiten“ Term, die Aussage macht keinen Sinn.
c. **Falsch, der erste Teil bildet die diskontierten Free Cash Flows der nahen Phase ab.**
d. Mit der Formel wird nicht der Unternehmenswert, sondern die Eigenkapitalrentabilität abgebildet.

■ **7. Der zweite Teil der Formel zur Berechnung des Unternehmenswertes bildet die ewige Rente ab.**
a. **Richtig.**
b. **Ja. Darüber hinaus spiegelt der zweite Teil die sogenannte Going-Concern-Prämisse wider, was vereinfacht bedeutet, dass das Unternehmen ewig besteht.**
c. Falsch, der zweite Teil bildet die diskontierten Free Cash Flows der nahen Phase ab.
d. **Der Unternehmenswert beruht auf den diskontierten Free Cash Flows eines Unternehmens. Deshalb muss auch die ewige Rente in den Gesamtunternehmenswert mit einfließen.**

■ **8. Welche der folgenden Aussagen in Bezug auf „Bilanzpolitik“ sind richtig?**
a. Wer Bilanzpolitik betreibt macht sich strafbar.
b. Bilanzpolitik gehört zum internen Rechnungswesen.
c. **Bilanzpolitik beruht auf den Zielen von handelnden Personen, bspw. dem Vorstandsvorsitzenden.**
d. **Bilanzpolitik umfasst die gemäß der relevanten Rechnungslegungsnormen zulässigen Maßnahmen zur bewussten Gestaltung des Jahresabschlusses, um die wirtschaftlichen Ergebnisse eines Unternehmens in einer intendierten Form zu präsentieren.**
e. Bilanzpolitik wird nur im Rahmen der Bilanzierungsentscheidung „der Höhe nach“ betrieben.

■ **9. Was ist die Grundidee des wertorientierten Geschäftsmodells?**
a. Das Working Capital zu optimieren.
b. Risiken frühzeitig zu identifizieren und Gegenmaßnahmen abzuleiten.
c. **Dem Management einen ganzheitlichen, vollumfänglichen und adaptierbaren Ansatz zur Verfügung zu stellen, mit dem Unternehmen analysiert und auf die Kennzahl „Unternehmenswert“ ausgerichtet werden können.**
d. Die Steuerlast von Unternehmen zu optimieren.

5

10. Welche der folgenden Aussagen in Bezug auf das wertorientierte Geschäftsmodell sind richtig?

a. Das Modell ist in jedem Unternehmen gleich anzuwenden.
b. Ist ein Managementwerkzeug, um alle Aktivitäten auf die finale Kennzahl „Unternehmenswert" auszurichten.
c. Controlling hat die Aufgabe Transparenz über das gesamte Modell zu schaffen.
d. Das Modell lässt operative Aspekte außer Acht.
e. Für öffentliche Unternehmen kann das Modell grundsätzlich auch angewendet werden. Hierzu muss jedoch i. d. R. eine andere Spitzenkennzahl definiert werden.

11. Was sind Stärken des Ansatzes „wertorientiertes Geschäftsmodell"?

a. Es werden sowohl strategische als auch operative Aspekte berücksichtigt.
b. Es stellt sicher, dass der Umsatz innerhalb von 2 Jahren verdoppelt werden kann.
c. Es separiert Management und Wertorientierung.
d. Eine klare Prozess- und Wertorientierung.
e. Es ist ein ganzheitlicher, vollumfänglicher und adaptierbarer Ansatz.

12. In welcher Reihenfolge sind die Schritte des wertorientierten Geschäftsmodells gegliedert?

a. Vision, Unternehmenswert, strategische Ziele, Strategie, Aktivitäten.
b. Vision, strategische Ziele, Unternehmenswert, Strategie, Aktivitäten.
c. Vision, strategische Ziele, Strategie, Aktivitäten, Unternehmenswert.
d. Unternehmenswert, Vision, strategische Ziele, Strategie, Aktivitäten.
e. Vision, strategische Ziele, Strategie, Aktivitäten.

13. Die Vision …

a. … umfasst einen Zeithorizont von 3–5 Jahren.
b. … reflektiert die Legitimation des Unternehmens.
c. … sie sollte in ein bis drei Sätzen formuliert sein und allen Unternehmensangehörigen eine klare Orientierungshilfe in allen Entscheidungssituation sein, verbunden mit einer emotionalen Komponente.

14. Die strategischen Ziele …

a. … sind der vierte Schritt im wertorientierten Geschäftsmodell.
b. … sind eine erste Konkretisierung der abstrakten Vision.
c. … sind die Voraussetzung für die Formulierung der Vision.
d. … umfassen einen Zeithorizont von 5 bis 10 Jahren. Ein Beispiel könnte sein „Verdoppelung des Umsatzes innerhalb der nächsten 7 Jahre".
e. … sind der zweite Schritt im wertorientierten Geschäftsmodell.

15. Die Strategie …

a. … baut auf den strategischen Zielen auf.
b. … ist Voraussetzung für strategischen Ziele.
c. … ist der dritte Schritt im wertorientierten Geschäftsmodell.
d. … ist der vierte Schritt im wertorientierten Geschäftsmodell.
e. … ist die Voraussetzung für die operative Umsetzung.
f. … gibt eine Antwort darauf, wie die strategischen Ziele erreicht werden sollen.

16. Die Aktivitäten …

a. … stehen nicht im Zusammenhang mit der Strategie und den strategischen Zielen.
b. … sind weniger detailliert als die Strategie.
c. … sind die operative Umsetzung strategischer Entscheidungen.
d. … übertragen „reine Ideen" in die Realität.
e. … generieren Einzahlungen und Auszahlungen und haben deshalb direkten Einfluss auf den Unternehmenswert.

17. Welche Aussagen in Bezug auf Strategien sind richtig?

a. Es gibt nahezu unendlich viele Möglichkeiten zur strategischen Ausrichtung von Unternehmen.
b. Nach Porter gibt es drei generische Normstrategien, die für die strategische Positionierung

leitend sein können: Kostenführer, Differenzierung und Fokussierung.

c. **Voraussetzung für die Strategieformulierung ist das Wissen über die aktuelle Situation eines Unternehmens, insbesondere dessen Stärken und Schwächen.**

d. **Der Strategiebildungsprozess kann grundsätzlich in die vier Phasen Analyse, Optionen, Bewertung und Entscheidung gegliedert werden.**

■ **18. Ermitteln Sie aus den folgenden Informationen den Unternehmenswert des Start-Ups „Future Aircraft AG" sowohl für den Best-Case (4 Jahre Entwicklungsdauer), als auch für den Base-Case (5 Jahre Entwicklungsdauer) und den Worst-Case (7 Jahre Entwicklungsdauer)! Verschärfen Sie das Worst-Case-Szenario mit einem höheren Risikozuschlag von 11 %!**

Ein Investor trifft die Entscheidung, das Duopol von Airbus und Boeing aufzubrechen. Hierzu wird ein Unternehmen gegründet. In der ersten Phase des Unternehmens wird, zur Vereinfachung, von nur einem Produkt, d. h. nur einem Flugzeugtyp, ausgegangen.

Folgende Informationen in Bezug auf die Einzahlungen und Auszahlungen liegen vor:

a. Entwicklungskosten p. a.: 1500 m€
b. Produktionskosten p. Flugzeug: 65 m€
c. Preis p. Flugzeug: 100 m€
d. Produzierte Stückzahl p. a.: 55 Flugzeuge
e. Basiszinssatz: 4 %
f. Risikozuschlag: 5 %
g. Bewertungsstichtag: 01.01.2010

Aufgrund der langen Entwicklungszeit wird die nahe Phase mit 10 Jahren angenommen. Hinsichtlich der ewigen Rente wird unterstellt, dass durch die Weiterentwicklung des Flugzeugtyps die produzierte und abgesetzte Stückzahl an Flugzeugen konstant gehalten werden kann.

Anmerkung: Diesem Rechenbeispiel sind einige Vereinfachungen zugrunde gelegt, insbesondere:

- Eine lineare Verteilung der Kosten und Umsätze über die einzelnen Jahre.
- Beim Produktionsanlauf ist, insbesondere bei komplexen Produkten, regelmäßig eine Lernkurve zu beobachten, d. h.:
  - Dass die Stückkosten zu Beginn deutlich höher liegen, als in einem sogenannten eingeschwungenen Zustand,
  - Dass die Produktionsmenge in den ersten Jahren Schrittweise erhöht wird und somit,
  - Die angestrebte Produktionsmenge von 55 Flugzeugen p. a. erst im dritten oder vierten Jahr erreicht wird.

a. **Base-Case: 5 Jahre Entwicklungsdauer**
In den ersten fünf Jahren fallen ausschließlich Entwicklungskosten i. H. v. 1500 m€ p. a. an. Diese sind mit dem Zinssatz von 9 % zu diskontieren (■ Abb. 5.4). In der Kalkulation ist dieser als „Abzinsungsfaktor" (Zeile 7) berücksichtigt. Dieser ergibt sich für das einzelne Jahr wie folgt: 1 / (1 + i) ^ t. Die Free Cash Flows der Jahre (Zeile 5) sind mit dem Abzinsungsfaktor (Zeile 7) zu multiplizieren und ergeben dann die diskontierten Free Cash Flows (Zeile 8). Für die ferne Phase ist die ewige Rente zu ermitteln. Die Summe über alle diskontierten Free Cash Flows (Zeile 8) ergibt dann den Unternehmenswert (Zeile 10).

b. **Best-Case: 4 Jahre Entwicklungsdauer**
Wenn die Entwicklungsdauer nur 4 Jahre beträgt, erhöht sich der Unternehmenswert um mehr als 2 Mrd. € von 8,1 auf 10,3 Mrd. € (■ Abb. 5.5).

c. **Worst-Case: 7 Jahre Entwicklungsdauer**
Wird für die Entwicklungsdauer im Worst-Case-Szenario ein Zeitraum von 7 Jahre angenommen, halbiert sich der Unternehmenswert im Vergleich zum Base-Case von 8,1 auf 4,2 Mrd. € (■ Abb. 5.6).

d. **Variante: Worst-Case: 7 Jahre Entwicklungsdauer und Diskontierungszinssatz von 15 %**
Wird das Worst-Case-Szenario dahingehend verschärft, dass sich neben der zwei Jahre längeren Entwicklungsdauer auch noch das Risikoprofil negativ verändert und der Risikozuschlag der „Future Aircraft AG" von 5 auf 11 % steigt, ergibt sich ein negativer Unternehmenswert i. H. v. 1,4 Mrd. €. Der Effekt der Risikoerhöhung bildet sich im Abzinsungsfaktor ab. Der sich dann ergebende Diskontierungszinssatz von 15 % (4 % Basiszins + 11 % Risikozuschlag) führt dazu, dass der Abzinsungsfaktor betragsmäßig abnimmt (0,87 in

#	in m€	Jahr	2010	2011	2012	2013	2014	2015	2016	2017	2018	2019	ewige Rente
1	*Projektdauer in Jahren*		*1*	*2*	*3*	*4*	*5*	*6*	*7*	*8*	*9*	*10*	*11ff*
2	Entwicklungskosten		1.500	1.500	1.500	1.500	1.500	0	0	0	0	0	0
3	Produktionskosten		0	0	0	0	0	3.575	3.575	3.575	3.575	3.575	3.575
4	Umsatz		0	0	0	0	0	5.500	5.500	5.500	5.500	5.500	5.500
5	**Free Cash Flow**		**-1.500**	**-1.500**	**-1.500**	**-1.500**	**-1.500**	**1.925**	**1.925**	**1.925**	**1.925**	**1.925**	**1.925**
6	*fCF - akkumuliert*		*-1.500*	*-3.000*	*-4.500*	*-6.000*	*-7.500*	*-5.575*	*-3.650*	*-1.725*	*200*	*2.125*	*4.050*
7	*Abzinsungsfaktor*		*0,917*	*0,842*	*0,772*	*0,708*	*0,650*	*0,596*	*0,547*	*0,502*	*0,460*	*0,422*	*4,693*
8	**Diskontierte Free Cash Flow**		**-1.376**	**-1.263**	**-1.158**	**-1.063**	**-975**	**1.148**	**1.053**	**966**	**886**	**813**	**9.035**
9	*diskontierte fCF - akkumuliert*		*-1.376*	*-2.639*	*-3.797*	*-4.860*	*-5.834*	*-4.687*	*-3.634*	*-2.668*	*-1.781*	*-968*	*8.067*

10	**Unternehmenswert**	**8.067**

Abb. 5.4 Unternehmenswert: Base Case

#	in m€	Jahr	2010	2011	2012	2013	2014	2015	2016	2017	2018	2019	ewige Rente
1	*Projektdauer in Jahren*		*1*	*2*	*3*	*4*	*5*	*6*	*7*	*8*	*9*	*10*	*11ff*
2	Entwicklungskosten		1.500	1.500	1.500	1.500	0	0	0	0	0	0	0
3	Produktionskosten		0	0	0	0	3.575	3.575	3.575	3.575	3.575	3.575	3.575
4	Umsatz		0	0	0	0	5.500	5.500	5.500	5.500	5.500	5.500	5.500
5	**Free Cash Flow**		**-1.500**	**-1.500**	**-1.500**	**-1.500**	**1.925**	**1.925**	**1.925**	**1.925**	**1.925**	**1.925**	**1.925**
6	*fCF - akkumuliert*		*-1.500*	*-3.000*	*-4.500*	*-6.000*	*-4.075*	*-2.150*	*-225*	*1.700*	*3.625*	*5.550*	*7.475*
7	*Abzinsungsfaktor*		*0,917*	*0,842*	*0,772*	*0,708*	*0,650*	*0,596*	*0,547*	*0,502*	*0,460*	*0,422*	*4,693*
8	**Diskontierte Free Cash Flow**		**-1.376**	**-1.263**	**-1.158**	**-1.063**	**1.251**	**1.148**	**1.053**	**966**	**886**	**813**	**9.035**
9	*diskontierte fCF - akkumuliert*		*-1.376*	*-2.639*	*-3.797*	*-4.860*	*-3.608*	*-2.461*	*-1.408*	*-442*	*445*	*1.258*	*10.293*

10	**Unternehmenswert**	**10.293**

Abb. 5.5 Unternehmenswert: Best Case

2010 bei 15 % zu 0,917 bei 9 % in 2010) und somit der diskontierte Free Cash Flow ebenfalls kleiner wird. In diesem Fall dürfte die Investition nicht getätigt werden, da die angenommene Mindestverzinsung, reflektiert im Diskontierungszinssatz von 15 %, nicht erreicht wird. Es ergibt sich bei den definieren Rahmenbedingungen eine negativer Unternehmenswert (Abb. 5.7)

#	in m€ Jahr	2010	2011	2012	2013	2014	2015	2016	2017	2018	2019	ewige Rente
1	*Projektdauer in Jahren*	*1*	*2*	*3*	*4*	*5*	*6*	*7*	*8*	*9*	*10*	*11ff*
2	Entwicklungskosten	1.500	1.500	1.500	1.500	1.500	1.500	1.500	0	0	0	0
3	Produktionskosten	0	0	0	0	0	0	0	3.575	3.575	3.575	3.575
4	Umsatz	0	0	0	0	0	0	0	5.500	5.500	5.500	5.500
5	**Free Cash Flow**	**-1.500**	**-1.500**	**-1.500**	**-1.500**	**-1.500**	**-1.500**	**-1.500**	**1.925**	**1.925**	**1.925**	**1.925**
6	*fCF - akkumuliert*	*-1.500*	*-3.000*	*-4.500*	*-6.000*	*-7.500*	*-9.000*	*-10.500*	*-8.575*	*-6.650*	*-4.725*	*-2.800*
7	*Abzinsungsfaktor*	*0,917*	*0,842*	*0,772*	*0,708*	*0,650*	*0,596*	*0,547*	*0,502*	*0,460*	*0,422*	*4,693*
8	**Diskontierte Free Cash Flow**	**-1.376**	**-1.263**	**-1.158**	**-1.063**	**-975**	**-894**	**-821**	**966**	**886**	**813**	**9.035**
9	*diskontierte fCF - akkumuliert*	*-1.376*	*-2.639*	*-3.797*	*-4.860*	*-5.834*	*-6.729*	*-7.549*	*-6.583*	*-5.697*	*-4.884*	*4.151*

10	**Unternehmenswert**	**4.151**

Abb. 5.6 Unternehmenswert: Worst Case (I)

#	in m€ Jahr	2010	2011	2012	2013	2014	2015	2016	2017	2018	2019	ewige Rente
1	*Projektdauer in Jahren*	*1*	*2*	*3*	*4*	*5*	*6*	*7*	*8*	*9*	*10*	*11ff*
2	Entwicklungskosten	1.500	1.500	1.500	1.500	1.500	1.500	1.500	0	0	0	0
3	Produktionskosten	0	0	0	0	0	0	0	3.575	3.575	3.575	3.575
4	Umsatz	0	0	0	0	0	0	0	5.500	5.500	5.500	5.500
5	**Free Cash Flow**	**-1.500**	**-1.500**	**-1.500**	**-1.500**	**-1.500**	**-1.500**	**-1.500**	**1.925**	**1.925**	**1.925**	**1.925**
6	*fCF - akkumuliert*	*-1.500*	*-3.000*	*-4.500*	*-6.000*	*-7.500*	*-9.000*	*-10.500*	*-8.575*	*-6.650*	*-4.725*	*-2.800*
7	*Abzinsungsfaktor*	*0,870*	*0,756*	*0,658*	*0,572*	*0,497*	*0,432*	*0,376*	*0,327*	*0,284*	*0,247*	*1,648*
8	**Diskontierte Free Cash Flow**	**-1.304**	**-1.134**	**-986**	**-858**	**-746**	**-648**	**-564**	**629**	**547**	**476**	**3.172**
9	*diskontierte fCF - akkumuliert*	*-1.304*	*-2.439*	*-3.425*	*-4.282*	*-5.028*	*-5.677*	*-6.241*	*-5.611*	*-5.064*	*-4.588*	*-1.416*

10	**Unternehmenswert**	**-1.416**

Abb. 5.7 Unternehmenswert: Worst Case (II)

Literaturverzeichnis

Black, A., Wright, P., Davies, J. (2001). *Search of Shareholder Value: Managing the Drivers of Performance*. London.

Brealey, R., Myers, S., Allen, F. (2011). *Principles of Corporate Finance*. New York.

Coenenberg, A., & Salfeld, R. (2003). *Wertorientierte Unternehmensführung*. Stuttgart.

Harrison, W. (2006). Risk and the Economic Value of the Software Producer. Value-Based Software. In S. Biffl, A. Aurum, B. Boehm, E. Grünbacher, P. Grünbacher (Hrsg.), *Value-Based Software Engineering* (S. 91–105). Berlin: Engineering.

IDW (Hrsg.) (2008). IDW S 1 i.d.F. 2008 – Grundsätze zur Durchführung von Unternehmensbewertungen. *Fachnachrichten IDW* (7), 271.

IDW (Hrsg.) (2014). *WP Handbuch 2014: Wirtschaftsprüfung, Rechnungslegung, Beratung*, Band II. Düsseldorf.

Kaplan, R., & Norton, D. (1997). *Balanced Scorecard: Strategien erfolgreich umsetzen*. Stuttgart.

Koller, T., Goedhart, M., Wessels, D. (2010). *Measuring and Managing the Value of Companies*. New Jersey.

Mäder, O., & Ehret, M. (2009). Bewertung selbst erstellter Software im Rahmen der Eigennutzung – Auswirkungen des BilMoG-E. *Zeitschrift für Bilanzierung und Rechnungswesen* (1), 16.

Moxter, A. (1977). Die sieben Todsünden des Unternehmensbewerters. In S. Goetzke (Hrsg.), *Unternehmensbewertung und Grundsätze ihrer ordnungsmäßigen Durchführung* (S. 253–256), Köln.

Porter, M. (1980). *Competitive Strategy: Techniques for Analyzing Industries and Competitors*. New York.

Porter, M. (2000). *Wettbewerbsvorteile* (6. Aufl.). Frankfurt am Main.

Rappaport, A. (1986). *Creating Shareholder Value*. New York.

5

Der Objektivierungsprozess

Olaf B. Mäder

O. B. Mäder, *Controlling klipp & klar*, WiWi klipp & klar, https://doi.org/10.1007/978-3-658-15747-0_6

Lernziele

- Klarheit über die (zwingende) Notwendigkeit der Objektivierung, um unternehmerische Entscheidungsprozesse qualitativ abzusichern.
- Überblick über die Objektivierung und ähnliche Verfahren in Bereichen der Betriebswirtschaftslehre.
- Kenntnis über den Prozess und die charakteristischen Merkmale der Objektivierung.

Der Deutsche Corporate Governance Kodex, das Gesetz zur Kontrolle und Transparenz im Unternehmensbereich, das Transparenz- und Publizitätsgesetz, das ARAG/Garmenbeck-Urteil, Grundsätze zur ordnungsmäßigen Rechnungslegung, Unternehmensführung, Unternehmensleitung, Überwachung und Abschlussprüfung, Tätigkeit und Information des Aufsichtsrats, die Vernetzung und Globalisierung oder die überwiegende Abkehr vom Homo Oeconomicus-Modell sind Beispiele dafür, dass normative, legislative, judikative und faktische Veränderungen und Entwicklungen sowie wissenschaftliche Erkenntnisse das Handeln von Entscheidungsträgern sowie die zugrundeliegende Theorie einem nachhaltigen Wandel unterlegen waren und sind.

Die Betriebswirtschaftslehre soll Orientierungs- und Entscheidungshilfe leisten und aufzeigen, wie mit den neuen bzw. sich verändernden Rahmenbedingungen in der Gegenwart und Zukunft umgegangen werden kann. Im Zentrum steht insbesondere die Unternehmensführung, die nicht bzw. immer weniger subjektiv sein darf. Ist sie dies doch und der wirtschaftliche Erfolg bleibt aus, ergeben sich Haftungsrisiken. Als Ergebnis steht die Herausforderung, theoretische Ansätze sowie praxisgerichtete Instrumente zu erarbeiten, die eine (intersubjektiv) nachvollziehbare Bestimmung von Informationsumfängen für betriebliche Entscheidungen ermöglichen. Als Lösung hierfür wird die Objektivierung angesehen, welche als Prozess verstanden wird, in Bezug auf eine Entscheidungssituation, subjektive und emotionale Einflüsse zu eliminieren. Der Zustand der Objektivität wird dabei nicht erreicht.

Objektivierung

... Prozess, bezogen auf eine Entscheidungssituation, mit dem Ziel, subjektive und emotionale Einflüsse zu eliminieren. Der Zustand der Objektivität wird nicht erreicht.

Aufgrund der hohen Relevanz der nicht-subjektiven Unternehmensführung wurde eine Literaturrecherche durchgeführt, um den Stand der Theorie zu bestimmen. Die konkrete Frage war, inwieweit die Notwendigkeit einer subjektunabhängigen Entscheidungsfindung in der Betriebswirtschaftslehre mittels Entsubjektivierung oder Objektivierung behandelt wird. Es ist zu konstatieren, dass die Ergebnisse der englischsprachigen Veröffentlichungen mehrheitlich dem Wissenschaftsbereich Psychologie zuzuordnen sind. Die deutschsprachigen Veröffentlichungen beziehen sich auf die Wissenschaftsbereiche Medizin, Qualitätsmanagement, Rechnungslegung, Unternehmensbewertung, Personalmanagement und Recht. Allen Ergebnissen ist gemein, dass kein Beschreibungsmodell, keine Definition oder ein strukturiert-ganzheitliches Vorgehen zur Objektivierung aufgezeigt wird, vielmehr werden Inhalt und Ausgestaltung der Objektivierung als gegeben vorausgesetzt. Aus der Notwendigkeit der Objektivierung und dem Fehlen theoretischer Ansätze sowie Praxis gerichteter Instrumente ergibt sich eine Forschungslücke.

Ausgehend von der Kombination der faktischen Ausgangslage und des Theoriedefizits setzt sich das folgende Kapitel mit dem Ansatz zur Objektivierung entscheidungsrelevanter Informationsumfänge auseinander. Ziel ist es, Kriterien und ein Verfahren zum Umgang mit der Subjektivität sowie der Unsicherheit betriebswirtschaftlichen und unternehmerischen Handelns abzuleiten. Im Kern gilt es, zwei Fragen zu beantworten. Zum einen ist klar herauszuarbeiten, woraus sich der Imperativ der Objektivierung ableitet bzw. warum sich dessen Notwendigkeit aus den skizzierten Veränderungen zwingend ergibt. Zum anderen ist darzustellen, welche Elemente und Aktivitäten im Rahmen der Objektivierung zu beachten sind, um den dargestellten Anforderungen gerecht zu werden. Konkret werden deshalb die folgenden beiden Leitfragestellungen formuliert:

- Woraus ergibt sich die Notwendigkeit der Objektivierung von Informationsumfängen?
- Welche Kriterien sind für die objektivierte Ermittlung von Informationsumfängen für betriebswirtschaftliche Entscheidungen notwendig und wie lassen sich diese in einem Bezugsrahmen strukturieren?

Die Herleitung der Antworten erfolgt in drei Phasen. Im ersten Teil wird die Notwendigkeit der Objektivierung aufgrund wissenschaftlichen, normativ-rechtlichen sowie faktischen Gebots dargestellt. Im zweiten Abschnitt erfolgt die Analyse des Vorgehens der Objektivierung in vier betriebswirtschaftlichen Teilbereichen sowie weiteren Wissenschaftsbereichen. Das Vorgehen sowie die maßgeblichen Eigenschaften stehen dabei im Zentrum der Betrachtung. Im letzten Abschnitt werden der Bezugsrahmen zur Objektivierung sowie die zentralen Kriterien abgeleitet. Abschließend werden die Ergebnisse thesenartig zusammengefasst.

Dieser allgemeine Teil in Bezug auf die Objektivierung von Informationsumfängen und die auf der Analyse aufbauende Ableitung eines Ansatzes zum Prozess und den Merkmalen der Objektivierung bildet die Grundlage für die im Weiteren vorzunehmende Erarbeitung des objektivierungsorientierten Controllingansatzes. Dieser greift die Herausforderung sowie die allgemeine Objektivierung auf und setzt diese in den Kontext des Controllings, verstanden als Dienstleister im Unternehmen für die aufgabenadäquate Bereitstellung entscheidungsrelevanter Informationen.

6.1 Gebot der Objektivierung

Im folgenden Abschnitt werden die Bereiche Wissenschaftstheorie, Verhältnisses von Theorie und Praxis der Betriebswirtschaftslehre, Entscheidungstheorie und Verhaltenstheorie hinsichtlich der Notwendigkeit einer Objektivierung analysiert sowie Kriterien, welche es in diesem Kontext zu erfüllen gilt, herausgearbeitet. Des Weiteren wird dargestellt, warum es auch normativ-rechtlich sowie faktisch geboten ist, ein Konstrukt als Orientierung für die Praxis zu entwickeln, um die Herausforderungen der Objektivierung betriebswirtschaftlicher Entscheidungen handhaben zu können.

Lernziel

- Kenntnis über die zentralen Einflussfaktoren auf den Entscheidungsprozess und die sich ergebende Entscheidungsqualität.

6.1.1 Wissenschaftstheoretische Betrachtung

Hinsichtlich wissenschaftstheoretischer Ansätze gibt es einen breiten Kanon, welcher sich aus der intensiven Diskussion der letzten Jahrzehnte ergibt (Frank 2003; Siemoneit 2010). In ► Abschn. 2 wurden die zwei Gegenpole Rationalismus und radikaler Konstruktivismus bereits skizziert und diskutiert. Der Rationalismus fußt auf allgemeinen Annahmen, die Basis für die Ableitung eines axiomatisch-deduktiven Systems sind. Das Vorgehen soll die allgemeingültige Abbildung der Wirklichkeit sicherstellen. Im Gegensatz dazu schließt der radikale Konstruktivismus Objektivität aus. Letztere wird durch subjektive Wirklichkeitskonstruktionen ersetzt. Wahrheit ist für die Vertreter des Konstruktivismus die Erfindung eines Lügners.

Den Rahmen für den hier grundlegenden wissenschaftstheoretischen Standpunkt bilden die konstruktivistischen Postulate nach Heinz von Förster. Dies sind im Einzelnen Kooperation, Anerkennung des Anderen als autonomes Subjekt, Interaktionalität der Bedeutungs- und Sinnkonstruktionen und Erweiterung von Handlungsalternativen (Rusch und Schmidt 1995). Auf Grund der subjektiven Wirklichkeitskonstruktion ist es nicht möglich, die Wahrheit als Abschließendes zu erreichen. Hypothesen werden vielmehr als Lösungsvorschläge verstanden, die als optionale Orientierungs- und Entscheidungshilfe dienen (Albach 2001; Wüthrich 1984). Im Ergebnis sind Subjektivität von Individuen und die Ablehnung von Wahrheit und Objektivität zentrale Determinanten für die weitere Analyse. Diese Restriktionen müssen insbesondere auch im wissenschaftlichen Diskurs berücksichtigt werden, weshalb es die spezifische Zielsetzung ist, Problemlösungsmöglichkeiten abzuleiten, die als Orientierungs- und Entscheidungshilfe für die Praxis dienen. Die Maßgeblichkeit der Subjektivität hat für die weitere Analyse zwei zentrale Aspekte. Da eine subjektive Unternehmensführung als nicht zulässig angesehen wird, ergibt sich wissenschaftstheoretisch die Notwendigkeit zu Objektivierung. Gleichzeitig stellt die Erkenntnis, dass Objektivität nicht erreichbar ist, die Ausgangsprämisse eines zu entwickelnden Bezugsrahmens zur Objektivierung dar.

6.1.2 Betrachtung des Theorie-Praxis-Verhältnisses

Im Weiteren beeinflusst die Sichtweise des Wissenschaftlers auf das Verhältnis von Theorie und Praxis die abgeleiteten Lösungsansätze bzw. die zugrundeliegende Argumentation. Fischer-Winkelmann stellt in seinem Herausgeberband die Bandbreite an Meinungen dar (Fischer-Winkelmann 1994). Freimann konstatiert beispielsweise eine enge Theorie-Praxis-Bindung, die er jedoch als Dilemma bezeichnet. Er fordert eine kritische Distanz der Betriebswirtschaftslehre als Wissenschaft zur Praxis, um ihre primären Funktionen Beobachtung, Analyse und Nachdenken wahrnehmen zu können. Notfalls ist hierfür auch der Elfenbeinturm zu rehabilitieren (Freimann 1994). Wöhe/Döring sehen die Betriebswirtschaftslehre als anwendungsorientierte Wissenschaft, die Handlungsempfehlungen in Bezug auf das Wirtschaften in Betrieben erteilt. Als Prämissen werden die Marktwirtschaft sowie die Entscheidungsorientierung definiert (Wöhe und Döring 2008). Albach sieht die Betriebswirtschaftslehre als „dynamische Theorie der Unternehmung" (Albach 2001). Er definiert die Betriebswirtschaftslehre nicht als losgelösten theoretischen Selbstzweck, sondern als Institution, die Lösungen für die Praxis, in Form von Orientierungs- und Entscheidungshilfen, bieten muss. Kappler geht noch einen Schritt weiter und kritisiert die Betriebswirtschaftslehre als praxisfern (Kappler und Scheytt 1997). Um die Aufgaben erkennen, verbessern, gestalten, optimieren und erfüllen helfen zu können, muss die Betriebswirtschaft als Wissenschaft nach seiner Meinung akzeptieren, dass alle Theorie in der Praxis liegt (Kappler 1994, 1983).

Hier wird für die Betriebswirtschaftslehre als Wissenschaft die Aufgabe angenommen, das Erfahrungsobjekt „Betrieb" mit einer gemessenen Distanz, das heißt grundsätzlich ohne den Leidensdruck des Operativen, zu analysieren, sowohl rückblickend als auch in Bezug auf Gegenwart und Zukunft. Basierend auf den so gewonnenen Erkenntnissen erfolgt die Bereitstellung möglichst optimaler Lösungsansätze und Handlungsoptionen. Diese Ansätze bilden die Basis für eine diskursive Weiterentwicklung im Austausch mit Praktikern und Wissenschaftsvertretern. Für die in diesem Aufsatz verfolgte Zielsetzung bilden die abzuleitenden Kriterien und deren Strukturierung in einem Bezugsrahmen einen solchen Ansatz, den es im Weiteren zu diskutieren und weiterzuentwickeln gilt.

Ziel der Betriebswirtschaftslehre als Wissenschaft

... Analyse des Erfahrungsobjektes „Betrieb" mit einer angemessenen und kritischen Distanz, um möglichst optimaler Lösungsansätze und Handlungsoptionen bereitzustellen.

6.1.3 Entscheidungstheoretische Betrachtung

Entscheidungstheoretische Grundlagen stellen ein wichtiges Element für die Ableitung eines Ansatzes zur objektivierten Ermittlung von Informationsumfängen für betriebswirtschaftliche Entscheidungen dar. Kernaufgabe von handelnden und verantwortlichen Personen ist es, Entscheidungen zu treffen. Dabei wird unter Entscheidung eine zielorientierte, zukunftsbezogene Willensbekundung als Auswahlergebnis aus Handlungsalternativen verstanden (Laux et al. 2014). Im Rahmen der Entscheidungstheorie wird die Entscheidung hinsichtlich verschiedener Kriterien untersucht. Zentral für die Entscheidungsqualität sind der Entscheidungsprozess und die Informationsbasis. Für die Informationsbasis erfolgt eine Differenzierung hinsichtlich der Vollkommenheit (Wöhe und Döring 2008). Für unternehmerische Entscheidungen wird, insbesondere aufgrund ihrer Zukunftsbezogenheit, grundsätzlich Unvollkommenheit der Information angenommen, woraus Unsicherheit als Summe aus Entscheidung unter Risiko und Entscheidung unter ungewissen Erwartungen resultiert. Klassisch ist die Abstraktion des Problems der Bereitstellung des entscheidungsrelevanten Informationsumfangs (Horváth 2011; Krcmar 2010).

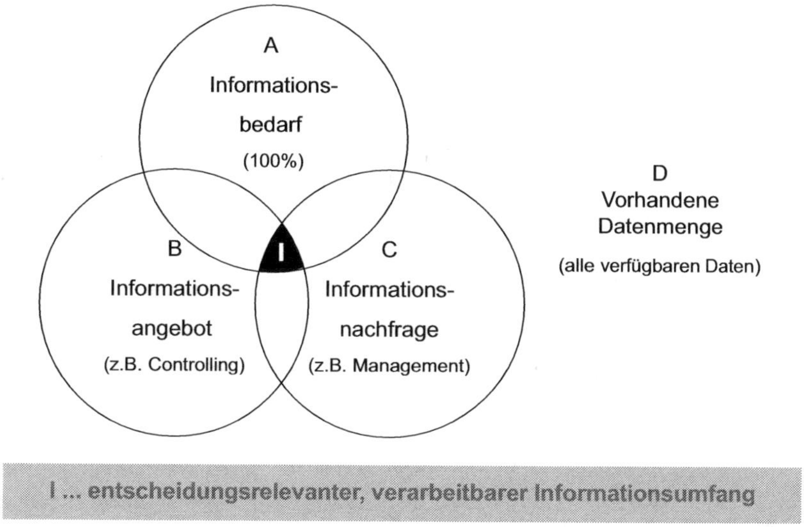

Abb. 6.1 Die Ermittlung und Bereitstellung des Informationsumfangs „I" als Herausforderung. (In Anlehnung an Horváth 2011; Krcmar 2010)

Der Informationsgrad, der sowohl entscheidungsrelevant als auch verarbeitbar ist, muss optimiert werden. Die zentralen Herausforderungen sind die unendlich große vorhandene Datenmenge, die inhärente Subjektivität sowie bei Zukunftsorientierung das Prognoseproblem. Verschärft, insbesondere im Sinne einer Komplexitätserhöhung, wird diese Situation durch unterschiedliche Informationsarten in Abhängigkeit vom Fortschritt im Entscheidungsprozess. Für die weitere Argumentation ist somit zentral, dass Informationen und Entscheidungen sich bedingen und bei betriebswirtschaftlichen Entscheidungssituationen grundsätzlich von Unsicherheit auszugehen ist. Maßgeblicher Einflussfaktor auf die Qualität einer Entscheidung ist der unter den spezifischen Rahmenbedingungen bereitgestellte Informationsumfang. Die beeinflussenden Kriterien sowie deren Abhängigkeit sind deshalb von besonderer Bedeutung für die objektivierte Ermittlung des entscheidungsrelevanten Informationsumfangs.

Unternehmerische Entscheidungen

… finden aufgrund der Zukunftsbezogenheit unter Unsicherheit statt. Grund dafür ist die Unvollkommenheit an Informationen in der Entscheidungssituation.
Ein „einhundertprozentiger" Informationsbedarf kann nicht ermittelt und damit auch nicht gedeckt werden.

Abb. 6.1 stellt die Herausforderung grafisch dar. Der Informationsumfang (I) ist die Schnittmenge aus den drei Bereichen Informationsbedarf (A), Informationsangebot (B) und Informationsnachfrage (C). Begleitend dazu sind die Informationen aus der nahezu unendlichen vorhandenen Datenmenge zu extrahieren.
Die Optimierung der Schnittmenge, d. h. des entscheidungsrelevanten und verarbeitbaren Informationsumfangs „I", ist die zentrale Aufgabe im Entscheidungsprozess. Zentrale Herausforderungen sind dabei auf der einen Seite die (unendliche) vorhandene Datenmenge, was zu einem „Information-Overload" im unternehmerischen Entscheidungsprozess führen kann, und auf der anderen Seite die Subjektivität, sowohl des Informationsangebots, als auch der Informationsnachfrage.

Ein „einhundertprozentiger" Informationsbedarf kann nicht ermittelt und damit auch nicht gedeckt werden.

Zur Lösung dieser Grundherausforderung ist ein zweistufiges Vorgehen notwendig. Erstens, muss die Schnittmenge aus objektivem Informationsbedarf (A) und dem subjektiv wahrgenommen notwendigen Informationsangebot (B) optimiert werden. Zweitens, muss ein Optimum in Bezug auf das Informationsangebot (B) und der Informationsnachfrage (C) angestrebt werden.

6.1.4 Verhaltenstheoretische Betrachtung

Anhand der Überkommenheit der Vereinfachung des Homo Oeconomicus-Modells, der beschränkten Rationalität sowie dem Behavioral-Ansatz wird im Folgenden aufgezeigt, warum die Objektivierung bzw. Entsubjektivierung aus verhaltenstheoretischer Sicht begründet und notwendig ist.

Das Homo Oeconomicus-Modell geht von einem absichtsgeleiteten Handeln aus, das den materiellen Vorteil des Individuums, subsumiert unter dem Begriff Rationalitätsprinzip, als finales Entscheidungskriterium definiert. Die drei elementaren Bausteine des Homo Oeconomicus-Modells sind eine gegebene und stabile Präferenzordnung, vollkommene Information sowie dass die Wahlhandlung des Individuums immer auf den höchstmöglichen eigenen Nutzen abzielt (Maurer 2013; Erlei et al. 2007).

Homo Oeconomicus

... theoretisches und grundsätzlich falsifiziertes Menschenbild, das dem Handeln des Menschen Rationalität unterstellt. Es umfasst drei zentrale Bausteine:

1. Gegebene und stabile Präferenzordnung,
2. Vollkommene Information sowie
3. Die Wahlhandlung eines Individuums ist immer auf den höchstmöglichen eigenen Nutzen ausgerichtet.

Es kommt in der Forschung, insbesondere der Volkswirtschaftslehre, zur Anwendung, wenn nicht das Verhalten Einzelner, sondern eine große Anzahl individueller Handlungen untersucht werden soll.

Dieses Menschenbild wurde und wird, insbesondere von der Volkswirtschaftslehre, genutzt, obwohl es intensiver Kritik ausgesetzt war und ist. Die dem Modell impliziten Annahmen und insbesondere die Vereinfachungen sind nach Argumentation der Befürworter notwendig, insbesondere wenn nicht das Verhalten Einzelner, sondern eine große Anzahl individueller Handlungen untersucht werden soll (Erlei et al. 2007). In der hier vorgenommenen betriebswirtschaftlichen Betrachtung ist diese Abstraktion nicht zielführend, da das Erkenntnisobjekt konkreter ist. Vor diesem Hintergrund sind verhaltenstheoretische Konzepte mit in die Betrachtung einzubeziehen, da der Mensch nicht zu rationalen Entscheidungen fähig ist, vielmehr ist er „... ein routine- oder regelgesteuerter Organismus, der sich mit zufriedenstellenden Ergebnissen begnügt." (Erlei et al. 2007). Als Konsequenz ergeben sich daraus zwei Fragen: a. Was sind zufriedenstellende Ergebnisse? und b. Wie können Routine und Regeln beeinflusst werden? Diese beiden Fragen müssen im Rahmen eines Ansatzes zur Objektivierung beantwortet werden, wobei der Schwerpunkt nicht auf der Definition des individuellen Anspruchsniveaus aus a. liegt sondern in der Gestaltung des Entscheidungsprozesses.

Oben wurde dargestellt, dass eine Herausforderung betriebswirtschaftlicher Entscheidungen die Unvollkommenheit an Information ist. Der für die Problemlösung tatsächlich objektiv notwendige Informationsbedarf ist für den Menschen nicht erkennbar. Wer diesen Anspruch erhebt, ignoriert nach Levinthal, dass der Mensch sterblich und nicht gottgleich ist (Levinthal 2011). Absolute Rationalität kann durch Menschen nicht erreicht werden. Eine prozessuale Betrachtung wäre möglich, verstanden als eine Näherung an den Zustand der Rationalität, ähnlich dem Streben nach Perfektion im Lean Management (Womack und Jones 2013). Um jedoch keine Erwartungslücke zu erzeugen, sollte dann auch eine klare Terminologie sichergestellt werden. Rationalität oder Rationalitätssicherung, bei der Annahme, dass Rationalität definiert wird als die ausnahmslose Entscheidung eines Individuums für die beste Alternative nach der individuellen Kosten-Nutzen-Bewertung, suggeriert ein Maß an Sicherheit und verursacht damit Erwartungen, die nicht erreicht werden können. Vielmehr sollte akzeptiert werden, dass der Mensch kognitiv limitiert ist. Durch die Akzeptanz der Vielzahl nachgewiesener Anomalien und Limitierungen, beispielsweise des Endowment-/Besitztumseffekts, der Tendenz den Status Quo aufrechterhalten zu wollen oder der Verlustaversion (Kahnemann et al. 1991), kann, insbesondere prozessual, Einfluss genommen und somit das Entscheidungsergebnis qualitativ verbessert werden.

Die Erkenntnis der menschlichen Limitierung und der Begrenzung rationalen Handelns führte zur verhaltensorientierten Forschung in Bezug auf wirtschaftliche Sachverhalte. Innerhalb der Bandbreite der volkswirtschaftlichen Verhaltensökonomie bis zur betriebswirtschaftlichen verhaltensorientierten Managementtheorie sind eine Vielzahl von Teilgebieten und Teilaspekten zu verzeichnen. Zielsetzung der (mehrheitlich empirischen) Studien ist grundsätzlich die Analyse einzelner Fehleraspekte und die Ableitung von Möglichkeiten zur Handhabung dieser. Im Teilgebiet Behavioral Finance steht die Investitionsentscheidung und deren (irrationale) Einflussfaktoren, insbesondere Fehlverhalten bzw. Fehleinschätzungen, im Mittelpunkt. Im Rahmen des Behavioral Targeting wird das Suchverhalten von (potentiellen) Kunden in Verbindung mit anderen verfügbaren Informationen analysiert. Das Behavioral Auditing stellt den Beurteilungsprozess in Bezug auf das Prüfungsobjekt ins Zentrum der Betrachtung.

Wie oben skizziert wurde, ist der Mensch nicht rational und hat verschiedenste Limitierungen und Anomalien, die den Entscheidungsprozess beeinflussen und die Entscheidungsqualität reduzieren können. Die sich aus dieser Erkenntnis ergebende Forschung beschäftigt sich aufgrund der Komplexität verhaltenstheoretischer Ansätze mit der Analyse von Einzelaspekten und der Ableitung spezifischer Lösungsmöglichkeiten. Aus dem beschriebenen Sachverhalt ergibt sich zum einen das abstrakte Gebot, dass der Entscheidungsprozess zu optimieren ist. Zum anderen ist es notwendig, einen übergreifenden Ansatz zu formulieren, der die Limitierungen und Anomalien auf einer abstrakt-ganzheitlichen Ebene berücksichtigt. Eine zentrale Fragestellung ist dabei wie Regeln und Routinen beeinflusst werden können. Dies erfordert die Identifikation von Einflussvariablen und diese kontextual in Relation zu setzen.

6.1.5 Normativ-rechtliche Perspektive

In diesem Abschnitt wird aufgezeigt, dass normative und rechtliche Veränderungen sowie die Entwicklung der Rechtsprechung, insbesondere aufgrund von Unternehmenszusammenbrüchen und -schieflagen, seit Mitte der 1990er-Jahre die Rahmenbedingungen für die Führung und Überwachung von Unternehmen, und damit dem Erkenntnisobjekt der Betriebswirtschaftslehre, dauerhaft verändert haben. Insbesondere wurde der Maßstab in Bezug auf „gute und gewissenhafte“ Unternehmensführung deutlich verschärft. Im Folgenden findet eine Beschränkung der Analyse zum einen auf die Betrachtung der zwei zentralen aktienrechtlichen Gesetzesnovellen „Gesetz zur Kontrolle und Transparenz im Unternehmensbereich (KonTraG)“ und „Gesetz zur weiteren Reform des Aktien- und Bilanzrechts (TransPuG)“ sowie zum anderen auf den Deutschen Corporate Governance Kodex (DCGK) und eine Skizze der Rechtsprechung zur Managerhaftung statt. Diese hatten maßgeblichen Einfluss auf die Unternehmensführung und sind damit von zentraler Bedeutung für die Ableitung des Gebotes einer objektivierten Ermittlung von Informationsumfängen für betriebliche Entscheidungsträger.

Zusammenfassung

Normative, rechtliche Veränderungen sowie die aktuelle Rechtsprechung haben seit Mitte der 1990er Jahre die Rahmenbedingungen für die Führung und Überwachung von Unternehmen verändert.

Insbesondere wurde der Maßstab in Bezug auf „gute und gewissenhafte“ Unternehmensführung deutlich verschärft.

Eine subjektive, laissez-faire Unternehmensführung ist nicht mehr zulässig.

Gesetze und Normen sollen das soziale Zusammenleben in dem zugrundeliegenden Geltungsbereich regeln. Dabei gibt es Abstufungen in deren Bindung. Gesetze, als für Subjekte eines bestimmten Bereiches schriftlich fixierte, parlamentarisch beschlossene und amtlich verkündete Rechtssätze (Bähr 2013), weisen ein Höchstmaß an Verbindlichkeit auf. Demgegenüber stehen Normen, wie beispielsweise der Deutsche Corporate Governance Kodex, die nicht oder nur teilweise rechtsverbindlichen Charakter haben.

Hinsichtlich der gesetzlichen Fortentwicklung in Bezug auf die Unternehmensführung stellt das Gesetz zur Kontrolle und Transparenz im Unternehmensbereich (KonTraG) einen Meilenstein dar. Primäres Ziel der Gesetzesnovelle war es, die Überwachung der Aktiengesellschaft zu reformieren sowie den Finanzplatz Deutschland generell zu stärken (Hommelhoff und Mattheus 1998). Im Ergebnis wurde insbesondere das Verhältnis von Vorstand, Aufsichtsrat und Abschlussprüfer klarer definiert. Das dualistische System von Aufsichtsrat und Vorstand wurde beibehalten. Auch der dispositive Charakter des Aktienrechtes hat weiterhin Bestand. Es erfolgte eine abstrakte Konkretisierung und Detaillierung der Aufgaben, beispielsweise hinsichtlich Unternehmensplanung und Überwachungssystem sowie eine Verdeutlichung der Hilfsfunktion des Abschlussprüfers für den Aufsichtsrat und eine Verringerung der Distanz von Vorstand und Abschlussprüfer. Das KonTraG, als Reaktion auf Unternehmenszusammenbrüche und Schieflagen in den neunziger Jahren, lässt zwar weiterhin viel Raum für die Ausgestaltung von Unternehmensführung und Überwachung, konkretisiert jedoch die Vorstellung des Gesetzgebers hinsichtlich bestimmter Aspekte, beispielsweise durch die gesetzliche Vorgabe der Einrichtung eines Risikofrüherkennungssystems durch den Vorstand gemäß § 91 Abs. 2 AktG. Mit dem KonTraG wird somit ein Instrument zur zukunftsorientieren Planung, Steuerung und Überwachung gesetzlich verankert.

Das TransPuG, das 2002 in Kraft trat, ist eine weitere Reaktion des Gesetzgebers auf sich verändernden Umweltbedingungen, insbesondere die Auswirkungen der Globalisierung sowie die Fortentwicklung der Informations- und Kommunikationstechnologie (Kollmann 2003). Der Schwerpunkt des TransPuG ist dabei der Aufsichtsrat sowie insbesondere dessen Informationsversorgung. Der Gesetzgeber bleibt sich treu, indem dieser die Dispositivität des Aktienrechts beibehält, jedoch Konkretisierungen vornimmt. Beispielsweise werden die Informationspflichten des Vorstandes genauer geregelt. So müssen die Unternehmensplanung und das Reporting, neben der Darstellung von quantitativ-monetären Soll-Ist-Werten, um Begründungen ergänzt werden, sofern Abweichungen vorliegen. Die rechtlich verbindliche Verankerung dieses betriebswirtschaftlichen Instrumentariums zeigt, dass der Gesetzgeber ein Mindestmaß an Abstraktion von rein subjektiven Vorgehensweisen als geboten ansieht.

Der DCGK ist das Ergebnis der Corporate Governance Diskussion in Deutschland und insbesondere der in 2000 eingesetzten Regierungskommission Corporate Governance (Mäder 2006). Er wurde 2002 verabschiedet, hat durch das TransPuG erstmalig im Aktiengesetz Niederschlag gefunden, wird durch die Regierungskommission Deutscher Corporate Governance Kodex weiterentwickelt und enthält neben der Wiedergabe gesetzlicher Vorschriften auch Empfehlungen, Anregungen und präzisierende Erläuterungen. Der DCGK ist in Summe nicht bindend, jedoch müssen Vorstand und Aufsichtsrat börsennotierter Unternehmen die in § 161 AktG definierte jährliche Entsprechenserklärung abgeben sowie gegebenenfalls aufzeigen und begründen, warum Empfehlungen nicht angewendet wurden. „Der Deutsche Corporate Governance Kodex (der ‚Kodex‘) stellt wesentliche gesetzliche Vorschriften zur Leitung und Überwachung deutscher börsennotierter Gesellschaften (Unternehmensführung) dar und enthält international und national anerkannte Standards guter und verantwortungsvoller Unternehmensführung. Der Kodex hat zum Ziel, das deutsche Corporate Governance System transparent und nachvollziehbar zu machen.“ (Regierungskommission Deutscher Corporate Governance Kodex (Hrsg.) 2013, S. 13). Unabhängig vom Grad der Verbindlichkeit werden im DCGK also Standards festgelegt, die die Transparenz und Nachvollziehbarkeit der Unternehmensführung sicherstellen sollen. Auch wenn der Erfolg des Kodex nicht unumstritten ist und dieser nicht von allen relevanten Unternehmen befolgt wird, kann dem DCGK zugeschrieben werden, dass er die Diskussion, insbesondere hinsichtlich der Umsetzung und Ausgestaltung des abstrakten Begriffs „gute Unternehmensführung“, forciert hat. Die zukünftige Weiterentwicklung in Bezug auf die Corporate Governance, sowohl in Deutschland als auch auf europäischer Ebene, wird unternehmerische Fehlentscheidungen, Unternehmenskrisen oder Unternehmensinsolvenzen nicht verhindern können. Ich stimme Böckli zu, dass diese Maßnahmen durch Stringenz und Strukturierung einen Beitrag dazu leisten, dass kritische Situationen weniger wahrscheinlich werden und/oder früher erkannt werden können (Böckli 2014). Zentraler Erfolgsfaktor ist die Definition und Bereitstellung der in einer Entscheidungssituation relevanten Informationen.

Die Haftung von Managern ist ebenfalls dem Kontext der Corporate Governance zuzuordnen. Die Rechtsprechung hat über die diesbezüglichen Urteile sowohl eine Präzisierung als auch eine Verschärfung für die Organmitglieder von Aktiengesellschaften vorgenommen. Das ARAG/Garmenbeck-Urteil, das 1997 durch den Bundesgerichtshof (BGH) gesprochen wurde, kann in Bezug auf die Thematik Managerhaftung und insbesondere das Stichwort „unternehmerisches Leitungsermessen" als initial angesehen werden (Ebert 2006). In dem Urteil wurden die Pflichten der Aufsichtsratsmitglieder hinsichtlich der eigenverantwortlichen Prüfung von Ersatzansprüchen gegen Vorstandsmitglieder und der prinzipiellen Verfolgung dieser konkretisiert. Gleichzeitig wurde durch den BGH anerkannt, dass der Vorstand für die Unternehmensleitung einer Aktiengesellschaft einen weiten Handlungsspielraum benötigt, da alternativ unternehmerisches Handeln unmöglich ist (Sieg 2002; Thümmel 1997). Der Maßstab wird grundsätzlich in § 93 Abs. 1 Satz 2 AktG festgelegt:

» Eine Pflichtverletzung liegt nicht vor, wenn das Vorstandsmitglied bei einer unternehmerischen Entscheidung vernünftigerweise annehmen durfte, **auf der Grundlage angemessener Information** zum Wohle der Gesellschaft zu handeln (Hervorhebung des Verfassers).

Die Norm des Aktienrechts orientiert sich an der angelsächsischen Business Judgement Rule, jedoch ist auch diese abstrakt. Ein Maßstab zur gesellschaftsrechtlich konformen Ausgestaltung unternehmerischer Entscheidungen ist von der Rechtsprechung bisher nicht näher konkretisiert worden (Graumann und Grundei 2005). Zum ersten ergibt sich somit ein Abgrenzungsproblem zwischen nicht pflichtwidrigen unternehmerischen Fehlentscheidungen auf der einen Seite und unbewusster Fahrlässigkeit oder dem Fehlen einer fundierten unternehmerischen Entscheidung sowie der fehlerhaften Ausübung des unternehmerischen Leistungsermessens auf der anderen Seite. Letztere sind pflichtwidrig und verpflichten zum Schadenersatz. Gerade bei mit hohem Risiko behafteten Geschäften, das heißt bei solchen, die sowohl hohe Chancen als auch hohe Risiken implizieren, ergeben sich Abgrenzungsprobleme (Ebert 2006). Zum zweiten sind Optionen aufzuzeigen, mit denen eine „angemessene Information" als Grundlage unternehmerischer Entscheidungen geschaffen und nachgewiesen werden kann.

In Summe zielen die in den Bereichen beschriebenen Maßnahmen auf eine Erhöhung der Transparenz unternehmerischer Entscheidungen ab. Ihnen ist im Weiteren gemein, dass die Lösungsansätze keiner ganzheitlichen Strategie folgen sowie mehrheitlich abstrakt und punktuell bleiben. Der Abstraktionsgrad ist vor dem Hintergrund der notwendigen Möglichkeit einer unternehmensindividuellen Ausgestaltung nachvollziehbar und notwendig. Als Herausforderung bleibt jedoch die Ableitung ganzheitlich-stringenter Lösungsansätze zur informationellen Fundierung unternehmerischer Entscheidungen.

Zusammenfassung
Kernelement der normativen und rechtlichen Veränderungen sowie der aktuellen Rechtsprechung seit Mitte der 1990er Jahre ist eine situations- und aufgabenspezifische angemessene Information.

6.1.6 Faktische Perspektive

Abschließendes Element der Darstellung des Gebotes der objektivierten Ermittlung von Informationsumfängen für unternehmerische Entscheidungen ist die Skizze der drei Praxisbeispiele gerichtlich bestellter Gutachter zur Unternehmensbewertung, Personalauswahl sowie die Globalisierung, anhand derer die Evidenz exemplarisch aufgezeigt wird.

Gesellschaftsrechtliche Spruchverfahren stellen ein Rechtsmittel dar, die beim Ausscheiden von Minderheitsaktionären festgelegten Zahlungen, im Rahmen von aktienrechtlichen Strukturmaßnahmen, durch das zuständige Landgericht auf ihre Angemessenheit überprüfen zu lassen (Schrenker 2011). Aufgrund unterschiedlicher Auffassungen zwischen Mehrheits- und ausscheidenden Minderheitsaktionären, hinsichtlich der Höhe der Abfindung, die letzteren verfassungsrechtlich eine „volle wirtschaftliche Entschädigung" bringen soll, wird diese bzw. die zugrundeliegende Wertermittlung regelmäßig gerichtlich im Rahmen von Spruchverfahren überprüft (Matschke 2013). Dem gerichtlich bestellten Gutachter kommt dabei die Aufgabe zu, ein nicht-subjektives Gutachten in Bezug auf die Fragestellung des Beweisbeschlusses vorzulegen.

Das Gutachten und seine spezifischen Ergebnisse sind Element der richterlichen Urteilsbildung. Der Richter ist in seiner Entscheidung nicht an die gutachterliche Stellungnahme gebunden und hat allein zu entscheiden (Großfeld 2002). Die Herausforderung für den Gutachter ergibt sich durch die spezifischen Fragestellungen der Unternehmensbewertung (IDW (Hrsg.) 2014, 2008; Matschke 2013), insbesondere dem impliziten Prognoseproblem bei der Ermittlung des Zukunftserfolgswertes, sowie dem Haftungsrisiko (Mäder und Lampenius 2005). In der Konsequenz hat die Wertermittlung zwingend objektiviert zu erfolgen, um die gegebenen Risiken handhaben zu können. Das Kriterium aus Sicht des Instituts der Wirtschaftsprüfer ist hierfür die Nutzung einer nachvollziehbaren Methodik sowie eine Entsubjektivierung, um Unabhängigkeit von den individuellen Wertvorstellungen der Betroffenen zu erzielen (IDW (Hrsg.) 2014, 2008).

Die Personalauswahl verfolgt grundsätzlich das Ziel, interne und externe Kandidaten für eine zu besetzende Stelle zu bewerten und „… denjenigen Bewerber auszusuchen, der die Anforderungen der zu besetzenden Stelle bestmöglich erfüllt" (Kolb 2008, S. 97). Reflektiert man dieses übergeordnete Ziel anhand der aktuellen Diskussion der Auswahl von Führungskräften, insbesondere für Vorstand und Aufsichtsrat, geht dieser Diskurs an der Grundproblematik vorbei.

Im Zentrum steht die so genannte Frauenquote, welche, neben der freiwilligen Selbstverpflichtung der Wirtschaft durch den DCGK, im „Gesetz für die gleichberechtigte Teilhabe von Frauen und Männern an Führungspositionen in der Privatwirtschaft und im öffentlichen Dienst" fixiert wurde. Unabhängig davon, ob die Regelungen vereinbar mit dem Grundgesetz sind, was umstritten ist (Knoll 2014), wird nicht das Kernproblem adressiert oder gar gelöst, vielmehr wird ein Missstand durch einen anderen Missstand ersetzt.

Personalauswahl

… hat das grundsätzliche Ziel, interne und externe Kandidaten für eine zu besetzende Stelle zu bewerten und den Bewerber auszuwählen, der die Anforderungen bestmöglich erfüllt.

Die Auswahl des Kriteriums „Geschlecht" erscheint an dieser Stelle willkürlich und es stellt sich die Frage, warum es nicht alternativ oder zusätzlich Quotenregelungen in Bezug auf Religion, Alter, soziale Herkunft oder Migrationserfahrung geben sollte. Zielorientiert wäre eine fundierte Ursachenanalyse, warum, unabhängig vom Geschlecht, dem Alter oder der Herkunft, nicht die am besten geeigneten Kandidaten ausgewählt werden. Basierend auf dieser Informationsgrundlage könnten dann mögliche Lösungsansätze abgeleitet werden, die Orientierung- und Handlungsempfehlungen geben, wie das Auswahlergebnis verbessert und in der Folge die Übereinstimmung der Führungskräfte mit dem stellenspezifischen Anforderungsprofil erhöht werden kann.

Die Hypothese ist, dass dann durch die Erhöhung der Führungsqualität die Leistung des Gesamtsystems „Unternehmen" steigt, was sich positiv auf den Unternehmenswert auswirkt. Diese Herangehensweise an das Führungsproblem würde allen Anspruchsgruppen (beispielsweise Aktionären, Mitarbeitern, Staat, Lieferanten) einen Mehrwert stiften, da diesen allen der wirtschaftliche Erfolg in unterschiedlicher Form (Kurssteigerungen/Dividenden, Arbeitsplatzsicherheit, Steuern, langfristig stabile Lieferbeziehungen) zugutekommt.

Eine problemlösungsorientierte Vorgehensweise bei der Personalauswahl, die einer Entsubjektivierung unterliegt, ist somit zentral.

Der Begriff „Globalisierung" hat sich im Sprachgebrauch etabliert und zeitweise wurde dieser inflationär gebraucht, ohne dass es eine konsistente und allgemein anerkannte Definition gibt (vgl. ► Kap. 1). Aufgrund der Bedeutung der globalen Entwicklungen dienen die folgenden charakteristischen Kriterien als Grundlage zur Analyse der Relevanz der Objektivierung in diesem Kontext:

1. Variablen: Wissenschaft/Technologie, Kapital, Wirtschaft, Gesellschaft,
2. Treiber: Liberalisierung und Neuerungen,
3. Konsequenzen: Notwendigkeit des Wandels,
4. Herausforderungen: Erhöhung von Komplexität, Dynamik und Unsicherheit.

Die Merkmale illustrieren die vielfältigen Veränderungsdimensionen sowie die Schnelllebigkeit

Analysebereiche	Zentrale Erkenntnisse
Wissenschaftstheorie	a. Konstruktivismus als Ausgangspunkt impliziert Maßgeblichkeit der Subjektivität b. Berücksichtigung der sich ergebenden Restriktionen c. Objektivität ist nicht erreichbar
Theorie-Praxis-Verhältnis	a. Analyse des Erfahrungsobjektes 'Betrieb' durch die Wissenschaft aus kritischer Distanz b. Bereitstellung möglichst optimaler Lösungsansätze und Handlungsoptionen für die Praxis c. Diskursive Weiterentwicklung
Entscheidungstheorie	a. Aufgabe: Optimierung des Informationsgrades (entscheidungsrelevant und verarbeitbar) b. Zentrale Herausforderungen: unendliche Datenmenge, Subjektivität, Prognose c. Interdependenz von Entscheidungsprozess und Information
Verhaltenstheorie	a. Mensch ist nicht rational und unterliegt Limitierungen sowie Anomalien b. Übergreifender Ansatz notwendig c. Kritische Merkmale des Ansatzes: Einflussvariablen und Beziehung dieser untereinander
Normativ-rechtliche Perspektive	a. Tendenz 1: Erhöhung der Transparenz unternehmerischer Entscheidungen b. Tendenz 2: Beibehaltung der Dispositivität c. Herausforderung: ganzheitlich-stringente informationelle Fundierung unternehmerischer Entscheidungen
Faktische Perspektive	a. Gerichtlich bestellter Gutachter: Notwendigkeit der Entsubjektivierung und nachvollziehbare Methodik b. Personalauswahl: problemlösungsorientierte Vorgehensweise durch Entsubjektivierung c. Globalisierung: entsubjektivierte Ableitung unternehmensspezifischer Lösungen

Abb. 6.2 Übersicht der zentralen Erkenntnisse in Bezug auf die Analyse des Gebotes der Objektivierung

des Wettbewerbsumfeldes. Für Unternehmen stellt sich die Frage, wie der Leidensdruck zum ständigen Wandel in Verbindung mit zunehmender Komplexität, Dynamik und Unsicherheit bewältigt werden kann. Es ist offensichtlich, dass aufgrund der Rahmenbedingungen eine Laissez-faire-, individuelle und subjektive Unternehmensführung nicht zielführend ist. Durch die Betriebswirtschaftslehre als Wissenschaft muss vielmehr aufgezeigt werden, welche Bandbreite an Handlungsoptionen Unternehmen haben und wie diese unternehmensspezifisch zur Anwendung kommen können, um das Ziel, optimale Entscheidungen zu treffen, zu erreichen. Im Kern geht es im Kontext der Globalisierung um die entsubjektivierte Ableitung von unternehmensspezifischen Strategien und Lösungen.

Die wichtigsten Erkenntnisse, in Bezug auf das Gebot der Objektivierung, aus der Analyse der sechs Untersuchungsbereiche sind in Abb. 6.2 zusammenfassen dargestellt.

Zusammenfassung

Die Analyse der verschiedenen Bereiche hat gezeigt, dass „die Information" immer stärker ins Zentrum der Betrachtung gerückt ist. Wichtig ist dabei, dass unterschiedliche Notwendigkeiten/Trigger identifiziert wurden, die es gebieten, die Ermittlung der Informationsbasis zu verbessern, um im Weiteren die Entscheidungsqualität zu erhöhen. Beispiele für diese **initialen Elemente** sind:

- Subjektivität vom Menschen
- Optimierung des Informationsgrades
- Optimale Lösungsansätze und Handlungsoptionen für die Praxis
- Vorhandensein einer unendlichen Datenmenge
- Unsicherheit
- Limitierungen und Anomalien des Menschen
- Notwendigkeit der Entsubjektivierung
- Nachvollziehbarkeit des Vorgehens

Weiterführende Literatur

- Fischer-Winkelmann (1994). *Das Theorie-Praxis-Problem der Betriebswirtschaftslehre,* München.
- Albach (2001). Die Betriebswirtschaftslehre als Orientierungs- und Entscheidungshilfe. *Frankfurter Allgemeine Zeitung*, 12.03.2001, 32.
- Kappler (1983). Praktische Folgen einer Rekonstruktion der Betriebswirtschaftslehre. In Kappler (Hrsg.), *Rekonstruktion der Be-*

triebswirtschaftslehre als ökonomische Theorie (S. 379). Spardorf.
- Kappler (2003). Theorie aus der Praxis für die Praxis – Zur Wirksamkeit strategischer Unternehmensführung. In Ringlstetter (Hrsg.), *Perspektiven der strategischen Unternehmensführung. Theorien, Konzepte, Anwendungen* (S. 73). Wiesbaden.
- Kappler, & Scheytt (1997). Praxisorientierung in der betriebswirtschaftlichen Ausbildung. *Zeitschrift für Personalforschung*, S. 11.
- Wöhe, & Döring (2008). *Einführung in die Allgemeine Betriebswirtschaftslehre* (23. Aufl.). München.
- Mäder (2006). *Ein Cockpit für den Aufsichtsrat.* Wiesbaden.
- Levinthal (2011). A behavioral approach to strategy – what's the alternative? *Strategic Management Journal, 2011*(13), 1517.
- Kahneman, Knetsch, Thaler (1991). Anomalies: The Endowment Effect, Loss Aversion, and Status Quo Bias. *Journal of Economic Perspectives, 1991*(1), 193.
- IDW (Hrsg.) (2014). *WP Handbuch 2014: Wirtschaftsprüfung, Rechnungslegung, Beratung*, Band II. Düsseldorf.
- IDW (Hrsg.) (2008). IDW S 1 i.d.F. 2008 – Grundsätze zur Durchführung von Unternehmensbewertungen. *Fachnachrichten IDW, 2008*(7), 271.

6.1.7 Übungsaufgaben: Gebot der Objektivierung

1. Was ist die Grundidee des Objektivierungsprozesses?

a. Sicherheit bei unternehmerischen Entscheidungen zu schaffen.
b. Subjektivität zu identifizieren.
c. Mittels eines einheitlichen Prozesses die Herausforderungen der Globalisierung zu vermeiden.
d. Mittels eines strukturierten Prozesses im Rahmen von Managemententscheidungen mit der Subjektivität von Menschen umzugehen.
e. Unternehmerische Entscheidungen zu entsubjektivieren.

2. Was ist das zentrale Erkenntnisobjekt der Betriebswirtschaftslehre?

a. Weltwirtschaft
b. Bruttoinlandsprodukt
c. Unternehmen
d. Private-Public-Partnerships
e. Menschen

3. Was ist das Hauptziel der Betriebswirtschaftslehre als Wissenschaft im Verhältnis zur Praxis?

a. Kritik der staatlich definierten Rahmen wirtschaftlichen Handelns.
b. Bereitstellung möglichst optimaler Lösungsansätze und Handlungsoptionen für die Praxis.
c. Sicherstellung der Komplexität im Rahmen der Globalisierung.
d. Bereitstellung von Lösungsansätzen zur Gewinnmaximierung.
e. Erarbeitung theoretischer Maximalansätze.

4. Was sind zentrale Erkenntnisse der Verhaltenswissenschaft?

a. Der Mensch entspricht dem definierten Bild des „Homo Oeconomicus".
b. Der Mensch ist durch Anomalien und Limitierungen geprägt.
c. Durch strukturiertes Entscheiden und Handeln ist Objektivität erreichbar.
d. Der Mensch hat die Tendenz, den Status Quo aufrecht zu erhalten.
e. Der Mensch hat grundsätzlich eine Verlustaversion.
f. Aufgrund von Anomalien und Limitierungen des Menschen ist die Forschung der Betriebswirtschaftslehre in Bezug auf unternehmerische Entscheidungen sinnlos.
g. Der Mensch handelt rational.

5. Welche folgenden Bereiche wurden analysiert, um das Gebot der Objektivierung zu erklären?

a. Wissenschaftstheorie
b. Verhältnisses von Theorie und Praxis der Betriebswirtschaftslehre
c. Entscheidungstheorie
d. Verhaltenstheorie

e. Normativ-rechtliche Perspektive
f. Faktische Perspektive

- **6. Was ist die Grundannahmen in Bezug auf den Homo Oeconomicus Ansatz?**

a. Nachhaltigkeit ist der Hauptgrund für Entscheidungsfindungen.
b. Das Handeln von Menschen ist immer irrational
c. Ein Individuum entscheidet sich immer für die Option, die aus einer wirtschaftlichen Perspektive den höchsten individuellen Nutzen stiftet.
d. Das Wohlergehen aller Menschen ist wichtiger als das Wohlergehen eines Einzelnen.

- **7. Die drei Hauptelemente des Homo Oeconomicus Ansatzes sind:**

a. Akzeptanz, dass alles einer Abnutzung unterliegt.
b. Persönliche Interessen des Einzelnen sind gesellschaftlich relevant.
c. Eine stabile Präferenzordnung.
d. Vollkommene Information.
e. Präferenzen des Menschen ändern sich in Abhängigkeit von den spezifischen Umweltbedingungen.
f. Die Wahlhandlung eines Individuums ist immer auf den höchstmöglichen eigenen Nutzen ausgerichtet.
g. Übernatürliche Mächte könne existieren.

- **8. Welcher Fakt begründet die Verhaltenswissenschaften?**

a. Der Homo Oeconomicus Ansatz bildet die Realität ohne Vereinfachungen ab und ist in der Konsequenz die richtige Ausgangsbasis für die Verhaltenswissenschaften.
b. Der Mensch ist nicht zu rationalen Entscheidungen fähig. Er ist ein routine- oder regel-gesteuerter Organismus, der sich mit zufriedenstellenden Ergebnissen begnügt.
c. Menschen sind weder routine- noch regelgesteuert. Aus diesem Grund streben Menschen nach zufriedenstellenden Ergebnissen.
d. Menschen sind die am weitesten entwickelte und intelligenteste Spezies. Menschen haben keine kognitiven Limitierungen.
e. Aufgrund der Zunahme der Kulturvielfalt, begründet durch die Globalisierung, ist eine kulturanalysierende und -begründende Wissenschaft notwendig.

6.1.8 Lösungen zu den Übungsaufgaben: Gebot der Objektivierung

Die richtigen Antworten sind „fett" hervorgehoben.

- **1. Was ist die Grundidee des Objektivierungsprozesses?**

a. Sicherheit bei unternehmerischen Entscheidungen zu schaffen.
b. Subjektivität zu identifizieren.
c. Mittels eines einheitlichen Prozesses die Herausforderungen der Globalisierung zu vermeiden.
d. Mittels eines strukturierten Prozesses im Rahmen von Managemententscheidungen mit der Subjektivität von Menschen umzugehen.
e. Unternehmerische Entscheidungen zu entsubjektivieren.

- **2. Was ist das zentrale Erkenntnisobjekt der Betriebswirtschaftslehre?**

a. Weltwirtschaft
b. Bruttoinlandsprodukt
c. Unternehmen
d. Private-Public-Partnerships
e. Menschen

- **3. Was ist das Hauptziel der Betriebswirtschaftslehre als Wissenschaft im Verhältnis zur Praxis?**

a. Kritik der staatlich definierten Rahmen wirtschaftlichen Handelns.
b. Bereitstellung möglichst optimaler Lösungsansätze und Handlungsoptionen für die Praxis.
c. Sicherstellung der Komplexität im Rahmen der Globalisierung.
d. Bereitstellung von Lösungsansätzen zur Gewinnmaximierung.
e. Erarbeitung theoretischer Maximalansätze.

- **4. Was sind zentrale Erkenntnisse der Verhaltenswissenschaft?**

a. Der Mensch entspricht dem definierten Bild des „Homo Oeconomicus“.
b. Der Mensch ist durch Anomalien und Limitierungen geprägt.
c. Durch strukturiertes Entscheiden und Handeln ist Objektivität erreichbar.
d. Der Mensch hat die Tendenz, den Status Quo aufrecht zu erhalten.
e. Der Mensch hat grundsätzlich eine Verlustaversion.
f. Aufgrund von Anomalien und Limitierungen des Menschen ist die Forschung der Betriebswirtschaftslehre in Bezug auf unternehmerische Entscheidungen sinnlos.
g. Der Mensch handelt rational.

- **5.Welche folgenden Bereiche wurden analysiert, um das Gebot der Objektivierung zu erklären?**

a. Wissenschaftstheorie
b. Verhältnisses von Theorie und Praxis der Betriebswirtschaftslehre
c. Entscheidungstheorie
d. Verhaltenstheorie
e. Normativ-rechtliche Perspektive
f. Faktische Perspektive

- **6.Was ist die Grundannahmen in Bezug auf den Homo Oeconomicus Ansatz?**

a. Nachhaltigkeit ist der Hauptgrund für Entscheidungsfindungen.
b. Das Handeln von Menschen ist immer irrational
c. Ein Individuum entscheidet sich immer für die Option, die aus einer wirtschaftlichen Perspektive den höchsten individuellen Nutzen stiftet.
d. Das Wohlergehen aller Menschen ist wichtiger als das Wohlergehen eines Einzelnen.

- **7. Die drei Hauptelemente des Homo Oeconomicus Ansatzes sind:**

a. Akzeptanz, dass alles einer Abnutzung unterliegt.
b. Persönliche Interessen des Einzelnen sind gesellschaftlich relevant.
c. Eine stabile Präferenzordnung.
d. Vollkommene Information.
e. Präferenzen des Menschen ändern sich in Abhängigkeit von den spezifischen Umweltbedingungen.
f. Die Wahlhandlung eines Individuums ist immer auf den höchstmöglichen eigenen Nutzen ausgerichtet.
g. Übernatürliche Mächte könne existieren.

- **8. Welcher Fakt begründet die Verhaltenswissenschaften?**

a. Der Homo Oeconomicus Ansatz bildet die Realität ohne Vereinfachungen ab und ist in der Konsequenz die richtige Ausgangsbasis für die Verhaltenswissenschaften.
b. Der Mensch ist nicht zu rationalen Entscheidungen fähig. Er ist ein routine- oder regelgesteuerter Organismus, der sich mit zufriedenstellenden Ergebnissen begnügt.
c. Menschen sind weder routine- noch regelgesteuert. Aus diesem Grund streben Menschen nach zufriedenstellenden Ergebnissen.
d. Menschen sind die am weitesten entwickelte und intelligenteste Spezies. Menschen haben keine kognitiven Limitierungen.
e. Aufgrund der Zunahme der Kulturvielfalt, begründet durch die Globalisierung, ist eine kulturanalysierende und -begründende Wissenschaft notwendig.

6.2 Objektivierung in Bereichen der Betriebswirtschaftslehre

Aus den Haupterkenntnissen der Analyse zum Gebot der Objektivierung ist ersichtlich, dass neben den Argumenten zur Notwendigkeit der Entsubjektivierung auch weitere Merkmale relevant sind, die im Kontext der Objektivierung maßgeblich sind. Im folgenden Abschnitt werden die Teilbereiche der Betriebswirtschaftslehre Unternehmensbewertung, Informationsversorgung des Aufsichtsrats, Erstellung des Jahresabschlusses sowie Sanierung aus der Insolvenz hinsichtlich Vorgehen und Merkmalen der Objektivierung untersucht.

Lernziele

- Kenntnis der Merkmale die in bestimmten Bereichen der Betriebswirtschaftslehre zur Objektivierung genutzt werden.

6.2.1 Unternehmensbewertung

Der Themenkomplex der Unternehmensbewertung wurde bereits in ► Abschn. 6.1.6 hinsichtlich des faktischen Gebots der Objektivierung im Rahmen gesellschaftsrechtlicher Spruchverfahren gestreift. Das grundsätzliche Ziel der Unternehmensbewertung ist die Ermittlung des Barwertes, der sich aus dem Eigentum an einem Unternehmen ergebenden diskontierten zukünftigen Nettozuflüsse beim Anteilseigner. Aufgrund der zeitlichen Orientierung muss der Bewerter zukünftige Entwicklungen antizipieren. Die diesen Prognosen immanente Unsicherheit wird durch die (unendliche) Länge des Betrachtungszeitraums (Going-Concern-Prämisse), das zunehmende Maß an Dynamik und Globalisierung sowie die Notwendigkeit der Einschätzung des unternehmensspezifischen Risikos verschärft.

Ausgehend von dieser Grundproblematik fand in der Unternehmensbewertungslehre eine Diskussion zur notwendigen Methodik statt. Dieser Diskurs gliederte sich in drei Phasen. Anfänglich strebte man nach der Ermittlung des objektiven Unternehmenswertes. Dieser Ansatz wurde heftig kritisiert (Moxter; Moxter 1978; Schildbach 1993, 1995), insbesondere da zum einen absolute Objektivität nicht erreichbar ist und zum anderen der Unternehmenswert durch subjektive Präferenzen und Ziele maßgeblich beeinflusst sein kann. Im Ergebnis wurde die subjektive Bewertungslehre entwickelt, im Rahmen derer anstatt des objektiven Wertes ein subjektiver entscheidungsorientierter Unternehmenswert präferiert wurde (Schildbach 1993). Im Weiteren entstanden die Kölner und die Düsseldorfer Funktionslehre. Erstere baut auf der subjektiven Bewertungslehre auf. Die Düsseldorfer Funktionslehre, maßgeblich entwickelt durch das IDW, orientiert sich an praktischen Erfordernissen, insbesondere des Wirtschaftsprüfers als neutralem Gutachter, und stellt den objektivierten Unternehmenswert ins Zentrum der Betrachtung (IDW (Hrsg.) 2008). Seicht stellt die **Bedeutung der objektivierten Wertermittlung** beispielhaft anhand von Squeeze-Out-Verfahren heraus, wenn er formuliert

> Wie anders könnte man z. B. vorgehen, wenn es tausende Gesellschafter (Aktionäre) gleichzeitig (!) abzufinden gilt!? Will man jedem Aktionär „seinen" subjektiven Anteilswert abgelten? Wie könnte dies wohl mit dem aktienrechtlichen Gleichbehandlungsgebot in Übereinstimmung gebracht werden? (Seicht 2004, S. 162).

Damit wird dem Sachverhalt Rechnung getragen, dass es Informationsbedürfnisse in Situationen gibt, die nicht durch subjektive Vorstellungen geprägt sein dürfen. Darüber hinaus fordert die Rechtsprechung die objektivierte Wertermittlung explizit (IDW (Hrsg.) 2008). Zentrale Kriterien, die im Rahmen der Objektivierung von Unternehmenswerten Berücksichtigung finden müssen, sind erstens die (intersubjektive) Nachvollziehbarkeit und zweitens die Befreiung der Wertermittlung von individuellen Vorstellungen (Seicht 2005; IDW (Hrsg.) 2008, 2014). Die Nachvollziehbarkeit wird als Voraussetzung definiert, um im Weiteren die kausale Argumentation in Bezug auf die Wertermittlung des Bewerters durchdringen zu können. Die Befreiung der Wertermittlung von subjektiven Einflüssen ist als Prozess zu verstehen, an dessen Ende ein entsubjektiviertes Ergebnis steht. Zur Sicherstellung des Prozesses sind verschiedene Kriterien zu erfüllen. Zur Fundierung wird der „Erhebungsbogen zur Unternehmensbewertung" herangezogen (IDW (Hrsg.) 2003). Mittels der strukturierten Auflistung werden mehrere Ziele erreicht. Durch die Dokumentation wird belegt, welche Daten und Informationen in die Wertermittlung eingeflossen sind sowie welche Schritte realisiert wurden. Darüber hinaus wird sichergestellt, dass eine umfängliche und, in Bezug auf die als relevant definierten Kriterien, vollständige Berücksichtigung dieser Kriterien erfolgt ist. Es werden die im Rahmen der Bewertungslehre anerkannten Verfahren und Instrumente aufgelistet sowie explizit eine Plausibilisierung gefordert. Als weiteres Erfolgskriterium der Unternehmensbewertung wird die Berücksichtigung der Unsicherheit der zukünftigen Erfolgsfaktoren in mehrwertigen Planungen, das heißt Szenarien, angesehen. Damit ergeben sich Ertragsbandbreiten und keine einwertigen Bewertungsergebnisse. Moxter stellt die Kritikalität dieses Aspektes scharf heraus, indem er formuliert:

> Je weniger befähigt ein Unternehmensbewerter ist, um so ausgeprägter wird sein Ehrgeiz sein, einwertige Ertragsprognosen abzugeben: Er wird sich nicht damit begnügen, Bandbreiten möglicher künftiger Ertragsgrößen anzuführen und die Wahrscheinlichkeiten dieser alternativen Ertragsgrößen zu benennen; er wird vielmehr Wissen über die Zukunft fingieren und so, Wahrsagern nicht unähnlich, zu einwertigen Ertragsprognosen kommen (Moxter 1983, S. 116).

Zusammenfassend für die Unternehmensbewertung ist festzuhalten, dass der Diskurs zur Bewertungsmethodik im Ergebnis zu einem Bündel an konkreten Orientierungs- und Entscheidungshilfen geführt hat. Dabei bildet die intersubjektive Nachvollziehbarkeit die grundlegende Voraussetzung. Im Weiteren hat eine Entsubjektivierung zu erfolgen. Die zentralen Kriterien, die den gesamten Prozess maßgeblich prägen müssen sind Dokumentation, Belegbarkeit, Vollständigkeit, Verwendung anerkannter Methoden, Plausibilität sowie die Berücksichtigung der Unsicherheit in Form von Bandbreiten.

6.2.2 Informationsversorgung des Aufsichtsrats

Ein weiteres Beispiel für die objektivierte Ermittlung entscheidungsrelevanter Informationsumfänge ist der Aufsichtsrat. In ► Abschn. 6.1.5 wurde dieses Gebot für die Organe der Aktiengesellschaft bereits skizziert. Die Notwendigkeit ergibt sich aus der Stellung und den Aufgaben des Aufsichtsrats. Das Aufgabenspektrum kann in die drei Bereiche „allgemein-ganzheitliche Überwachung", „Personalkompetenz gegenüber dem Vorstand" und „weitere Aufgaben" gegliedert werden (Mäder 2006). Zur Erfüllung der Aufsichtsratsaufgaben sieht das Gesetz eine Reihe von Rechten und Pflichten des Aufsichtsrats vor, die zum Teil abstrakt und dispositiv sind. Die Ausgestaltung wird durch eine Vielzahl von Determinanten beeinflusst. Beispiele für solche Determinanten sind eine weite oder enge Auslegung der Aufgaben des Aufsichtsrats, die Lage des Unternehmens, die Anzahl der Mitglieder, die Minimierung der Haftungsrisiken sowie der Heterogenität der Zusammensetzung (beispielsweise Unternehmenszugehörigkeit ja/nein, Arbeitnehmer-/Anteilseignervertreter, Ausbildung, Alter oder Staatsangehörigkeit). Als Folge finden sich bei einzelnen Ansätzen unterschiedliche Segmentierungen und Vorgehensweisen. Theisen strukturiert beispielsweise nach Informationsanforderungen, Form und Struktur sowie Inhalt der Überwachungsinformationen (Theisen 2002). Diedrichs/Kißler weisen dem Controlling die Sicherstellung der Informationsversorgung (auch) des Aufsichtsrats zu (Diedrichs und Kißler 2008). Ruhwedel zielt mit seinem Ansatz auf ein spezifisches Aufsichtsratsplanungssystem (Ruhwedel 2002).

In Summe gehen die Ansätze nicht explizit auf den Prozess der Objektivierung ein, jedoch ist die Notwendigkeit der Objektivierung gegeben und diesbezügliche Kriterien lassen sich ableiten. Unabhängig von der unternehmensspezifischen Interpretation und Ausgestaltung ist die Ermittlung und Bereitstellung eines subjektunabhängigen Basisinformationsumfangs für Aufsichtsratsmitglieder zwingend, da diese in der Regel in das Gremium delegiert werden und Verantwortung für Anteilseigner oder Mitarbeiter wahrnehmen, weshalb deren Entscheidung nicht subjektiv sein darf. Kriterien werden durch Theisen expliziert, unter anderem Faktenbezug, Aktualität, Einheitlichkeit, Umfänglichkeit (Theisen 2002). Durch die Empfehlung der Testierung der Aufsichtsratsarbeit ergibt sich darüber hinaus eine Verknüpfung zur Jahresabschlusserstellung und -prüfung hinsichtlich deren Voraussetzungen und Kriterien (Holzer und Makowski 1996).

6.2.3 Jahresabschlusserstellung

Als drittes Beispiel zum Vorgehen der Objektivierung von Informationsumfängen wird die Jahresabschlusserstellung analysiert. Der Verweis auf die objektivierte Darstellung der Informationen ist im Gesetz verankert. § 264 Abs. 2 Satz 1 HGB schreibt vor, dass der Jahresabschluss von Kapitalgesellschaften „... unter Beachtung der Grundsätze ordnungsmäßiger Buchführung ein den tatsächlichen Verhältnissen entsprechendes Bild der Vermögens-, Finanz- und Ertragslage der Kapitalgesellschaft zu vermitteln" hat. Die Grundsätze ordnungsmäßiger Buchführung (GoB) sind dabei nicht final gesetzlich geregelt, der Begriff hat sich vielmehr über Jahrhunderte entwickelt und spiegelt die allgemeine Verkehrsauffassung hinsichtlich anständiger und ordentlicher Kaufmannschaft wider.

Zentrale Voraussetzung für den Jahresabschluss im hier beschriebenen Kontext ist die intersubjektive Nachvollziehbarkeit. Ohne die Möglichkeit der Einarbeitung eines sachverständigen Dritten innerhalb angemessener Zeit wären Prüfungshandlungen, die für Kapitalgesellschaften bei der Erfüllung bestimmter Voraussetzungen gemäß § 316 HGB zwingend vorgeschrieben sind, nicht möglich. Diese Notwendigkeit reflektieren die GoB. Im engeren Sinne ist deren Hauptzweck die Dokumentation. Kriterien zur Erreichung dieser sind Klarheit, Übersichtlichkeit, Vollständigkeit und Richtigkeit (Bähr et al. 2006; Coenenberg et al. 2012; Wöhe und Döring 2008). Im weiteren Sinne verfolgen die GoB die Rechenschaftslegung/Information. Diese sogenannten Grundsätze ordnungsmäßiger Bilanzierung können in allgemeine (Kriterien: GoB-Entsprechung, Generalnorm für Kapitalgesellschaften, Klarheit und Übersichtlichkeit, Bilanzwahrheit sowie Einhaltung der Aufstellungsfristen) sowie Ansatz- (Kriterien: Bilanzidentität, Vollständigkeit, Verrechnungsverbot sowie Darstellungsstetigkeit) und Bewertungsgrundsätze (Kriterien: Unternehmensfortführung, Einzelbewertung, Wesentlichkeit, Bewertungsstetigkeit, Methodenbestimmtheit, Anschaffungskostenprinzip, Vorsichtsprinzip sowie Periodenabgrenzung) unterschieden werden (Wöhe und Döring 2008). Ausführungen zu weiteren Kriterien bzw. dem Vorgehen zur Objektivierung im Rahmen der Jahresabschlusserstellung oder bestimmter Einzelaspekte finden sich darüber hinaus in der betriebswirtschaftlichen Literatur an verschiedenen Stellen (Baetge 1970; Baetge und Schulze 1998; Braun 2000).

Im Ergebnis ist zu konstatieren, dass die GoB sowohl allgemeine Kriterien, als auch spezifische Merkmale der Rechnungslegung umfassen. In Summe finden sich jedoch die bei der Unternehmensbewertung abgeleiteten Merkmale über die Bandbreite an Veröffentlichungen hinweg wieder. Auch die Zukunftsorientierung und damit die Notwendigkeit der Berücksichtigung von Unsicherheit ist beispielsweise im Rahmen der Lageberichterstattung, die vom Gesetzgeber in den letzten Jahren immer weiter ausgebaut wurde, von Bedeutung. Interessant ist des Weiteren die Differenzierung in die Voraussetzung „Dokumentation" sowie die sich anschließende spezifische inhaltliche Ausgestaltung „Rechenschaft/Information".

6.2.4 Sanierung aus der Insolvenz

Als abschließendes betriebswirtschaftliches Beispiel für den Objektivierungsprozess wird die Sanierung aus der Insolvenz skizziert. Mit der grundsätzlichen Neufassung insolvenzrechtlicher Regelungen in der Insolvenzordnung (InsO) vom 1. Januar 1999 wurde zum einen das Ziel verfolgt, die gesetzlichen Regelungen zu konsolidieren. Zum anderen sollten die Interessen von Gläubigern und Schuldnern bestmöglich befriedigt werden. Bei der Betrachtung von insolventen Unternehmen sollte vordringlich deren Fortbestand gesichert und somit eine Abwicklung vermieden werden. Gleichzeitig soll die Befriedigung der Gläubigeransprüche darüber besser gewährleistet werden als bei einer Zerschlagung oder Liquidation.

Kennzeichnend für das Verfahren ist es, dass das Gesetz dispositiv nur eine abstrakte Beschreibung des Vorgehens vornimmt, regelmäßig eine Vielzahl an Beteiligten auf Gläubigerseite anzutreffen ist, die nach § 226 InsO grundsätzlich gleich behandelt werden müssen und zur Beurteilung des zukünftigen Erfolgs, neben einer Vermögensübersicht, nach § 229 InsO ein zukunftsorientierter Ergebnis- und Finanzplan aufzustellen ist. Das im Rahmen einer Unternehmensinsolvenz zu erstellende Fortführungskonzept bzw. dessen Ersteller sieht sich somit mit ähnlichen Rahmenbedingungen wie in der Unternehmensbewertung konfrontiert, was eine Objektivierung notwendig macht.

Aufgrund der Beteiligtenvielzahl, des Gleichbehandlungsgebots sowie der Nutzung des Fortführungskonzeptes als Entscheidungsgrundlage über den Fortbestand des Unternehmens ist sowohl die intersubjektive Nachvollziehbarkeit als auch eine Entsubjektivierung zwingend notwendig. Das IDW hat für die Umsetzung dieses Prozesses einen Standard erarbeitet. Mit der Neufassung des IDW S6 „Anforderungen an die Erstellung von Sanierungskonzepten", in 2012, wurde darüber hinaus eine Konkretisierung hinsichtlich der Merkmale von Sanierungskonzepten vorgenommen. Konkret wird im ▶ Abschn. 2.1 „Kernanforderungen an Sanierungskonzepte" dargelegt, welche Bestandteile ein Sanierungskonzept umfassen muss und welchen Kriterien es zu genügen hat (IDW (Hrsg.) 2012). Die Eigenschaften umfassen Dokumentation, Vollständigkeit, Ganzheitlichkeit, Stimmigkeit, Zukunftsorientierung sowie Plausibilität. Darüber hinaus werden Methoden und Instrumente aufgezeigt und empfohlen, die in Wissenschaft und Praxis anerkannt sind. In Summe liegen Anforderungen, Voraussetzungen und Kriterien nahe bei denen der Unternehmensbewertung. Einzig ein Unternehmenswert als Zukunftserfolgswert ist (nicht zwingend) zu ermitteln (Frieß 2003).

6.2.5 Objektivierung in anderen Wissenschaftsbereichen

Ein vertiefender Exkurs in weitere Wissenschaftsbereiche würde den Rahmen der Analyse sprengen. Indikativ soll auf Aspekte aus der Medizin und des Rechts kurz eingegangen werden.

Die Anamnese, als zentralem Element der Medizin, hier verstanden als Schaffung einer fundierten Informationsbasis, auf der dann Entscheidungen hinsichtlich Diagnostik und Therapie zu treffen sind (Grüne und Schölmerich 2007) steht vor einer ähnlichen Herausforderung wie die Betriebswirtschaftslehre. Das Erkenntnisobjekt „Betrieb" wird durch den menschlichen Organismus substituiert. Der Begriff „Objektivierung" kommt wiederum häufig zur Anwendung, ohne dass eine Definition des Begriffsverständnisses oder der relevanten Voraussetzungen und Kriterien vorgenommen wird. Dies ist umso kritischer, da **Subjektivität wiederum eine zentrale Herausforderung** darstellt:

> » Die Quantifizierung und Objektivierung subjektiver Empfindungen ist allerdings ein Kardinalproblem … das rasch an physiologische, aber auch an erkenntnistheoretische oder philosophische Grenzen stößt (Bromm 1992).

In der Konsequenz sieht er es als erfolgskritisch an, dass die Grundlage der Objektivierung Verfahren und Instrumente bilden sowie insbesondere die Kriterien Dokumentation, Belegbarkeit und anerkannte Methoden erfüllt sein müssen. Neben diesen Kriterien ist wiederum die intersubjektive Nachvollziehbarkeit zentrale Voraussetzung, nicht zuletzt da sich Ärzte, ähnlich Managern und Führungskräften, einer Zunahme an Haftungsrisiken und -prozessen gegenüber sehen, was ein prozessual-inhaltlich nachvollziehbares und dem „Stand der Kunst" entsprechendes Handeln zwingend notwendig macht (Ulsenheimer 2005).

Auch im Bereich des Rechts spielt der Aspekt der Objektivierung eine zentrale Rolle. Historisch wurde das Verhältnis von subjektivistischer und objektivistischer Sichtweise diskutiert (Waiblinger 1957). Heute gilt als anerkannt, dass subjektive Elemente im Rahmen der Verschuldensprüfung nicht berücksichtigt werden dürfen. Die Thematik wird unter der Objektivierung der Fahrlässigkeit bzw. der Objektivierung des Verschuldens subsumiert (Bucher 1990; Mohr 2013). Zur allgemeinen prozessual-inhaltlichen Ausgestaltung bleibt die rechtswissenschaftliche Literatur abstrakt. Listl formuliert beispielsweise, dass für den Grundsatz der Objektivierung und Entindividualisierung objektive, idealtypische Verhaltensstandards als Maßstab angelegt werden müssen (Listl 2012). Allgemein sollen die Kriterien Ordentlichkeit und Gewissenhaftigkeit zur Objektivierung herangezogen werden (Zaumseil 2012; Peyer 2008). Reimer identifiziert ein Defizit der Rechtswissenschaften in Bezug auf die Konkretisierung abstrakter Normen. In diesem Kontext empfiehlt er explizit den Rückgriff auf Methoden der Sozialwissenschaften (Reimer 2010). Konkreter werden die Empfehlungen in enger abgegrenzten Themengebieten, wie beispielsweise der Corporate Governance und Aufsichtsratsinformation. Hier wirken Betriebswirtschaftslehre und Rechtswissenschaft gegenseitig aufeinander ein. Bereits in der Einleitung wurden das KonTraG, das TransPuG sowie das ARAG/Garmenbeck-Urteil als maßgeblich in Bezug auf die Entscheidungssituation von Führungskräften und Organen in Unternehmen aufgeführt. An der Schnittstelle von Betriebswirtschaftslehre und Recht wurden insbesondere seit Mitte der 1990er-Jahre Handlungsempfehlungen in Form von Grundsätzen formuliert. Beispielhaft seien hier folgende genannt: Grundsätze einer ordnungsmäßi-

Analysebereiche	Zentrale Erkenntnisse
Unternehmensbewertung	a. Zentrale Anforderungen: Nachvollziehbarkeit und Entsubjektivierung b. Relevante Kriterien: Dokumentation (1), Belegbarkeit (1), Vollständigkeit (1), Verwendung anerkannter Methoden (2), Plausibilität (2), Berücksichtigung der Unsicherheit in Form von Bandbreiten (2)
Information des Aufsichtsrats	a. Zentrale Anforderungen: Nachvollziehbarkeit und Entsubjektivierung b. Relevante Kriterien: Faktenbezug (1), Aktualität (2), Einheitlichkeit (2), Umfänglichkeit (1), Voraussetzungen und Kriterien analog der Jahresabschlussprüfung (3)
Jahresabschlusserstellung	a. Zentrale Anforderungen: Nachvollziehbarkeit und Entsubjektivierung b. Relevante Kriterien: GoB i.e.S.: Klarheit (1), Übersichtlichkeit (1), Vollständigkeit (1), Richtigkeit (3); GoB i.w.S.: GoB-Entsprechung (3), Generalnorm für Kapitalgesellschaften (3), Klarheit (1), Übersichtlichkeit (1), Bilanzwahrheit (3), Einhaltung der Aufstellungsfristen (2), Bilanzidentität (3), Vollständigkeit (1), Verrechnungsverbot (3), Darstellungsstetigkeit (3), Unternehmensfortführung (2), Einzelbewertung (3), Wesentlichkeit (1), Bewertungsstetigkeit (3), Methodenbestimmtheit (2), Anschaffungskostenprinzip (3), Vorsichtsprinzip (3), Periodenabgrenzung (3) c. Explizite Trennung: 1. Voraussetzung: Dokumentation, 2. inhaltliche Ausgestaltung: Rechenschaft/Information
Sanierung aus der Insolvenz	a. Zentrale Anforderungen: Nachvollziehbarkeit und Entsubjektivierung b. Relevante Kriterien: Dokumentation (1), Vollständigkeit (1), Ganzheitlichkeit (1), Stimmigkeit (2), Zukunftsorientierung (2), Plausibilität (2), Verwendung anerkannter Methoden und Instrumente (2)

Abb. 6.3 Übersicht genutzter Kriterien im Rahmen der Objektivierung der analysierten Bereiche

gen Information des Aufsichtsrats (Theisen 2002), Grundsätze ordnungsmäßiger Aufsichtsratstätigkeit (Arbeitskreis externe und interne Überwachung der Unternehmung 1995), Grundsätze ordnungsmäßiger Rechnungslegung (Moxter 2003) sowie Grundsätze ordnungsmäßiger Unternehmensführung, Unternehmensleitung, Überwachung, und Abschlussprüfung (Werder 1996a) (Werder 1996b). Ziel der Grundsätze ist es Mindestanforderung für die zugrundeliegende Aufgabe zu formulieren.

In Abb. 6.3 sind die Merkmale und Kriterien die aus den vier analysierten Untersuchungsbereichen i werden konnten zusammenfassend dargestellt. Diese werden im Weiteren kondensiert und fließen in die Erarbeitung eines standardisierten Objektivierungsprozesses ein.

Zusammenfassung

In den vier analysierten Bereichen der Betriebswirtschaftslehre (Unternehmensbewertung, Information des Aufsichtsrats, Jahresabschlusserstellung und Sanierung aus der Insolvenz) als auch in den beiden weiteren Wissenschaftsbereichen Medizin und Recht kommt der Aspekt der Objektivierung zum Tragen bzw. wird eingefordert.

Als zentrale Anforderungen werden die beiden folgenden Dimensionen übereinstimmend dargestellt:
- Nachvollziehbarkeit
- Entsubjektivierung.

Die Umsetzung dieser beiden Dimensionen wird eine Vielzahl an Kriterien genannt.

Weiterführende Literatur

- IDW (Hrsg.) (2014). *WP Handbuch 2014: Wirtschaftsprüfung, Rechnungslegung, Beratung*, Band II. Düsseldorf.
- IDW (Hrsg.) (2008). IDW S 1 i.d.F. 2008 – Grundsätze zur Durchführung von Unternehmensbewertungen. *Fachnachrichten IDW, 2008*(7), 271.
- Moxter (1977). Die sieben Todsünden des Unternehmensbewerters. In Goetzke & Sieben (Hrsg.), *Unternehmensbewertung und Grundsätze ihrer ordnungsmäßigen Durchführung*. Köln.
- Seicht (2004). Und es gibt ihn doch, den „objektivierten Unternehmenswert". *Zeitschrift für Recht und Rechnungswesen, 2004*(6), 161.
- Seicht (2005). Zum „objektivierten Unternehmenswert": seine Existenz und seine Bedeutung wiederum glanzvoll bestätigt! *Jahrbuch für Controlling und Rechnungswesen*, S. 427.
- IDW (Hrsg.) (2003). *Erhebungsbogen zur Unternehmensbewertung: Erhebung von Grundlagen und qualifizierten Daten für eine Unternehmensbewertung* (2. Aufl.). Düsseldorf.

- Moxter (1983). *Grundsätze ordnungsmäßiger Unternehmensbewertung* (2. Aufl.). Wiesbaden.
- Moxter (2003). *Grundsätze ordnungsgemäßer Rechnungslegung.* Düsseldorf.
- Mäder (2006). *Ein Cockpit für den Aufsichtsrat – Entwurf eines systemisch-prozessorientierten Modells zur aufgabenspezifischen Informationsversorgung des Aufsichtsrats.* Wiesbaden.
- Theisen (2002). *Grundsätze einer ordnungsmäßigen Information des Aufsichtsrats* (3. Aufl.). Stuttgart.
- Baetge (1970). *Möglichkeiten der Objektivierung des Jahreserfolges.* Düsseldorf.
- Baetge, & Schulze (1998). Möglichkeiten der Objektivierung der Lageberichterstattung über „Risiken der künftigen Entwicklung". *Der Betrieb 1998*(19), 937.
- Braun (2000). Objektivierung der Gewinnerzielungsabsicht bei der Liebhaberei. *Betriebs Berater 2000*(6), 283.
- IDW (Hrsg.) (2012). *IDW S6 – Anforderungen an die Erstellung von Sanierungskonzepten.* Düsseldorf.

6

6.2.6 Übungsaufgaben: Objektivierung in Bereichen der Betriebswirtschaftslehre

- **1. Welche der folgenden Elemente sind Bestandteil der Objektivierung in den analysierten Bereichen der Betriebswirtschaftslehre?**

a. Einmaligkeit
b. Dokumentation
c. Nutzung anerkannter Methoden
d. Unternehmenswert
e. Schwankungsbreite
f. Plausibilität
g. Bandbreiten/Szenarien
h. Nachvollziehbarkeit
i. Objektivität

- **2. Welche Standards des IDW sind Hilfsmittel im Rahmen der Objektivierung?**

a. IDW S1 – Grundsätze zur Durchführung von Unternehmensbewertungen
b. Empfehlungen zur Veröffentlichung der Vorstandsgehälter
c. Richtlinie zur Ermittlung der Einhaltung des Corporate Governance Kodex
d. Erhebungsbogen zur Unternehmensbewertung
e. Checkliste zur Ermittlung der Mitarbeiterzufriedenheit in Technologieunternehmen
f. Checkliste zur Ermittlung der Mitarbeiterzufriedenheit in Unternehmen mit Gewinnerzielungsabsicht
g. Checkliste zur Ermittlung der Mitarbeiterzufriedenheit im öffentlichen Sektor

- **3. Was sind Kernelemente des Gesetzes zur Kontrolle und Transparenz im Unternehmensbereich (KonTraG)?**

a. Der Vorstand hat stärker mit dem Aufsichtsrat zusammenzuarbeiten.
b. Der Abschlussprüfer hat eine Hilfsfunktion für den Aufsichtsrat.
c. Der Aufsichtsrat hat gemäß ein § 91 Abs. 2 AktG ein Risikofrüherkennungssystem einzurichten.
d. Das Verhältnis von Vorstand, Aufsichtsrat und Abschlussprüfer wird klarer definiert.
e. Der Vorstand hat gemäß ein § 91 Abs. 2 AktG ein Risikofrüherkennungssystem einzurichten.
f. Der Vorstand hat den Aufsichtsrat zu überwachen und darüber regelmäßig Rechenschaft gegenüber der Hauptversammlung abzulegen.

6.2.7 Lösungen zu den Übungsaufgaben: Ableitung des Objektivierungsansatzes

Die richtigen Antworten sind „fett" hervorgehoben.

- **1. Welche der folgenden Elemente sind Bestandteil der Objektivierung in den analysierten Bereichen der Betriebswirtschaftslehre?**

a. Einmaligkeit
b. Dokumentation
c. Nutzung anerkannter Methoden
d. Unternehmenswert
e. Schwankungsbreite
f. Plausibilität

g. **Bandbreiten/Szenarien**
h. **Nachvollziehbarkeit**
i. Objektivität

- **2. Welche Standards des IDW sind Hilfsmittel im Rahmen der Objektivierung?**

a. **IDW S1 – Grundsätze zur Durchführung von Unternehmensbewertungen**
b. Empfehlungen zur Veröffentlichung der Vorstandsgehälter
c. Richtlinie zur Ermittlung der Einhaltung des Corporate Governance Kodex
d. **Erhebungsbogen zur Unternehmensbewertung**
e. Checkliste zur Ermittlung der Mitarbeiterzufriedenheit in Technologieunternehmen
f. Checkliste zur Ermittlung der Mitarbeiterzufriedenheit in Unternehmen mit Gewinnerzielungsabsicht
g. Checkliste zur Ermittlung der Mitarbeiterzufriedenheit im öffentlichen Sektor

- **3. Was sind Kernelemente des Gesetzes zur Kontrolle und Transparenz im Unternehmensbereich (KonTraG)?**

a. Der Vorstand hat stärker mit dem Aufsichtsrat zusammenzuarbeiten.
b. **Der Abschlussprüfer hat eine Hilfsfunktion für den Aufsichtsrat.**
c. Der Aufsichtsrat hat gemäß ein § 91 Abs. 2 AktG ein Risikofrüherkennungssystem einzurichten.
d. **Das Verhältnis von Vorstand, Aufsichtsrat und Abschlussprüfer wird klarer definiert.**
e. **Der Vorstand hat gemäß ein § 91 Abs. 2 AktG ein Risikofrüherkennungssystem einzurichten.**
f. Der Vorstand hat den Aufsichtsrat zu überwachen und darüber regelmäßig Rechenschaft gegenüber der Hauptversammlung abzulegen.

6.3 Ableitung des Objektivierungsansatzes

Nachdem die Notwendigkeit der Objektivierung von Informationsumfängen hinreichend begründet und damit die erste Leitfragestellung beantwortet wurde, erfolgt in diesem Abschnitt, basierend auf den Analyseergebnissen, die Ableitung des Bezugsrahmens sowie dessen relevanter Kriterien.

Lernziele

- Kenntnis der Elemente, Eigenschaften sowie des Vorgehens zur Objektivierung.
- Beurteilungsfähigkeit zu Möglichkeiten und Grenzen des Objektivierungsansatzes.

6.3.1 Bezugsrahmen zur Objektivierung

Die zentralen Erkenntnisse der Analyse der sechs Bereiche Wissenschaftstheorie, Theorie-Praxis-Verhältnis, Entscheidungstheorie, Verhaltenstheorie, normativ-rechtliche sowie faktische Perspektive wurden in ◘ Abb. 6.2 dargestellt und die in den Feldern Unternehmensbewertung, Information des Aufsichtsrats, Jahresabschlusserstellung und Sanierung aus der Insolvenz identifizierten Kriterien zur Objektivierung in ◘ Abb. 6.3 zusammengefasst. Die Ergebnisse lassen sich zu dem in ◘ Abb. 6.4 dargestellten Bezugsrahmen konsolidieren. Vorgelagert steht die allgemeine Zielsetzung „objektivierte Ermittlung des Informationsumfangs", aufgrund der begründeten Evidenz eines solchen Vorgehens.

Die Limitierungen und Anomalien des Menschen haben zu einer Intensivierung der verhaltenswissenschaftlichen betriebswirtschaftlichen Analyse geführt. Aufgrund der Fokussierung auf Einzelaspekte ergibt sich der Bedarf, ganzheitlich-stringente Lösungsoptionen als Handlungsmöglichkeiten für die Praxis zur Verfügung zu stellen. Dieser abstrakte Bedarf wird durch die zunehmenden Anforderungen an Führungskräfte und Organmitglieder unterstrichen. Basierend auf den Annahmen ergibt sich somit, dass durch die Betriebswirtschaftslehre als Wissenschaft, im konstruktivistischen Sinne, optimale, aus praktischer Sicht temporär auch maximale, Handlungsempfehlungen zur Diskussion gestellt werden. Diese Empfehlungen sollen betriebswirtschaftliche Entscheidungen, die grundsätzlich unter Unsicherheit getroffen werden müssen, mittels der Optimierung des entscheidungsrelevanten, verarbeitbaren Informationsumfangs verbessern.

Bezugspunkte finden sich in allen analysierten Teilbereichen der Betriebswirtschaftslehre. Gemein ist den Ausführungen und Sachverhalten zur Objektivierung dabei, dass eine Vielzahl an Beteiligten bzw. Betroffenen involviert ist, was die intersubjektive Nachvollziehbarkeit als Voraussetzung zwingend erfordert. Aufgrund des Einflusses von beispielsweise Subjektivität, Limitierungen und Kontextabhängigkeit sind diese Vorschläge nicht final, sondern stellen die fundierte Basis für eine diskursive Weiterentwicklung dar. Der Bezugsrahmen zur Objektivierung von entscheidungsrelevanten Informationsumfängen muss sich an dieser übergeordneten Zielsetzung orientieren und messen lassen. Dieses Verständnis fußt darüber hinaus auf den Erkenntnissen der wissenschaftstheoretischen Analyse.

Objektivierung

… ist der Prozess in dem ein de-subjektivierter, entscheidungsrelevanter Informationsumfang in der Betriebswirtschaft abgeleitet wird. Grundlage ist die Erkenntnis, dass vollständige Objektivität im Rahmen unternehmerischer Entscheidungen nicht erreicht werden kann. Ziel ist es im Weiteren, den Informationsumfang für Entscheidungen so zu bestimmen, dass subjektive Wahrnehmungen und Einflüsse eliminiert werden. Zur Zielerreichung wird der Prozess in zwei Phasen unterteilt.
Die Objektivierung ersten Grades umfasst die grundsätzliche Voraussetzung zur Objektivierung, die intersubjektive Nachvollziehbarkeit. Die notwendigen Merkmale zur Sicherstellung dieser sind Dokumentation, Belegbarkeit, Differenzierbarkeit und Umfänglichkeit.
Die Objektivierung zweiten Grades umfasst den Prozess der Entsubjektivierung und ist gekennzeichnet durch die Merkmale Verwendung anerkannter Methoden, Plausibilität und Berücksichtigung der Unsicherheit von Prognosen in Form von Bandbreiten.

Die originäre Ausgangsbasis des Ansatzes zur Objektivierung bilden zwei zentrale Erkenntnisse aus der Analyse der Wissenschaftstheorie. Zum Ersten impliziert die Ablehnung von Wahrheit und Objektivität die Maßgeblichkeit der Subjektivität. Die mit der Subjektivität verbundenen Restriktionen sowie Rahmenbedingungen sind im Weiteren zu beachten. Dieser Aspekte wurde durch die Untersuchungsergebnisse in Bezug auf die Verhaltenstheorie unterstrichen, gleichzeitig ergibt sich aus der Analyse der Verhaltenstheorie die Notwendigkeit eines ganzheitlichen, übergreifenden Ansatzes. Die Limitierungen und Anomalien menschlichen Handelns bedingen in der Folge ein Konstrukt, in dem Einflussvariablen sowie deren Abhängigkeiten darzustellen sind. Zum Zweiten ist klar zu konstatieren, dass Objektivität nicht erreicht werden kann. Diese Erkenntnis ist von grundlegender Bedeutung für die spezifische Zieldefinition und die gesamte Ausgestaltung der Objektivierung.

Die Zielsetzung, dass der entscheidungsrelevante Informationsumfang objektiviert zu ermitteln ist, ergibt sich übergreifend aus allen Analysebereichen. Herausfordernd ist im Weiteren, die in ◘ Abb. 6.2 dargestellten Rahmenbedingungen zu berücksichtigen. Hierzu zählen insbesondere die sich aus der Subjektivität ergebenden Restriktionen, die Interdependenz von Entscheidungsprozess und Information, das Streben nach einem Optimum hinsichtlich der Zweck-Mittel-Relation sowie die Herausarbeitung der Einflussfaktoren und deren Abhängigkeiten. Gleichzeitig muss der Ansatz auch die Kriterien der Anschlussfähigkeit und Dispositivität erfüllen, um die diskursive Weiterentwicklung zu ermöglichen sowie die unternehmensspezifische Anpassung sicherzustellen.

Neben den Kriterien zur Objektivierung, die im folgenden Abschnitt näher erläutert werden, ergibt sich als Element für den Bezugsrahmen die Notwendigkeit der Gliederung des Vorgehens in zwei Phasen. Da die Objektivierung als Prozess verstanden wird, steht am Anfang das Subjekt „Mensch“ und damit eine subjektive Sichtweise. Mittels der Objektivierung erfolgt eine Entsubjektivierung und damit eine Annäherung an den Zustand der Objektivität, die jedoch nie erreicht werden kann. Grundvoraussetzung und erstes zentrales Merkmal der Objektivierung ist die intersubjektive Nachvollziehbarkeit, die im Prozess lückenlos gewährleistet werden muss. Nur so ist auch der konstruktive Diskurs im hier zugrundeliegenden wissenschaftstheoretischen Sinne möglich, da darüber eine gemeinsame Zeichenbasis sichergestellt wird.

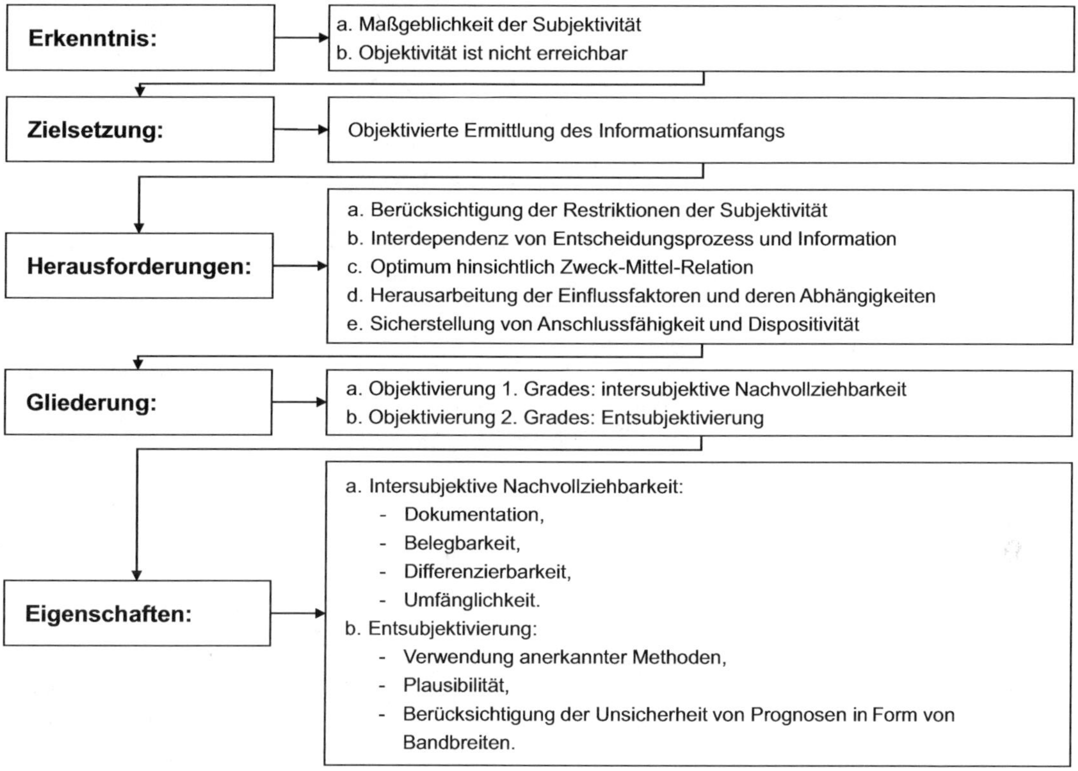

Abb. 6.4 Bezugsrahmen zur Objektivierung entscheidungsrelevanter Informationsumfänge

Um den beiden Bereichen gerecht werden zu können, wird somit in Objektivierung 1. Grades und Objektivierung 2. Grades unterschieden. Die Objektivierung 1. Grades stellt die Grundvoraussetzung der intersubjektiven Nachvollziehbarkeit sicher. Im Gesamtkonstrukt stellt die Objektivierung 1. Grades eine notwendige, jedoch erst in Verbindung mit der Objektivierung 2. Grades hinreichende Bedingung dar. Letztere fokussiert auf die Entsubjektivierung. Zentral sind dabei Standards sowie die Notwendigkeit der Reflexion, um subjektive Aspekte hinterfragen, identifizieren und (partiell) eliminieren zu können.

In Abb. 6.4 ist der Bezugsrahmen zur Objektivierung entscheidungsrelevanter Informationsumfänge mit seinen fünf Bestandteilen zusammenfassend dargestellt. Die allgemeine Zielsetzung der Betriebswirtschaftslehre als Wissenschaft, möglichst optimale Lösungsansätze und Handlungsoptionen für die Praxis zu erarbeiten, ist nicht enthalten, da diese allgemeingültig ist und für die hier zu lösende Problemstellung nicht spezifisch. Die drei ersten Elemente Erkenntnis, Zielsetzung und Herausforderungen bilden die Basis und spannen den grundsätzlichen Rahmen auf, den ein Lösungsansatz allgemein als auch unternehmensspezifisch erfüllen muss. Die Gliederung in Objektivierung 1. und 2. Grades, die sich als Ergebnis aus der Analyse mehrerer Bereiche ergibt, führt zu einer klaren Differenzierung des Vorgehens hinsichtlich seiner Bedeutung, mit der intersubjektiven Nachvollziehbarkeit als Voraussetzung, für eine im Weiteren erfolgende Entsubjektivierung. Darüber hinaus wird die Komplexität des Vorgehens reduziert. Abschließend sind die spezifischen Eigenschaften beiden Phasen zugeordnet. Diese ergeben sich als Ableitung aus den Analyseergebnissen des ► Abschn. 6.2.

Die Logik der Objektivierung ist in Abb. 6.5 illustriert. Die Durchführung der Schritte der Objektivierung bindet grundsätzlich personelle und materielle Ressourcen, was Aufwand darstellt. IM Rahmen der Hinterfragung der Ressourcenallokation in Unternehmen ist im Ergebnis zur entschei-

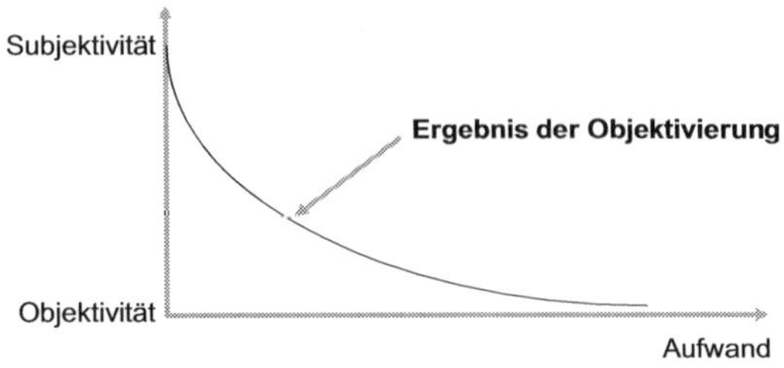

Abb. 6.5 Logik der Objektivierung in der Betriebswirtschaft

6

den, wie viel Aufwand betrieben werden muss bzw. soll, um die Subjektivität zur reduzieren. Durch die Erhöhung der sich daraus ergebenden Entscheidungsqualität ergibt sich für Unternehmen ein Wettbewerbsvorteil, der sich auch monetär auswirkt und somit final zur Steigerung des Unternehmenswertes beiträgt. Aus dieser positiven Logik ergeben sich jedoch auch gleichzeitig zwei Limitierungen:

1. Die Betriebswirtschaftslehre kann (bisher) noch keine Lösung für die quantitativ-monetäre Messung des zusätzlichen Informationswertes aus einem höheren Objektivierungsniveau bereitstellen.
2. Mit der Objektivierung kann nur eine (asymptotische) Annäherung an die Objektivität erfolgen. Es muss somit auf ein Optimum abgestellt werden, welches es zu erreichen gilt.

Diese beiden Einschränkungen in Bezug auf die Objektivierung müssen auf der einen Seite implizit im Vorgehen und Handeln enthalten sein sowie regelmäßig vergegenwärtigt werden. Auf der anderen Seite können dienen diese nicht als „Entschuldigung", den Objektivierungsprozess nicht anzuwenden, da die Analyse gezeigt hat, dass ein solches Vorgehen, unter den aktuell und zukünftig gegebenen Rahmenbedingungen unternehmerischen Handelns, evident ist.

6.3.2 Kriterien zur Objektivierung

Die Analyse in den ► Abschn. 6.1 und 6.2 hat eine Vielzahl an Kriterien und Merkmalen in den unterschiedlichen Bereichen ergeben. Die Herausforderung war, im Spannungsfeld von Abstraktion, Detaillierung und Formalisierung ein Optimum zu finden, das auch die Anschluss- und Adaptionsfähigkeit an die spezifische Situation in Unternehmen verschiedener Branchen, Rechtsformen und Größe gewährleistet. Im folgenden Abschnitt wird zuerst das Vorgehen zur Ableitung der sieben Eigenschaften der Objektivierung skizziert. Daran anschließend werden die Kriterien differenziert nach den beiden Stufen „intersubjektive Nachvollziehbarkeit" und „Entsubjektivierung" diskutiert.

Die zentralen Erkenntnisse der vier Analysebereiche des Abschnitts 6.1 Unternehmensbewertung, Information des Aufsichtsrats, Jahresabschlusserstellung sowie Sanierung aus der Insolvenz umfassen jeweils auch eine Auflistung der relevanten Kriterien. In Summe wurden über alle Bereiche 40 Eigenschaften identifiziert. Um in einem ersten Schritt eine Konsolidierung und Strukturierung der Kriterien vornehmen zu können, wurden diese mittels der drei Merkmale intersubjektive Nachvollziehbarkeit (1), Entsubjektivierung (2) und fach-/inhaltsspezifisch (3) codiert. Anschließend wurden die Merkmale der Gruppe (3), nach individueller Prüfung, aufgrund ihrer Spezifität eliminiert. Darüber hinaus wurden bei den Merkmalen der Gruppen (1) und (2) Dubletten beseitigt und die verbleibenden Einzelelemente, anhand des Wortsinns, zu den Kriterien Dokumentation, Belegbarkeit, Klarheit, Übersichtlichkeit, Vollständigkeit, anerkannte Methoden, Plausibilität und Zeitbezug zusammengefasst. Ausgehend von diesen Kriterien wurde deren Wortinhalt mit den Merkmalen und Rahmenbedingungen des erarbeiteten Bezugsrahmens für die Objektivierung von entscheidungsrelevanten Informationsumfängen abgeglichen.

Aufgrund des sich ergebenden Konfliktes hinsichtlich des Absolutheitsanspruchs der „Vollständigkeit" sowie aufgrund von Abgrenzungsproblemen der Aspekte „Klarheit" und „Übersichtlichkeit", erfolgte eine finale Konsolidierung der Merkmale zu den sieben Eigenschaften, die in Abb. 6.4 dargestellt sind. Die Zuordnung zu den beiden Phasen „intersubjektive Nachvollziehbarkeit" und „Entsubjektivierung" ergibt sich durch die bereits eingangs vorgenommene Codierung. Auffällig ist das hohe Maß an Übereinstimmung mit den in den Bereichen Unternehmensbewertung und Sanierung identifizierten Kriterien. Ursächlich hierfür ist zum einen, dass die in diesen beiden Bereichen benötigten

Informationsumfänge Grundlage für strategische, zukunftsorientierte Entscheidungen sind und damit grundsätzlich den gleichen Herausforderungen wie „allgemeine" betriebswirtschaftliche Entscheidungen unterliegen. Zum anderen ist der gegenwärtige Stand der Unternehmensbewertungslehre das Ergebnis eines lang andauernden Diskurses.

Als Kriterien zur Sicherstellung der Objektivierung 1. Grades, der intersubjektiven Nachvollziehbarkeit, wurden Dokumentation, Belegbarkeit, Differenzierbarkeit und Umfänglichkeit abgeleitet. Diese werden im Folgenden inhaltlich skizziert und im Kontext diskutiert.

Die inhaltliche Bedeutung von „Dokumentation" wird mit „beweiskräftiges Zeugnis, anschaulicher Beweis" (Dudenredaktion (Hrsg.) 2007, S. 244) beschrieben. Die Eigenschaft der „Dokumentation" gilt als erfüllt, wenn Daten und Informationen bezüglich der Merkmale „Zeit", „Ort" und „Inhalt" definiert und abgelegt sind (Mäder 2006). Eine Niederschrift auf Papier ist nicht zwingend, auch die Nutzung anderer Speichermedien ist möglich. Es handelt sich bei diesem Kriterium somit grundsätzlich um eine technische Voraussetzung der Nachvollziehbarkeit. Die hier zugrundeliegende Ausgestaltung des Begriffsinhaltes von „Dokumentation" ist von der im Rahmen der Rechnungslegung zu unterscheiden. Die Maßstäbe der Dokumentationsgrundsätze als GoB im engeren Sinne, welche Klarheit, Vollständigkeit und Richtigkeit umfassen, sind deutlich restriktiver (Eilenberger et al. 2014). Ursächlich hierfür ist die überwiegende Vergangenheitsorientierung der Buchführung.

Das zweite Kriterium „Belegbarkeit" stellt eine Erweiterung der intersubjektiven Nachvollziehbarkeit, ausgehend von der technischen Dokumentation, um einen qualitativen Aspekt des Nachweises dar. Vergleichbar dem wissenschaftlichen Arbeiten, hat ein Beleg zu erfolgen. Der Betrachter kann in der Folge beispielsweise eine Aussage hinsichtlich der Datenqualität treffen. Als illustrierendes Beispiel sei der Hockey-Stick-Effekt bei Unternehmensplanungen genannt. Eine überoptimistische Sichtweise auf die zukünftige Unternehmensentwicklung, verglichen mit der tatsächlichen Entwicklung in der Vergangenheit, müsste spezifisch begründet werden, das heißt konkret sind Argumente zu liefern, warum sich ein Unternehmen zukünftig besser entwickeln soll als in der Vergangenheit.

Wie oben aufgezeigt, wurden die Kriterien „Klarheit" und „Übersichtlichkeit" aufgrund von Abgrenzungsproblemen in die Eigenschaft „Differenzierbarkeit" verschmolzen. Die beide originären Aspekte sind sowohl den GoB im engeren als auch im weiteren Sinne zugeordnet. Darüber hinaus ist, wie oben dargestellt, die Intention im Bereich des externen Rechnungswesens eine andere. Es geht primär um Rechenschaftslegung für abgeschlossene Perioden. Neben dem technischen Aspekt der Dokumentation und der qualitativen Dimension der Belegbarkeit wird dem Kriterium der Differenzierbarkeit die Aufgabe zugewiesen, eine Trennung und Unterscheidung zu ermöglichen (Dudenredaktion (Hrsg.) 2007, S. 231). Damit wird die Subjektivität noch nicht beseitigt, jedoch erhöht sich die Nachvollziehbarkeit für den Betrachter durch die Einführung dieses Kriteriums.

Als vierte Eigenschaft wurde „Umfänglichkeit" abgeleitet. Hierzu wurde bereits aufgezeigt, dass das in den Analysebereichen identifizierte Kriterium „Vollständigkeit", aufgrund des impliziten Absolutheitsanspruchs, nicht mit den im Bezugsrahmen definierten Merkmalen vereinbar ist. Ursächlich hierfür sind die spezifischen Zielsetzungen sowie Rahmenbedingungen der Analysebereiche. Für das externe Rechnungswesen wurde bereits dargestellt, dass aufgrund der Vergangenheitsorientierung sowie der Rechnungslegungsfunktion andere Maßstäbe anzulegen sind. Es dürfen keine Geschäftsvorfälle weggelassen werden, weshalb sich das Kriterium der Vollständigkeit zwingend ergibt. Bei den Aspekten Unternehmensbewertung und Sanierung, welche als Kriterium ebenfalls die Vollständigkeit definieren, sind die Rahmenbedingungen ebenfalls spezifisch. Zwar liegt auch hier Unsicherheit aufgrund der Zukunftsorientierung vor, jedoch führt die fokussierte Aufgabenstellung dazu, dass sowohl in theoretischer als auch praktischer Hinsicht Vorarbeit geleistet wurde. Beide Ansätze haben, beispielsweise durch (mehrfach überarbeitete) Standards, Checklisten und eine Vielzahl an Veröffentlichungen, ein Maß erreicht, das bei einem allgemeinen Ansatz nicht möglich ist. Der Unternehmensbewerter ist beispielsweise explizit aufgefordert, vom zu bewertenden Unternehmen eine Vollständigkeitserklärung hinsichtlich der bereitgestellten Informationen und Unterlagen einzufordern (IDW (Hrsg.) 2008). Es ergibt sich somit die Herausforderung, unter den Restriktionen Abstraktion und Unsicherheit ein Kriterium zu definieren, das den Umfang an Informationen als wichtiges Maß für die intersubjektive Nachvollziehbarkeit berücksichtigt. Hierfür wird das Kriterium der Umfänglichkeit herangezogen. Dieses wurde auch im Bereich der Informationsversorgung des Aufsichtsrats durch Theisen definiert. Die Bedeutung von umfänglich „[ziemlich] umfangreich, groß" (Dudenredaktion (Hrsg.) 2016) zeigt auf, dass dieses Kriterium qualitativ ist. Das Merkmal stellt jedoch die Forderung nach einer umfangreichen informationellen Fundierung klar heraus.

Für die Objektivierung 2. Grades, welche die Entsubjektivierung zum Ziel hat, wurden die Kriterien Verwendung anerkannter Methoden, Plausibilität und Berücksichtigung der Unsicherheit von Prognosen in Form von Bandbreiten abgeleitet.

Das Gebot bzw. die Notwendigkeit der Nutzung anerkannter Methoden wurde sowohl in der Analyse der faktischen Perspektive als auch der drei Analysebereiche Unternehmensbewertung, Jahresabschlusserstellung und Sanierung herausgearbeitet. Von der Begriffsherkunft der „Methodik" abgeleitet, ist somit ein strukturiert-planmäßiges Vorgehen geboten (Dudenredaktion (Hrsg.) 2016). Die weitere Beurteilung ob ein genutztes Konstrukt als „anerkannt" eingestuft werden kann ist kritisch, da grundsätzlich subjektgebunden. Es kann keine abschließende Beurteilung geben, da unterschiedliche Prägungen der Diskutanten zu unterschiedlichen Wirklichkeitskonstruktionen führen können. Als Beispiele für konträre Sichtweisen auf spezifische Methoden und Vorgehensweise können der Methodenstreit in der Nationalökonomie, die Diskussion über die Wertigkeit qualitativer Methoden in der soziologischen Forschung oder die Zulässigkeit des Shareholder-Value-Ansatzes als Steuerungsmodell für Unternehmen genannt werden. Die Methoden müssen grundsätzlich den Stand der Kunst widerspiegeln. Eine Beurteilung dieses Zustandes kann anhand von Indikatoren wie beispielsweise Alter, Nutzungshäufigkeit und Intensität der Diskussion in Theorie und Praxis vorgenommen werden. Ich bin mir dabei bewusst, dass die Kriterien nicht final sind oder sein können, jedoch muss, wie in ▶ Abschn. 2 ausgeführt, sowohl zwischen Möglichem und Wahrscheinlichem unterschieden werden als auch Klarheit darüber herrschen, dass der Härtegrad von Hypothesen und Modellen in der Betriebswirtschaftslehre bzw. den Wirtschaftswissenschaften, regelmäßig hinter dem Härtegrad von Gesetzen und Modellen beispielsweise der Naturwissenschaften zurückbleibt. Grundsätzliche Voraussetzungen für die Anwendung anerkannter Methoden sind sowohl die Beachtung der konstruktivistischen Postulate nach v. Förster sowie die intersubjektive Nachvollziehbarkeit.

Die Eigenschaft „Plausibilität" wird explizit in den beiden Analysebereichen Unternehmensbewertung und Sanierung aufgeführt. Als „plausibel" wird ein Sachverhalt eingestuft, wenn dieser einleuchtend, verständlich oder begreiflich ist (Dudenredaktion (Hrsg.) 2016). Der Begriff ist erneut qualitativ und in der Folge interpretierbar. Orientierung geben die Ausführungen zur Unternehmensbewertung und Sanierung (Zülch et al. 2015). Grundsätzlich kann demnach eine Plausibilisierung durch Vergleich erfolgen. Als Referenz können beispielsweise Daten der Vergangenheit, Vergleichswerte/-preise oder externe Studien dienen. Grundsätzlich gilt jedoch, dass Art und Umfang der Plausibilitätsüberlegungen vom konkreten Einzelfall abhängen.

Das letzte Kriterium der Objektivierung 2. Grades trägt der dargestellten Unsicherheit, insbesondere aufgrund von Zukunftsorientierung und Subjektivität Rechnung. Die Eigenschaft „Berücksichtigung der Unsicherheit von Prognosen in Form von Bandbreiten" findet sich wiederum als Forderung und Merkmal in der Unternehmensbewertung. In ▶ Abschn. 6.2.1 wurde herausgearbeitet, dass Unternehmenswerte auf Prognosen beruhen, die unsicher sind, da der Betrachtungszeitraum unendlich ist und darüber hinaus die Dynamik und Komplexität weiter zunimmt. Unter der Annahme, dass das Steuerungssystem des Unternehmens auf zukünftige, diskontierte Cash Flows und damit die finale Spitzenkennzahl Unternehmenswert ausgerichtet ist, ergibt sich für betriebliche Entscheidungen die Forderung, dass diese einen Wertbeitrag leisten. Die SAP AG sowie die BMW AG sind nur zwei Beispiele für Unternehmen, die die Steigerung des Unternehmenswertes als oberstes Unternehmensziel definiert haben (Mäder 2010). Bei Zielkonvergenz hinsichtlich der Unternehmenswertorientierung ist die Berücksichtigung der Unsicherheit durch die Ermittlung von Bandbreiten evident. Auch wenn ein Unternehmen den Shareholder-Value-Ansatz nicht oder nicht ausschließlich verfolgt ist die Szenarien Bildung für die Entsubjektivierung zielführend. Durch die Szenarien abhängige Veränderung prognostizierter Variablenwerte erfolgt eine Reflexion der Eingangsparameter und der Einflussfaktoren auf diese. Diese Hinterfragung ist grundsätzlich ein wesentliches Merkmal der drei Eigenschaften der Entsubjektivierung. Sie bedingen eine intensive Auseinandersetzung mit der spezifischen Thematik und stellen sicher, dass das an der Thematik arbeitende Subjekt „Mensch" seine subjektive Meinung hinterfragt, fundiert und gegebenenfalls revidiert. Darüber hinaus wird die Fundierung und Anschlussfähigkeit erhöht.

Der beschriebene Bezugsrahmen sowie die Kriterien zur Optimierung entscheidungsrelevanter verarbeitbarer Informationsumfänge stellen eine Form der Standardisierung und Strukturierung dar, die den beschriebenen Herausforderungen (beispielsweise Limitierung des Menschen, konstruktivistische wissenschaftstheoretische Sichtweise, Handlungsempfehlungen der Betriebswirtschaftslehre als Theorie zur optimalen Lösung und ganzheitlich-stringenter Lösungsansatz) Rechnung trägt. Das Ergebnis ist ein nachvollziehbar-begründetes, wissenschaftliches Konstrukt zum Umgang mit Unsicherheit. In der Folge wird die Qualität betriebswirtschaftlicher Entscheidungen verbessert. Für die Praxis bietet sich damit ein Maßstab, den Entscheidungsprozess anhand der Kriterien überprüfen und verbessern zu können.

Zusammenfassung

Objektivierung … ist der Prozess in dem ein de-subjektivierter, entscheidungsrelevanter Informationsumfang in der Betriebswirtschaft abgeleitet wird. Ziel ist es im Weiteren, den Informationsumfang für Entscheidungen so zu bestimmen, dass subjektive Wahrnehmungen und Einflüsse eliminiert werden. Zur Zielerreichung wird der Prozess in zwei Phasen unterteilt:

1. Objektivierung ersten Grades: umfasst die grundsätzliche Voraussetzung zur Objektivierung, die intersubjektive Nachvollziehbarkeit. Die notwendigen Merkmale zur Sicherstellung dieser sind Dokumentation, Belegbarkeit, Differenzierbarkeit und Umfänglichkeit.
2. Die Objektivierung zweiten Grades: umfasst den Prozess der Entsubjektivierung und ist gekennzeichnet durch die Merkmale Verwendung anerkannter Methoden, Plausibilität und Berücksichtigung der Unsicherheit von Prognosen in Form von Bandbreiten.

■ **Weiterführende Literatur**

- Mäder (2006). Objektivierung von Informationsumfängen. In Meeh (Hrsg.), *Unternehmensbewertung, Rechnungslegung und Prüfung* (S. 251). Hamburg.
- Mäder (2006). *Ein Cockpit für den Aufsichtsrat – Entwurf eines systemisch-prozessorientierten Modells zur aufgabenspezifischen Informationsversorgung des Aufsichtsrats.* Wiesbaden.
- Mäder (2010). Controlling – Basiselement für die wertorientierte Unternehmensführung bei Technologieunternehmen. *Zeitschrift für Controlling & Management 2010*(4), 257.

6.4 Übungsaufgaben

■ **1. Was sind die beiden zentralen Erkenntnisse, als Grundlage für die Objektivierung?**

a. Akzeptanz, dass Objektivität ist nicht erreichbar.
b. Alle handelnden Personen sind Subjekte, eine subjektive Ermittlung des für Entscheidungen herangezogenen Informationsumfangs ist jedoch nicht zulässig.
c. Alle handelnden Personen sind Subjekte, somit kann der für Entscheidungen herangezogene Informationsumfang nur subjektiv ermittelt werden.
d. Akzeptanz, dass Subjektivität nicht erreichbar ist.
e. Objektivität ist möglich. Voraussetzung hierfür ist stringentes und gewissenhaftes Vorgehen.

- **2. Was ist das Ziel der Objektivierung?**

a. Die objektivierte Ermittlung des entscheidungsrelevanten, verarbeitbaren Informationsumfangs.
b. Die Ermittlung des Unternehmenswertes als Wertuntergrenze für den Kaufpreis eines strategischen Investors.
c. Die Verbreiterung der Handlungsoptionen im unternehmerischen Entscheidungsprozess.
d. Die Sicherstellung der gesetzeskonformen Erstellung der handelsrechtlichen Jahresabschlüsse eines Unternehmens.

- **3. Was ist die Voraussetzung für Objektivierung?**

a. Akzeptanz, das Objektivität möglich ist.
b. Profundes Wissen der Betriebswirtschaftslehre.
c. Das Homo Oeconomicus Model.
d. Intersubjektive Nachvollziehbarkeit.
e. Erfahrung im Entscheidungen treffen.

- **4. Was sind die Kriterien die im Objektivierungsprozess berücksichtigt werden müssen?**

a. Dokumentation
b. Belegbarkeit
c. Sicherheit
d. Vollständigkeit
e. Unternehmenswert
f. Differenzierbarkeit
g. Umfänglichkeit
h. Verwendung anerkannter Methoden
i. Plausibilität
j. Berücksichtigung der Unsicherheit von Prognosen in Form von Bandbreiten
k. Subjektivität

6.5 Lösungen zu den Übungsaufgaben

Die richtigen Antworten sind „fett" hervorgehoben.

- **1. Was sind die beiden zentralen Erkenntnisse, als Grundlage für die Objektivierung?**

a. Akzeptanz, dass Objektivität ist nicht erreichbar.
b. Alle handelnden Personen sind Subjekte, eine subjektive Ermittlung des für Entscheidungen herangezogenen Informationsumfangs ist jedoch nicht zulässig.
c. Alle handelnden Personen sind Subjekte, somit kann der für Entscheidungen herangezogene Informationsumfang nur subjektiv ermittelt werden.
d. Akzeptanz, dass Subjektivität nicht erreichbar ist.
e. Objektivität ist möglich. Voraussetzung hierfür ist stringentes und gewissenhaftes Vorgehen.

- **2. Was ist das Ziel der Objektivierung?**

a. Die objektivierte Ermittlung des entscheidungsrelevanten, verarbeitbaren Informationsumfangs.
b. Die Ermittlung des Unternehmenswertes als Wertuntergrenze für den Kaufpreis eines strategischen Investors.
c. Die Verbreiterung der Handlungsoptionen im unternehmerischen Entscheidungsprozess.
d. Die Sicherstellung der gesetzeskonformen Erstellung der handelsrechtlichen Jahresabschlüsse eines Unternehmens.

- **3. Was ist die Voraussetzung für Objektivierung?**

a. Akzeptanz, das Objektivität möglich ist.
b. Profundes Wissen der Betriebswirtschaftslehre.
c. Das Homo Oeconomicus Model.
d. Intersubjektive Nachvollziehbarkeit.
e. Erfahrung im Entscheidungen treffen.

- **4. Was sind die Kriterien die im Objektivierungsprozess berücksichtigt werden müssen?**

a. Dokumentation
b. Belegbarkeit
c. Sicherheit
d. Vollständigkeit
e. Unternehmenswert
f. Differenzierbarkeit
g. Umfänglichkeit
h. Verwendung anerkannter Methoden
i. Plausibilität
j. **Berücksichtigung der Unsicherheit von Prognosen in Form von Bandbreiten**
k. Subjektivität

6.6 Thesenartige Zusammenfassung zum Objektivierungsansatz

1. In Bezug auf die Objektivierung entscheidungsrelevanter Informationsumfänge gibt es eine Forschungslücke sowohl hinsichtlich ganzheitlicher theoretischer Ansätze als auch Praxis gerichteter Instrumente.
2. Die Analyse von Wissenschaftstheorie, Verhältnisses von Theorie und Praxis der Betriebswirtschaftslehre, Entscheidungstheorie, Verhaltenstheorie sowie normativ-rechtlicher und faktischer Rahmenbedingungen hat die Notwendigkeit der Objektivierung von Informationsumfängen bestätigt.
3. Der Bezugsrahmen zur objektivierten Ermittlung von Informationsumfängen für betriebswirtschaftliche Entscheidungen wird durch die fünf Bereiche Erkenntnis, Zielsetzung, Herausforderungen, Gliederung und Eigenschaften aufgespannt.
4. Der originäre Prozess der Objektivierung besteht aus der Objektivierung 1. Grades (intersubjektive Nachvollziehbarkeit) und Objektivierung 2. Grades (Entsubjektivierung). Die intersubjektive Nachvollziehbarkeit wird durch die Eigenschaften Dokumentation, Belegbarkeit, Differenzierbarkeit und Umfänglichkeit gewährleistet. Die Entsubjektivierung erfolgt durch die Kriterien Verwendung anerkannter Methoden, Plausibilität und Berücksichtigung der Unsicherheit von Prognosen in Form von Bandbreiten.
5. Das beschriebene Konstrukt zur Objektivierung wird falsche unternehmerische Entscheidungen nicht verhindern. Durch die Entsubjektivierung und Verbesserung der Entscheidungsqualität kann jedoch die Wahrscheinlichkeit des Missmanagements sowie die Angreifbarkeit von Führungskräften und Organmitgliedern reduziert werden.
6. Die dargestellten Beispiele der Objektivierung erheben nicht den Anspruch auf Vollständigkeit und das Konstrukt nicht den Anspruch auf finale Allgemeingültigkeit.
7. Wesentliche Limitierungen: Die initiale Fragestellung ist (zwangsläufig) breit angelegt. Es ergibt sich sowohl die Notwendigkeit einer weiterführenden Diskussion hinsichtlich der theoretischen Fundierung als auch der weiteren Konkretisierung und praktischen Umsetzung.

Zusammenfassung
Die Objektivierung hat das Ziel, den für unternehmerische Entscheidung notwendigen Informationsumfang objektiviert zu ermitteln. Konkret sind deshalb subjektive Wahrnehmungen und Einflüsse, so weit wie möglich, zu eliminieren.
Zur Erreichung des Ziels, umfasst das Verfahren der Objektivierung eine Reihe von Maßnahmen. Notwendige Bedingung ist die Objektivierung ersten Grades, die intersubjektive Nachvollziehbarkeit und hinreichende Bedingung ist die Entsubjektivierung.
Im Ergebnis wird durch die Objektivierung die Entscheidungsqualität in Unternehmen erhöht und damit die Wettbewerbsfähigkeit gesteigert.

Weiterführende Literatur

- Fischer-Winkelmann (Hrsg.) (1994). *Das Theorie-Praxis-Problem der Betriebswirtschaftslehre.* München.
- Mäder (2006). Objektivierung von Informationsumfängen. In Meeh (Hrsg.), *Unternehmensbewertung, Rechnungslegung und Prüfung* (S. 251). Hamburg.
- Mäder (2006). *Ein Cockpit für den Aufsichtsrat – Entwurf eines systemisch-prozessorientierten Modells zur aufgabenspezifischen Informationsversorgung des Aufsichtsrats.* Wiesbaden.
- Mäder (2010). Controlling – Basiselement für die wertorientierte Unternehmensführung bei Technologieunternehmen. *Zeitschrift für Controlling & Management, 2010*(4), 257.
- IDW (2008a). IDW S 1 i.d.F. 2008 – Grundsätze zur Durchführung von Unternehmensbewertungen. *Fachnachrichten IDW,* (7), S. 271.
- IDW (Hrsg.) (2014). *WP Handbuch 2014: Wirtschaftsprüfung, Rechnungslegung, Beratung,* Band II. Düsseldorf.
- IDW (Hrsg.) (2008). IDW S 1 i.d.F. 2008 – Grundsätze zur Durchführung von Unternehmensbewertungen. *Fachnachrichten IDW, 2008*(7), 271.

- Moxter (1977). Die sieben Todsünden des Unternehmensbewerters. In Goetzke & Sieben (Hrsg.), *Unternehmensbewertung und Grundsätze ihrer ordnungsmäßigen Durchführung*. Köln.
- Seicht (2004). Und es gibt ihn doch, den „objektivierten Unternehmenswert". *Zeitschrift für Recht und Rechnungswesen, 2004*(6), 161.
- Seicht (2005). Zum „objektivierten Unternehmenswert": seine Existenz und seine Bedeutung wiederum glanzvoll bestätigt! *Jahrbuch für Controlling und Rechnungswesen*, S. 427.
- IDW (Hrsg.) (2003). *Erhebungsbogen zur Unternehmensbewertung: Erhebung von Grundlagen und qualifizierten Daten für eine Unternehmensbewertung* (2. Aufl.). Düsseldorf.
- Moxter (1983). *Grundsätze ordnungsmäßiger Unternehmensbewertung* (2. Aufl.). Wiesbaden.
- Moxter (2003). *Grundsätze ordnungsgemäßer Rechnungslegung*. Düsseldorf.
- Theisen (2002). *Grundsätze einer ordnungsmäßigen Information des Aufsichtsrats* (3. Aufl.). Stuttgart.
- Baetge (1970). *Möglichkeiten der Objektivierung des Jahreserfolges*. Düsseldorf.
- Baetge, & Schulze (1998). Möglichkeiten der Objektivierung der Lageberichterstattung über „Risiken der künftigen Entwicklung". *Der Betrieb, 1998*(19), 937.
- Braun (2000). Objektivierung der Gewinnerzielungsabsicht bei der Liebhaberei. *Betriebs Berater, 2000*(6), 283.
- IDW (Hrsg.) (2012). *IDW S6 – Anforderungen an die Erstellung von Sanierungskonzepten*. Düsseldorf.
- Albach (2001). Die Betriebswirtschaftslehre als Orientierungs- und Entscheidungshilfe. *Frankfurter Allgemeine Zeitung*, 12.03.2001, 32.
- Kappler (2003). Theorie aus der Praxis für die Praxis – Zur Wirksamkeit strategischer Unternehmensführung. In Ringlstetter (Hrsg.), *Perspektiven der strategischen Unternehmensführung. Theorien, Konzepte, Anwendungen*, (S. 73 ff.). Wiesbaden.
- Kahneman, Knetsch, Thaler (1991). Anomalies: The Endowment Effect, Loss Aversion, and Status Quo Bias. *Journal of Economic Perspectives, 1991*(1), 193.

Literaturverzeichnis

Albach, H. (2001). Die Betriebswirtschaftslehre als Orientierungs- und Entscheidungshilfe. *Frankfurter Allgemeine Zeitung*, 12.03.2001, S. 32.

Arbeitskreis externe und interne Überwachung der Unternehmung (1995). Grundsätze ordnungsmäßiger Aufsichtsratstätigkeit ein Diskussionspapier. *Der Betrieb* (1), 1–4.

Baetge, J. (1970). *Möglichkeiten der Objektivierung des Jahreserfolges*. Düsseldorf.

Baetge, J., & Schulze, D. (1998). Möglichkeiten der Objektivierung der Lageberichterstattung über „Risiken der künftigen Entwicklung". *Der Betrieb*, (19), 937–948.

Bähr, P. (2013). *Grundzüge des Bürgerlichen Rechts* (12. Aufl.). München.

Bähr, G., Fischer-Winkelmann, W., List, S. (2006). *Buchführung und Jahresabschluss* (9. Aufl.). Wiesbaden.

Böckli, P. (2014). Corporate Governance: Erfolg und Versagen einer Leitidee: Eine Standortbestimmung nach zwölf Jahren „Swiss Code". *Der Schweizer Treuhänder*, (4), 349–357.

Braun, N. (2000). Objektivierung der Gewinnerzielungsabsicht bei der Liebhaberei. *Betriebs Berater*, (6), 283–285.

Bromm, B. (1992). Vergleichende Evaluation von Analgetikawirkungen. *Der Schmerz*, (6), 32–45.

Bucher, E. (1990). Verschuldensfähigkeit und Verschulden. In E. Brem, J. N. Druey, E. Kramer, I. Schwander (Hrsg.), *Festschrift zum 65. Geburtstag von Mario M. Pedrazzini* (S. 287–312). Bern.

Coenenberg, A., Haller, A., Schultze, W. (2012). *Jahresabschluss und Jahresabschlussanalyse* (22. Aufl.). Stuttgart.

Deutscher Corporate Governance Kodex (Hrsg.) (2013). *Deutscher Corporate Governance Kodex – in der Fassung vom 13. Mai 2013 mit Beschlüssen aus der Plenarsitzung vom 13. Mai 2013*. Frankfurt am Main.

Diedrichs, M., & Kißler, M. (2008). *Aufsichtsratsreporting*. München.

Dudenredaktion (Hrsg.) (2007). *Duden – Das Fremdwörterbuch* (9. Aufl.). Mannheim.

Dudenredaktion (Hrsg.) (2016). *Duden-Online*. Online verfügbar unter www.duden.de, zuletzt aktualisiert am 19.04.2016.

Ebert, S. (2006). Managerhaftung und Corporate Governance. *Versicherungswirtschaft*, (8), 664.

Eilenberger, G., Toebe, M., Scherer, F. (2014). *Betriebliches Rechnungswesen* (8. Aufl.). München.

Erlei, M., Leschke, M., Sauerland, D. (2007). *Neue Institutionenökonomik* (2. Aufl.). Stuttgart.

Fischer-Winkelmann, W. (Hrsg.) (1994). *Das Theorie-Praxis-Problem der Betriebswirtschaftslehre*. München.

Frank, U. (2003). Einige Gründe für eine Wiederbelebung der Wissenschaftstheorie. *Die Betriebswirtschaft, 63*(3), 278–292.

Freimann, J. (1994). Das Theorie-Praxis-Dilemma der Betriebswirtschaftslehre – Wissenschaftssoziologische Überlegungen zu einem besonderen Verhältnis. In W. Fischer-Winkelmann (Hrsg.), *Das Theorie-Praxis-Problem der Betriebswirtschaftslehre* (S. 7–24). München.

Frieß, R. (2003). *Die Sanierungsentscheidung bei der Sanierung des Unternehmensträgers im Insolvenzfall und die Auswirkungen bilanzieller, finanzieller sowie umwandlungsrechtlicher Sanierungsmaßnahmen auf den Fortführungswert.* München.

Graumann, M., & Grundei, J. (2005). Business Judgment Rule. *Die Betriebswirtschaft*, (6), 652–656.

Großfeld, B. (2002). *Unternehmens- und Anteilsbewertung im Gesellschaftsrecht* (4. Aufl.). Köln.

Grüne, S., & Schölmerich, J. (2007). *Anamnese, Untersuchung, Diagnostik.* Heidelberg.

Holzer, P., & Makowski, A. (1996). Corporate Governance und der Aufsichtsrat. *Zeitschrift für Recht und Rechnungswesen*, 182–188.

Hommelhoff, P., & Mattheus, D. (1998). Corporate Governance nach dem KonTraG. *Die Aktiengesellschaft*, (3), 249–259.

Horváth, P. (2011). *Controlling* (12. Aufl.). München.

IDW (Hrsg.) (2003). *Erhebungsbogen zur Unternehmensbewertung: Erhebung von Grundlagen und qualifizierten Daten für eine Unternehmensbewertung* (2. Aufl.). Düsseldorf.

IDW (Hrsg.) (2008). IDW S 1 i.d.F. 2008 – Grundsätze zur Durchführung von Unternehmensbewertungen. *Fachnachrichten IDW*, (7), 271.

IDW (Hrsg.) (2012). *IDW S6 – Anforderungen an die Erstellung von Sanierungskonzepten.* Düsseldorf.

IDW (Hrsg.) (2014). *WP Handbuch 2014: Wirtschaftsprüfung, Rechnungslegung, Beratung*, Band II. Düsseldorf.

Kahnemann, D., Knetsch, J., Thaler, R. (1991). Anomalies: The Endowment Effect, Loss Aversion, and Status Quo Bias. *Journal of Economic Perspectives*, (1), 193–206.

Kappler, E. (1983). Praktische Folgen einer Rekonstruktion der Betriebswirtschaftslehre. In E. Kappler (Hrsg.), *Rekonstruktion der Betriebswirtschaftslehre als ökonomische Theorie* (S. 379–394). Spardof.

Kappler, E. (1994). Theorie aus der Praxis – Rekonstruktion als wissenschaftlicher Praxisvollzug der Betriebswirtschaftslehre. In W. Fischer-Winkelmann (Hrsg.), *Das Theorie-Praxis-Problem der Betriebswirtschaftslehre* (S. 41–54). München.

Kappler, E., & Scheytt, T. (1997). Praxisorientierung in der betriebswirtschaftlichen Ausbildung. *Zeitschrift für Personalforschung*, 11–26.

Knoll, L. (2014). Diskriminierung durch Quote? *Der Betrieb*, (10), 495–499.

Kolb, M. (2008). *Personalmanagement: Grundlagen – Konzepte – Praxis.* Wiesbaden.

Kollmann, K. (2003). Aktuelle Corporate-Governance-Diskussion in Deutschland – Deutscher Corporate-Governance-Kodex der Regierungskommission sowie Transparenz- und Publizitätsgesetz (TransPuG). *Wertpapier-Mitteilungen – Zeitschrift für Wirtschafts- und Bankrecht*, (1), 3–18.

Krcmar, H. (2010). *Informormationsmanagement* (5. Aufl.). Heidelberg.

Laux, H., Gillenkirch, R., Schenk-Mathes, H. (2014). *Entscheidungstheorie* (9. Aufl.). Berlin.

Levinthal, D. (2011). A behavioral approach to strategy – what's the alternative? *Strategic Management Journal*, *32*(13), 1517–1523.

Listl, S. (2012). *Die zivilrechtliche Haftung für Fehler von Ethikkommissionen.* Heidelberg.

Mäder, O. (2006). *Ein Cockpit für den Aufsichtsrat – Entwurf eines systemisch-prozessorientierten Modells zur aufgabenspezifischen Informationsversorgung des Aufsichtsrats.* Wiesbaden.

Mäder, O. (2010). Controlling – Basiselement für die wertorientierte Unternehmensführung bei Technologieunternehmen. *Zeitschrift für Controlling & Management*, (4), 257–262.

Mäder, O., & Lampenius, N. (2005). Die Haftung des gerichtlich bestellten Sachverständigen bei gesellschaftsrechtlichen Spruchverfahren – Ein kalkulierbares Risiko? *Unternehmensbewertung und Management*, (3), 74–82.

Matschke, M. (2013). Referenzmodelle zur Bestimmung der angemessenen Abfindung von Minderheitskapitalgesellschaftern – Günter Sieben zum 80. Geburtstag. *Betriebswirtschaftliche Forschung und Praxis*, (1), 14–54.

Maurer, A. (2013). Handlungsbeschreibungen und Menschenbilder in der Soziologie – Auch ein Beitrag zur Auseinandersetzung mit dem Modell des Homo oeconomicus. *Zeitschrift für Wirtschafts- und Unternehmensethik*, (2), 237–258.

Mohr, J. (2013). Rechtswidrigkeit und Verschulden im Deliktsrecht. *Jura: juristische Ausbildung*, (6), 567–579.

Moxter, A. (1977). Die sieben Todsünden des Unternehmensbewerters. In S. Goetzke (Hrsg.), *Unternehmensbewertung und Grundsätze ihrer ordnungsmäßigen Durchführung* (S. 253–256). Köln.

Moxter, A. (1978). Über „Subjektivität" und „Objektivität" von Unternehmensbewertungen. *Wirtschaftsstudium*, (10), 483–486.

Moxter, A. (1983). *Grundsätze ordnungsmäßiger Unternehmensbewertung* (2. Aufl.). Wiesbaden.

Moxter, A. (2003). *Grundsätze ordnungsgemäßer Rechnungslegung.* Düsseldorf.

Peyer, P. (2008). Das „vernünftige" Verwaltungsratsmitglied oder der objektivierte Fahrlässigkeitsbegriff in der aktienrechtlichen Verantwortlichkeit. In G. Zindel, P. Peyer, B. Schott (Hrsg.), *Wirtschaftsrecht in Bewegung – Festgabe zum 65. Geburtstag von Peter Forstmoser* (S. 85–102). Zürich.

Reimer, S. (2010). *Die datenschutzrechtliche Zustimmung.* Wien.

Ruhwedel, P. (2002). *Aufsichtsratsplanungssysteme: Theoretische Grundlagen und praktische Ausgestaltung in Publikumsaktiengesellschaften.* Frankfurt am Main.

Rusch, G., & Schmidt, S. (1995). *Konstruktivismus und Ethik.* Frankfurt am Main.

Schildbach, T. (1993). Kölner versus phasenorientierte Funktionslehre der Unternehmensbewertung. *Betriebswirtschaftliche Forschung und Praxis*, (1), 25–38.

Schildbach, T. (1995). Der Verkäufer und das Unternehmen „wie es steht und liegt": zur Unternehmensbewertung aus Verkäufersicht. *Zeitschrift für betriebswirtschaftliche Forschung*, (7), 620–632.

Schrenker, C. (2011). Planungsrechnung und Planungsgüte in der Unternehmensbewertung aufgrund aktienrechtlicher Strukturmaßnahmen – Ein empirische Analyse. *Corporate Finance*, (8), 484–495.

Seicht, G. (2004). Und es gibt ihn doch, den „objektivierten Unternehmenswert". *Zeitschrift für Recht und Rechnungswesen*, (6), 161–170.

Seicht, G. (2005). Zum „objektivierten Unternehmenswert": seine Existenz und seine Bedeutung wiederum glanzvoll bestätigt! *Jahrbuch für Controlling und Rechnungswesen*, 427–433.

Sieg, O. (2002). Tendenzen und Entwicklungen der Managerhaftung in Deutschland. *Der Betrieb*, (34), 1759–1764.

Siemoneit, O. (2010). *Eine Wissenschaftstheorie der Betriebswirtschaftslehre – Wissensformen, Erkenntnismethoden und Forschungskonzeptionen einer verwissenschaftlichten Techniklehre*. Stuttgart.

Theisen, M. (2002). *Grundsätze einer ordnungsmäßigen Information des Aufsichtsrats* (3. Aufl.). Stuttgart.

Thümmel, R. (1997). Zu den Pflichten des Aufsichtsrats bei der Verfolgung von Haftungsansprüchen gegenüber dem Vorstand der AG. *Der Betrieb*, (22), 1117–1120.

Ulsenheimer, K. (2005). Der Sachverständigenbeweis: Allgemeine Voraussetzungen und verfahrensrechtliche Besonderheiten für die Gutachtenerstellung. *Der Anaesthesist*, (11), 1081–1088.

Waiblinger, M. (1957). Subjektivismus und Objektivismus in der neueren Lehre und Rechtsprechung vom Versuch. *Zeitschrift für die gesamte Strafrechtswissenschaft*, 1990–1222.

v. Werder, A. (1996a). Grundsätze ordnungsmäßiger Unternehmensführung (GoF), für die Unternehmensleitung (GoU), Überwachung (GoÜ) und Abschlussprüfung (GoA). *Zeitschrift für betriebswirtschaftliche Forschung*, 27–73.

v. Werder, A. (1996b). Grundsätze ordnungsmäßiger Unternehmensführung (GoF), für die Unternehmensleitung (GoU), Überwachung (GoÜ) und Abschlussprüfung (GoA). *Zeitschrift für betriebswirtschaftliche Forschung*.

Wöhe, G., & Döring, U. (2008). *Einführung in die Allgemeine Betriebswirtschaftslehre* (23. Aufl.). München.

Womack, J., & Jones, D. (2013). *Lean Thinking: Banish Waste and create Wealth in your Corporation*. London.

Wüthrich, H. (1984). *Ansatz eines mehrdimensionalen Führungskonzeptes zur Durchsetzung des strategischen Managements in der Unternehmung*. St. Gallen.

Zaumseil, P. (2012). Die Haftung des Aufsichtsrats auf Schadensersatz. In J. Grundei & P. Zaumseil (Hrsg.), *Der Aufsichtsrat im System der Corporate Governance* (S. 420–443). Wiesbaden.

Zülch, H., Stork, T., Detzen, D. (2015). Plausibilisierungsmöglichkeiten einer Kaufpreisallokation nach IFRS 3 – Theoretische Grundlagen und Fallbeispiel. *Betriebswirtschaftliche Forschung und Praxis*, (3), 300–327.

Zusammenfassung zu Herausforderungen und Basisannahmen

Olaf B. Mäder

O. B. Mäder, *Controlling klipp & klar*, WiWi klipp & klar, https://doi.org/10.1007/978-3-658-15747-0_7

Lernziele

- Verständnis für die Einflussfaktoren auf unternehmerisches Handeln, insbesondere unternehmerische Entscheidungen im Allgemeinen.
- Verständnis für die Herausforderungen und Einflussfaktoren für das Controlling im Besonderen.

Hauptziel der ersten beiden Teile war die Beschreibung und Darstellung der wichtigsten Herausforderungen denen Unternehmen gegenüberstehen. Diese Elemente sind für die Ableitung des objektivierungsorientieren Controllingansatzes in zweierlei Hinsicht entscheidend. Erstens, die einzelnen Bereiche bzw. die in den Teilen abgeleitete Sichtweisen, stellen die zugrundeliegende Philosophie dieses Buches dar. Zweitens, diese Elemente sind relevant für die weitere Auseinandersetzung mit der betrieblichen Funktion Controlling und haben im Rahmen der Ausformung signifikante Auswirkungen. In ◘ Abb. 7.1 sind die zentralen Einflussfaktoren in Bezug auf das Controlling zusammenfassend dargestellt.

Das Ergebnis in Bezug auf die Analyse der Globalisierung war, dass grundsätzlich kein finales, einheitliches Verständnis hinsichtlich Definition und Einflussfaktoren vorliegt. Basierend auf einer historischen Analyse wurden drei Phasen der Globalisierung abgegrenzt:

- Globalisierung 1.0: neues Zeitalter der Kolonialisierung (1492 bis 1800)
- Globalisierung 2.0: Industrialisierung (1800 bis 2000)
- Globalisierung 3.0: Informationszeitalter (2000 bis heute).

Globalisierung

… ist ein permanenter Prozess. Die zentralen Variablen sind Gesellschaft, Wirtschaft, Kapital und Technologie. Veränderungen in einer oder mehrerer Variablen erzeugt Veränderungsdruck für die Systemelemente, was zu einem selbstverstärkenden Zyklus führt. Daraus resultieren die Herausforderungen Zunahme an Komplexität, Dynamik und Unsicherheit.

Es hat sich gezeigt, das spezifischen Variablen für den andauernden Prozess der Globalisierung entscheidend sind. Die vier Determinanten Gesellschaft, Wirtschaft, Kapital und Technologie sind Katalysatoren der Globalisierung. Haupttreiber sind Liberalisierung und Neuheiten. In der Konsequenz ergibt sich Veränderungsdruck für Unternehmen, der wiederum in den drei zentralen Herausforderungen für Unternehmen Zunahme von Komplexität, Dynamik und Unsicherheit mündet.

Unter Berücksichtigung der Zielsetzung dieses Buches, auf der einen Seite Studierende, Unternehmer und Manager dabei zu unterstützen, gegenwärtige und zukünftige Herausforderungen verstehen und handhaben zu können sowie auf der anderen Seite den Mehrwert, den Controlling als betriebliche Funktion in diesem Kontext liefern kann herauszuarbeiten, ergibt sich die zentrale Fragestellung:

» Wie kann ein permanenter Veränderungsprozess in einem Unternehmen sichergesellt werden, um die zentralen Herausforderungen der Globalisierung Komplexität, Dynamik und Unsicherheit, besser als die Wettbewerber, handhaben zu können?

Im zweiten Kapitel wurde der wissenschaftstheoretische Standpunkt herausgearbeitet. Basierend auf dem Vergleich der konträren Ansätze klassischer Rationalismus und radikaler Konstruktivismus, wurden wichtige Merkmale und Kriterien in Bezug auf die eine Positionierung innerhalb der Wissenschaftstheorie illustriert. Für die weitere Analyse in diesem Buch wurden die kennzeichnenden Merkmale für den wissenschaftstheoretischen Standpunkt des Autors herausgearbeitet. Zentral ist dabei, dass Individuen ihre eigene Wirklichkeit konstruieren und in der Folge (erfolgreiche) Kommunikation und damit Zusammenleben nur möglich ist, wenn beim Kommunizieren eine implizite Ethik genutzt wird. Somit kann ein Spektrum an Problemlösungen erarbeitet werden, das Orientierungs- und Entscheidungshilfe bietet.

Neben den abstrakteren Einflussfaktoren Globalisierung und Wissenschaftstheorie, wurde im dritten Abschnitt der direkte Bezug zum Management hergestellt. Mit dem allgemeinen Managementkreislauf mit seinen vier Elementen (1) Zieldefinition, (2) Planung, (3) Durchführung und

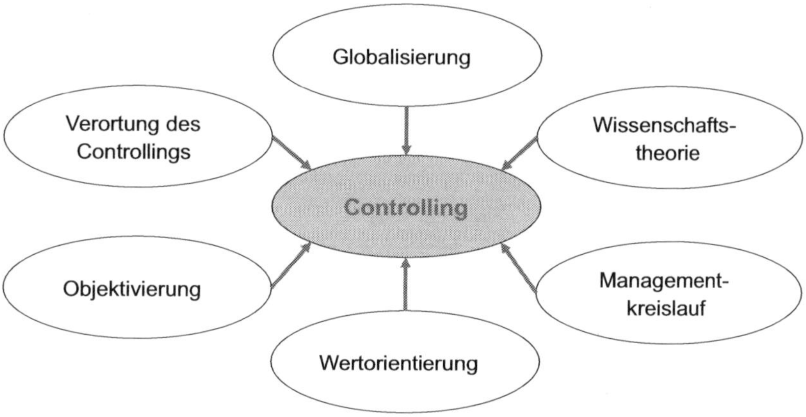

Abb. 7.1 Zentrale Einflussfaktoren des Controllings

(4) Steuerung, wurde ein Instrument skizziert, das den komplexen Managementprozess in vier Phasen unterteilt und damit die Komplexität reduziert. Das Hauptziel des allgemeinen Managementprozesses ist dabei, Effektivität und Effizienz sicherzustellen. Die vier Phasen sind in einem geschlossenen Kreislauf miteinander verknüpft und bedingen einander. Obwohl alle Phasen wesentlich sind und Controlling in allen Stufen involviert ist, liegt der Schwerpunkt auf der Steuerungsphase mit seinen notwendigen Aktivitäten a. Soll-Ist-Vergleich, b. Ursachenanalyse, c. Ableitung von Lösungsmöglichkeiten, d. Bewertung und e. Entscheidung. Um es an dieser Stelle noch einmal klar herauszustellen: Der letzte Schritt, d. h. die Entscheidung, ist zwar Bestandteil des allgemeinen Managementkreislaufs, wird jedoch nicht durch das Controlling ausgeführt. Controlling wird hier als eine Dienstleistung verstanden. Es hat eine unterstützende und beratende Funktion in Bezug auf das Management, trifft aber keine Entscheidungen!

Im Rahmen der organisationalen Verortung des Controllings wurden zum einen wichtige, grundlegende allgemeine Aspekte, wie beispielsweise die Unterscheidung in Aufbau- und Ablauforganisation, herausgearbeitet. Zum anderen wurde aufgezeigt, dass eine Abgrenzung zu anderen betrieblichen Funktionen nicht einfach ist, es keine Schwarz-Weiß-Lösung gibt und darüber hinaus unternehmensspezifische Aspekte zu berücksichtigen sind. Diese grundsätzlichen Determinanten der Organisation gelten gleichermaßen für das Controlling.

In ▶ Kap. 5 wurde die Notwendigkeit einer finalen Spitzenkennzahl herausgearbeitet, die den Anforderungen eines zukunftsorientierten Managements genügt. Im Ergebnis der Analyse wurde offensichtlich, dass Kennzahlen und Werte aus den Jahresabschlüssen von Unternehmen hierfür ungeeignet sind. Die Aussage

» Earnings are a matter of opinion!
Cash Flow is a fact!

reflektiert, dass Jahresabschlüsse vergangenheitsorientiert sind, weder Risiko noch Zeit berücksichtigen und durch bilanzpolitische Maßnahmen verzerrt sind. Deshalb sind die Werte und Kennzahlen in ihrer Aussagekraft limitiert. Im Gegensatz dazu steht bei der Spitzenkennzahl „Unternehmenswert" die Frage im Zentrum der Betrachtung, mit welchen Produkten und/oder Dienstleistungen ein Unternehmen zukünftig Einzahlungen (Umsatz) zu welchen Auszahlungen (Kostenstruktur) erzielen will. Im Ergebnis führt dies zu zukünftigen Cash-Flows als Basisannahme. Im Weiteren wird durch Diskontierung sowohl Risiko als auch Zeit berücksichtigt. Im Ergebnis kann für privatwirtschaftliche Unternehmen nur ein Free Cash-Flow basierter Unternehmenswert die zentrale Steuerungsgröße sein. Für die Ermittlung des Unternehmenswertes wurde herausgearbeitet, dass die Ableitung der zukünftigen Cash-Flows die größte Herausforderung darstellt. Grund hierfür ist die Unsicherheit insbesondere durch die Dynamik der Globalisierung. Auf der einen Seite berücksichtigt das wertorientierte Geschäftsmodell die Unternehmenswertorientierung. Im Weiteren stellt das wertorientierte Geschäftsmodell ein zweites Instrument dar, mittels dessen die Komplexität unternehmerischen Handelns, durch Segmentierung, Strukturierung und Stringenz, reduziert werden kann. Das Management hat über alle vier vorgelagerten Phasen die Ausrichtung auf die finale Spitzenkennzahl Unternehmenswert vorzunehmen.

Nach der Auseinandersetzung mit den zentralen Herausforderungen des Managements wurden im zweiten Teil die Begründung sowie das grundsätzliche Vorgehen für eine Objektivierung detailliert herausgearbeitet. Die Logik des Objektivierungsprozesses ist für das Verständnis des objektivierungsorientierten Controllingansatzes von fundamentaler Bedeutung. Die initiale Herausforderung ist das Auseinanderfallen des Informationsbedarfs (A), des Informationsangebots (B) und der Informationsnachfrage (C). Begründend dafür sind die limitierenden Faktoren Selbstkonstruktion der Wirklichkeit durch den Menschen, Wertorientierung und Globalisierung. In der Folge ist ein Prozess evident, der ein Optimum in Bezug auf den entscheidungsrelevanten, verarbeitbaren Informationsumfang gewährleistet. Hier kommt der Objektivierungsprozess mit der Objektivierung ersten Grades, der intersubjektiven Nachvollziehbarkeit, und der Objektivierung zweiten Grades, der Entsubjektivierung zum Tragen. Determiniert wird der Prozess durch die sieben spezifischen Merkmale Dokumentation, Belegbarkeit, Differenzierbarkeit, Umfänglichkeit, Verwendung anerkannter Methoden, Plausibilität und Berücksichtigung der Unsicherheit von Prognosen in Form von Bandbreiten.

Objektivierung

... ist der Prozess in dem ein de-subjektivierter, entscheidungsrelevanter Informationsumfang in der Betriebswirtschaft abgeleitet wird. Grundlage ist die Erkenntnis, dass vollständige Objektivität im Rahmen unternehmerischer Entscheidungen nicht erreicht werden kann. Ziel ist es im Weiteren, den Informationsumfang für Entscheidungen so zu bestimmen, dass subjektive Wahrnehmungen und Einflüsse eliminiert werden.
Zur Zielerreichung wird der Prozess in zwei Phasen unterteilt.
Die Objektivierung ersten Grades umfasst die grundsätzliche Voraussetzung zur Objektivierung, die intersubjektive Nachvollziehbarkeit. Die notwendigen Merkmale zur Sicherstellung dieser sind Dokumentation, Belegbarkeit, Differenzierbarkeit und Umfänglichkeit.
Die Objektivierung zweiten Grades umfasst den Prozess der Entsubjektivierung und ist gekennzeichnet durch die Merkmale Verwendung anerkannter Methoden, Plausibilität und Berücksichtigung der Unsicherheit von Prognosen in Form von Bandbreiten.

Teil II – Ableitung des objektivierungsorientieren Controllingansatzes

Die Betriebswirtschaft, konkret die Protagonisten des Teilbereichs Controlling, beschäftigen sich seit mehreren Jahrzehnten mit der Ausgestaltung und dem Selbstverständnis des Controllings. Dabei sind sowohl das Vorgehen als auch die Intensität des Diskurses umstritten. Der Diskurs verfolgt grundsätzlich das Ziel, die Disziplin Controlling theoretisch zu fundieren und auszuformen sowie innerhalb der Betriebswirtschaftslehre zu verorten. Ein 1990 definiertes Ziel war das Erreichen von „Generally Accepted Controlling Principles" (Küpper et al. 1990). Dieses Vorhaben wurde nicht erreicht. Im Ergebnis sehen wir eine Definitions- und Ansatzfülle, wobei die Differenzierung insbesondere hinsichtlich funktionaler und instrumenteller Aspekte erfolgt. Eine konsistente und akzeptierte Controllingkonzeption ist nicht vorzufinden.

Ziel dieses Abschnitts ist es, basierend auf den bisherigen Erkenntnissen der Controllingforschung, die objektivierungsorientierte Controllingkonzeption zu skizzieren. Es geht dabei nicht um eine vollständige Neukonzeption, vielmehr werden vorhandene Elemente aufgegriffen, ergänzt und zu einem schlüssigen Konstrukt zusammengesetzt.

Lernziele
- Kenntnis der Entwicklung des Controllings und sich daraus ergebender Rahmenbedingungen und Herausforderungen.
- Kenntnis der kritischen Aspekte deutschsprachiger Controllingansätze.
- Fähigkeit zur Analyse, Bewertung und Entscheidung in Bezug auf Aufbau und Ausgestaltung von Controllingansätzen.

Literaturverzeichnis

Küpper, H.-U., Weber, J., Zünd, A. (1990). Zum Verständnis und Selbstverständnis des Controlling: Thesen zur Konsensbildung. *Zeitschrift für Betriebswirtschaft*, (3), 281–293.

Controlling: Vergangenheit – Gegenwart – Zukunft

Olaf B. Mäder

O. B. Mäder, *Controlling klipp & klar*, WiWi klipp & klar, https://doi.org/10.1007/978-3-658-15747-0_8

Ziel dieses Kapitels ist die Beschreibung und Analyse zentraler Elemente der Diskussion in Bezug auf Controlling als wissenschaftliche Disziplin, reflektiert an Praxisimplikationen. Nach der Skizze der historischen Entwicklung, wird als Hauptanalyseobjekt, der Status Quo in Bezug auf das Controlling in Deutschland beschrieben. Hierbei wird zuerst definiert, welche charakteristischen Merkmale der Fundierung erfüllt sein müssen, um einen eigenständigen betriebswirtschaftlichen Bereich zu begründen und somit auch bei der Ausformung eines objektivierungsorientierten Controllingansatzes zum Tragen kommen müssen. Darüber hinaus werden die Elemente abgegrenzt, die im Zusammenspiel die Aufgabenerfüllung des Controllings sicherstellen, das heißt das Controllingsystem aufspannen. In darauffolgenden Abschnitt werden anhand der Kriterien Eigenständigkeit und Neuartigkeit ausgewählte Controllingansätze des deutschsprachigen Raums dargestellt und analysiert. Daran schließt sich eine Diskussion hinsichtlich der Controllingkonzeptionen sowie des diesbezüglichen Diskurses an. Abschließend werden mögliche zukünftige Entwicklungen aufgezeigt.

Lernziele

- Kenntnis der Entwicklung des Controllings und sich daraus ergebender Rahmenbedingungen und Herausforderungen.
- Kenntnis der kritischen Aspekte deutschsprachiger Controllingansätze.

Controlling wird häufig als ein abstrakter Begriff gebraucht. In vielen Zusammenhängen fehlten das richtige Verständnis oder eine sinnvolle Definition als Basis. Die Begründung dafür findet sich sowohl in der historischen Entwicklung der Aufgabe bzw. betrieblichen Funktion, als auch in der Entwicklung der theoretischen Fundierung. Beide Entwicklungen sind über weite Phasen voneinander entkoppelt. In der Folge ergeben sich Missverständnisse und Fehlinterpretationen.

Um dem zu begegnen ist es Ziel dieses Abschnitts, anhand der Skizze der geschichtlichen Entwicklung und Verortung des Controllings Trends und Merkmale herauszuarbeiten. Damit wird eine fundierte Argumentationsbasis geschaffen, die nicht nur auf dem gegenwärtigen Stand der Controllingforschung fußt, sondern auch die Historie mit einbezieht.

Der erste Abschnitt befasst sich mit der historischen Entwicklung des Controllings. Zum besseren Verständnis und zur Komplexitätsreduktion erfolgt eine Untergliederung in fünf Phasen (siehe ◘ Abb. 8.1). Im Anschluss wird die Entwicklung von den 1980er-Jahren bis heute detaillierter dargestellt. Neben einem Überblick zur Entwicklung in den USA liegt hier der Schwerpunkt auf Deutschland. Grund dafür ist die spezifische Diskussion und Ausformung des Controllings im deutschsprachigen Raum. Die diesbezügliche Situation hat den Autor stark geprägt und der gegenwärtige Stand zum Controllingverständnis ist die Basis für Reflexion. Abschließend werden mögliche Ansätze zur Weiterentwicklung, d. h. der zukünftigen Entwicklung des Controllings diskutiert.

Auf diesen Erkenntnissen aufbauend erfolgt im Weiteren die Ableitung des objektivierungsorientierten Controllingansatz.

8.1 Historische Entwicklung des Controllings

In der Literatur findet sich eine große Bandbreite an Gliederungen zur historischen Entwicklung des Controllings. Schneider unterteilt den Entwicklungsprozess in die vier Phasen: a. ca. 1850–1930: Entstehungsphase, b. 1930–1950: Aufbauphase, c. 1955–1980: Internationalisierung- und Konzeptuierungsphase und d. 1980–heute: Boomphase. Mayer nimmt eine Unterteilung in drei Phasen vor: a. 1778–1931: vom Treasurer zum Koordinator, b. 1931–1981: vom Koordinator zum Navigator und c. seit 1981: vom Tool- zum Führungskonzept (Mayer 1987). Auch wenn diese Analysen einige Zeit zurückliegen, ist die Grundidee immer noch relevant und sinnvoll: eine Strukturierung der historischen Entwicklung des Controllings zur besseren Analyse und Bewertung.

Ich strukturiere die Entwicklung in fünf Phasen (vgl. ◘ Abb. 8.1). Die Entwicklung wird jedoch mit ihrem Startpunkt im 15. Jahrhundert verortet. Grund dafür ist die Tatsache, dass Controlling ähnliche Funktionen und Aufgaben im öffentlichen Sektor bereits zu dieser Zeit etabliert.

Eine initiale Herausforderung für das Controlling ist die Wortherkunft sowie die Abgrenzung des

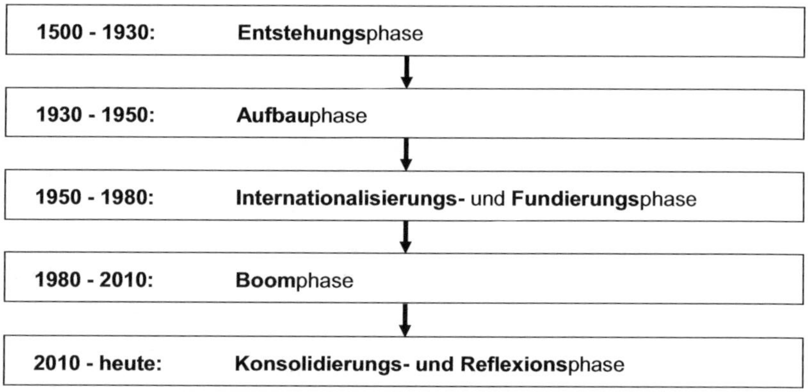

Abb. 8.1 Phasen der historischen Entwicklung des Controllings

Aufgabenspektrums. Diese Unschärfe beruht auf dem Fehlen klarer inhaltlich-stringenter Wurzeln, als auch schlechter Übersetzung und Fehlinterpretationen in verschiedenen Sprachen. Im Lateinischen bedeutet der Term „contra rolatus" die Überprüfung der Dokumentation von Güter- und Geldflüssen. Basierend auf diesem Verständnis entstanden der französische Begriff „contre role" und die englische Bezeichnung „counter roll". Des Weiteren entwickelte sich für die Personen, die die Rolle inhaltlich wahrnahmen, die Bezeichnungen „Countreroullour" und Countrerroller. Diese bildeten die Basis für die Begriffe Control, Controlling und Controllership.

Inhaltliche Bedeutung des Begriffs „control" (steuern):

1. Soll-Ist-Datenvergleich, der regelmäßig zu einer Abweichung führt (Δ)
2. Ursachenanalyse in Bezug auf die Abweichungen
3. Ableitung möglicher Handlungsoptionen
4. Bewertung der Optionen und Empfehlung
5. Entscheidung.

Neben der beschriebenen historischen Entwicklung der Begrifflichkeiten, ist die inhaltliche Interpretation eine weitere Herausforderung. Insbesondere durch den ähnlichen Klang von „Controlling" und „Kontrolle", kommt es häufig zu Fehlableitungen und -interpretationen. Kontrolle beschränkt sich auf den reinen Abgleich von Soll- und Ist-Zustand. Die weiteren notwendigen Schritte im Rahmen eines steuernden Eingreifens Ursachenanalyse, Handlungsoptionen, Bewertung und Empfehlung werden somit ausgeschlossen, bilden jedoch für einen zentralen Bestandteil des Controllings. Die abschließend zu treffende Entscheidung hat durch das Management zu erfolgen.

Die weitere historische Analyse zeigt, dass eine Wurzel der Entstehung im öffentlichen Sektor liegt. Im 15. Jahrhundert gab es am englischen Königshof eine Position mit der Bezeichnung „Countrollour". Dieser Stelle war die Aufgabe zugeordnet, den Güter- und Geldfluss zu überprüfen. Im Weiteren wurde durch den amerikanischen Kongress 1778 ein Gesetz verabschiedet, das Controllerstellen im öffentlichen Sektor erstmalig vorschrieb. Der sogenannte „Comptroller" war für die Überwachung der Staatsausgaben verantwortlich. Etwa einhundert Jahre später wurden auch in der Privatindustrie erste Controllerstellen eingerichtet. Zuerst traf man diese in Eisenbahnunternehmen an.

Die den ersten controllerähnlichen Stellen zugewiesenen Überprüfungs- und Überwachungsaufgaben zeigen auf der einen Seite den klaren Bezug zu quantitativ-monetären Aspekten und auf der anderen Seite überwiegend reaktive Tätigkeiten. Obwohl sich der Umfang und die inhaltliche Interpretation von Controlling über die Zeit deutlich weiterentwickelt haben, existiert diese limitierende Interpretation, insbesondere in der Praxis, immer noch.

Aufgrund der Probleme und Erfahrungen der Weltwirtschaftskrise in den 1930er-Jahren, ergaben sich für das unternehmerische Handeln neue Herausforderungen. Dieser Übergang reflektiert den Wendepunkt in der Controllingentwicklung von der Entstehungs- zur Aufbauphase. Letztere dauerte circa 25 Jahre. Inhaltlich lag der Schwerpunkt in den Feldern Rechnungslegung und Planung.

Diese hatten sich als erfolgskritische Basisvariablen und Rahmenbedingungen für das Management von Unternehmen herausgestellt.

Die Übertragung des Controllings auf den privatwirtschaftlichen Bereich vollzog sich insbesondere am Ende des 19. Jahrhunderts. Ursächlich war, dass sowohl im Eisenbahnsektor, als auch in anderen Branchen, Unternehmen immer größer wurden und damit ein kritisches Maß an Komplexität erreichten. Diese faktische Veränderung der unternehmerischen Praxis zwang das Management diese neuen Rahmenbedingungen zu analysieren und sich mit Lösungsmöglichkeiten auseinanderzusetzen. Dabei waren die Haupteinflussfaktoren für die Entwicklung des Controllings in den 1920er und 1930er-Jahren die folgenden:

- Zunahme der Unternehmensgrößen und damit einhergehende Probleme in Bezug auf Kommunikation und Koordination.
- Zunehmende Limitierung der unternehmerischen Flexibilität durch die signifikante Zunahme der Fix- und Gemeinkosten.
- Zunahme des Bedarfs nach effektiven und effizienten Managementwerkzeugen aufgrund der steigenden wirtschaftlichen Unsicherheit.

In die Aufbauphase fällt auch die Gründung des „Controllers Institute of America" (1931) und des zugehörigen Forschungsinstituts „Controllership Foundation" (1944). Das Hauptziel dieser Institutionalisierung war es Controlling als betriebliche Funktion zu etablieren. Zusätzlich wurde durch neue Gesetze eine weitere Professionalisierung der Unternehmensführung notwendig. Ein weiterer Katalysator für die Weiterentwicklung des Controllings war der zweite Weltkrieg. Die Handhabung und Steuerung großer Organisationen und die damit einhergehenden Herausforderungen zeigten die Evidenz eines ganzheitlichen Informations- und Steuerungsansatzes. So mussten beispielsweise erstmalig große globale logistische Versorgungssysteme aufgebaut und betrieben werden.

Ein zentraler Aspekt in Bezug auf die Analyse und Entwicklung des Controllings über die Zeit war immer die Frage nach den zuordenbaren bzw. zuzuordnenden Aufgaben. Als Beispiel sei hier die Sichtweise des Controllers Institute of America in Bezug auf die Aufgaben der betrieblichen Funktion Controlling, im Jahr 1949 genannt:

1. Verantwortung für die gesamte Planung,
2. Planreview,
3. Überwachung der Planziele und der Performance des Rechnungswesens,
4. Ausführung von Steuersachen und externes Reporting,
5. Monitoring externen Einflussfaktoren,
6. Interne Überwachung.

Eine andere, kompakte Darstellung der grundsätzlichen Controllingaufgaben aus den 1940er-Jahren stammt von Jackson (Jackson 1949):

1. Accounting function,
2. Auditing function,
3. Tax function,
4. Interpretative function.

Der Überblick zu den Controllingaufgaben in dieser Zeit zeigt, dass dem Controlling die Verantwortung für alle Aufgaben des Rechnungswesens zugewiesen wird, sowohl für das interne als auch das externe Rechnungswesen. Die weiterführenden Aufgaben sind darüber hinaus hauptsächlich auf die Sammlung und Verarbeitung von quantitativ-monetären Daten und Informationen fokussiert. Die aufgelistete „Interpretationsfunktion" gibt eine erste Indikation für einen ganzheitlicheren Ansatz des Controllings, der auch nicht-quantitativ-monetäre Daten umfasst. Eine interessante Aussage, insbesondere aus deutscher Perspektive, ist folgende: Controlling ist

> » the coordination function in a business, working in a detached and unbiased way, and charged with the responsibility of planning for profits and providing suitable profit control machinery. It is the investigative, analytical, suggestive, and advisory function, studying the business at all points all the time, and formulating what the proposed practice should be with references to sales and production control as well as financial control, which when accepted or modified by the executive management, becomes the approved practice for use by the performance or „line" function (Schneider 1993, S. 52).

Die Veröffentlichung von Jackson gibt einen weiteren interessanten Einblick in die (Weiter-) Entwicklung des Controllings in dieser Zeit (Jackson 1949). Der Autor gibt einen Überblick über die Entwicklung der „Comptrollership". Des Weiteren leitet er eine Definition ab, teilweise basierend auf empirischen Daten hinsichtlich Funktion, Organisation und persönlichen Qualifikationen. Die Gründe für die Entstehung des Controllings werden darüber hinaus in den beiden folgenden Aussagen illustriert:

» The comptrollership may be considered, therefore, as a logical outgrowth of the offices of secretary and treasurer when it became necessary, because of the large volume of accounting work involved, or advantageous for other reasons, to separate the accounting functions from the secretarial and financial functions of the corporate business (Jackson 1949, S. 9).

» While the comptroller's major function is to serve as the „officer in charge of the accounts," it has been common practice in corporate affairs to assign him various additional duties for which his training and experience have especially qualified him (Jackson 1949, S. 23).

Die Aussagen zeigen, dass Controlling, in dieser Phase, stark im Rechnungswesen verankert ist bzw. das Rechnungswesen als der Ursprung gesehen wird. Darüber hinaus wird offensichtlich, dass die Zunahme an Aufgaben eine Spezialisierung notwendig machte. Gleichzeitig wurde es erforderlich, das Spektrum an zu beschaffenden und zu verarbeitenden Informationen, über rein quantitativ-monetäre hinaus, auszuweiten.

Am Ende der 1950er-Jahre nahm die Internationalisierung zu und es gab Aktivitäten das Controlling klarer herauszuarbeiten und abzugrenzen. Dieser Trend war auch im akademischen Bereich erkennbar. Im Rahmen der Internationalisierungs- und Fundierungsphase (1950–1980) kam das Controlling, sowohl als betriebliche Funktion, als auch in Bezug auf die akademische Auseinandersetzung mit der Thematik, nach Deutschland. Die Veränderung der Markverhältnisse, von Verkäufer-, hin zu Käufermärkten, sowie signifikante Auswirkungen durch die Ölkrise und die anhaltende Globalisierung, erzeugten einen zusätzlichen Bedarf nach Unterstützung und Verbesserung in Bezug auf das Management privatwirtschaftlicher Unternehmen. Die folgenden Aspekte sind kennzeichnend für diese Phase der Controllingentwicklung:

- Hoher Druck auf Unternehmen aufgrund von Krisen und der Zunahme der Wettbewerbsintensität.
- Weitere Internationalisierung der unternehmerischen Aktivitäten sowie die Erschließung neuer Märkte.
- Technologische Neuerungen, insbesondere in der Informationstechnologie (Hard- und Software), mit einer daraus resultierenden signifikanten Verbesserung der Datenverarbeitung.
- Neue wissenschaftliche Erkenntnisse, insbesondere auf den Feldern der System- und Entscheidungstheorie.
- Weitere Verschärfung der Berichtspflichten und anderer rechtlicher bzw. normativer Anforderungen und Standards.

Im Ergebnis konzentrierte sich die Weiterentwicklung der Aufgaben, Instrumente und Organisation des Controllings auf diese neuen Herausforderungen. Die Interpretationsfunktion nahm in der Internationalisierungs- und Fundierungsphase eine zentrale Bedeutung im Aufgabenspektrum des Controllings ein. Die sich verändernden Rahmen- und Umweltbedingungen waren dafür der Hauptgrund. Diese zwangen das Management den betrieblichen Entscheidungsprozess zu verbessern, um die verfügbaren Ressourcen besser allokieren zu können. Voraussetzung hierfür war die Verfügbarkeit besserer Informationen, neben quantitativ-monetären auch quantitativ-nichtmonetäre und qualitative. Die Debatte dieser Periode, in Theorie und Praxis, führte zu einer signifikanten Vergrößerung der Konzepte, Ansätze und Lösungsoptionen. Ausgehend von diesen Veränderungen definierte das „Controllers Institute of America", welches 1962 in „Financial Executives Institute" umbenannt wurden war, die Aufgaben der „Financial Executives" wie folgt:

1. Planung,
2. Bereitstellung von Kapital,
3. Administration der (Geld-) Mittel,
4. Rechnungswesen und Steuerung,

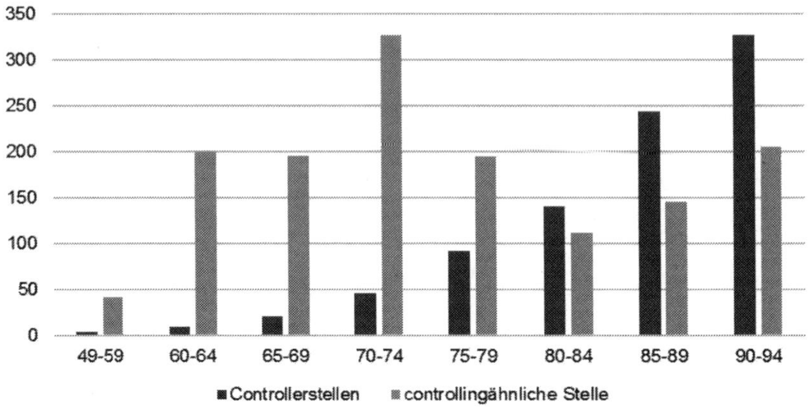

Abb. 8.2 Entwicklung der Controllerstellen und controllerähnlichen Stellen in Deutschland. (Becker et al. 2014, S. 19)

5. Sicherung des Vermögens,
6. Abwicklung steuerlicher Aspekte,
7. Investor Relations,
8. Bewertung und Beratung,
9. Verantwortung für Managementinformationssysteme.

Interessant an dieser Aufgabenzuordnung ist, dass die Aufgaben der „Controllership" mit denen der „Treasurership" gebündelt werden. Diese waren in vorhergehenden Beschreibungen grundsätzlich getrennt. Dieser Aspekt kommt später, insbesondere in der akademischen Diskussion zum Tragen, wenn es um die Frage geht, ob Controlling eine eigenständige betriebliche Funktion ist oder nicht. Des Weiteren sind die Aufgaben deutlich breiter gefasst, insbesondere gehen sie deutlich über rein quantitativ-monetäre Daten und Informationen hinaus.

Die sich daran anschließende Boomphase, die circa 1980 begann, war insbesondere durch eine neue Qualität an Herausforderungen für das Management geprägt. Die folgenden Merkmale spiegeln diese wider:

- Zunahme der Dynamik und Komplexität, sowohl in den Heimatmärkten als auch im internationalen Wettbewerb.
- Verkürzung der Produktlebenszyklen, kombiniert mit der Erhöhung des Innovationsdrucks.
- Erhöhte Wettbewerbsintensität macht eine permanente Verbesserung der Effektivität und Effizienz notwendig.
- Weitere signifikante Verbesserungen in der Informationstechnologie.
- Fall des „Eisernen Vorhangs".
- Neue Managementansätze, -konzepte und -instrumente.

Die Inhalte der Stichpunkte sind nicht zwingend neu, jedoch nahm die Intensität in den 1980er und 1990er-Jahren weiter stark zu, was den Druck auf das Management und die Führungskräfte weiter anwachsen ließ.

Die siebziger und achtziger Jahre hatten auch eine enorme Bedeutung für die Entwicklung des Controllings in Deutschland. Das erste Lehrbuch zum Thema „Controlling" wurde 1979 durch Peter Hórvath veröffentlicht. Hórvath erhielt 1973 den Ruf auf die erste Controllingprofessur in Deutschland und ist einer der wichtigsten Vertreter der Disziplin in Deutschland.

Aus der Praxisperspektive waren die Gründung der „Controller Akademie", 1972, und der Start des „Controller Magazins" zwei wichtige Meilensteine zur Verankerung und Weiterentwicklung des Controllings in Deutschland. Die „Boomphase" in Bezug auf das Controlling hält bis heute an.

Die Bedeutungszunahme des Controllings über den Zeitraum 1949 bis 1994 wird durch die Entwicklung der Controllerstellen und controllerähnlichen Stellen in Deutschland unterstrichen (siehe Abb. 8.2). In beiden Bereichen ist über die Zeit eine deutliche Zunahme zu verzeichnen, wobei insbesondere bei den originären Controllerstellen eine exponentielle Steigerung aus dem Diagramm ersichtlich wird. Die erste Institutionalisierung von Controllerstellen erfolgte in Tochtergesellschaften amerikanischer Unternehmen.

Im Anschluss an die Boomphase, ist seit circa 2010 ein verstärktes kritisches Hinterfragen des aktuellen Standes des Controllings zu verzeichnen. Dieser Abschnitt wird als Konsolidierungs- und Reflexionsphase bezeichnet und dauert bis heute an. Kennzeichnende Merkmale für die Entwicklung des Controllings sowie die für das Controlling maßgeblichen Rahmenbedingungen sind die folgenden:

- Die Wettbewerbsintensität aufgrund verschiedener Einflussfaktoren und Entwicklungen ist weiter hoch.
- Das Controlling ist als betriebliche Funktion in Unternehmen etabliert
- Die Divergenz der Interpretation und Ausgestaltung sowie das damit einhergehende Risiko der Beliebigkeit ist hoch.
- Möglichkeiten der Differenzierung und Fokussierung werden analysiert und diskutiert.

Auch der Trend, der in ▶ Abschn. 8.3 „Ausblick: Mögliche Entwicklungspfade des Controllings" skizziert wird, spiegelt dieses Hinterfragen wider. Kritischer Punkt ist dabei nicht mehr die Frage der Legitimation des Controllings, ob dieses notwendig, sinnvoll oder hilfreich ist. Der faktische Erfolg der letzten Jahrzehnte wird vielmehr als Risiko hinterfragt, ob aus dieser positiven Entwicklung eine (unendliche) Ausweitung der Aufgaben des Controllings und somit auch der Erwartungen an das Controlling folgt. Als Konsequenz würde sich entweder die Unmöglichkeit der Erfüllung der (unendlichen) Erwartungen oder Beliebigkeit ergeben. Beide Aspekte könnten die Akzeptanz und im schlimmsten Fall den Bestand der betrieblichen Funktion Controlling gefährden.

8.1.1 Übungsaufgaben: Historische Entwicklung des Controllings

1. Welcher Zeitraum wird als „Entstehungsphase" in Bezug auf das Controlling bezeichnet?

a. 1492–1914
b. 1550–1945
c. 1500–1930
d. 1600–1970
e. 1950–1980

2. Welche Aussagen in Bezug auf Ereignisse der „Entstehungsphase" des Controllings sind richtig?

a. Die ersten Controllerstellen wurden im privatwirtschaftlichen Sektor, insbesondere in Eisenbahnunternehmen, geschaffen.
b. Das Forschungsinstitut „Controllership Foundation" wurde gegründet.
c. Die ersten controllerähnlichen Stellen, genannt „Countrollour", wurden geschaffen.
d. Der „Comptroller", eine Stelle im öffentlichen Sektor, wurde durch ein Gesetz des amerikanischen Kongresses geschaffen und war für die Überwachung der Senatsmitglieder zuständig.

3. Welcher Zeitraum wird als „Aufbauphase" in Bezug auf das Controlling bezeichnet?

a. 1950–1980
b. 1914–1992
c. 1930–1960
d. 1930–1950
e. 1950–1980

4. Welche Aussagen in Bezug auf Ereignisse der „Aufbauphase" des Controllings sind richtig?

a. Im Jahr 1931 wurde das „Controllers Institute of America" gegründet.
b. Die Weiterentwicklung von der Entstehungs- zur Aufbauphase wurde insbesondere durch die große Finanz- und Wirtschaftskrise katalysiert.
c. Das Hauptziel des „Controllers Institute of America" und der „Controllership Foundation" war es Controlling nicht bekannt zu machen.
d. Die Aufbauphase wurde durch Unternehmen, Wissenschaftler und Controller in Deutschland entscheidend mitgeprägt.
e. Neue Lösungen im Bereich Informationstechnologie beschleunigten die Weiterentwicklung des Controllings.

5. Welche Aussagen in Bezug auf Ereignisse der „Internationalisierungs- und Fundierungsphase" des Controllings sind richtig?

a. Sie begann 1980 und hält bis heute an.
b. Sie ist zeitlich zwischen 1950–1980 einzuordnen.
c. Controlling wurde auch in Deutschland bekannt.

d. Von Deutschland, als Ursprung des Controllings, wurde die betriebliche Funktion weltweit bekannt.
e. Controlling wurde aufgrund der Globalisierung unbedeutender.

- **6. Welche Aussagen in Bezug auf Ereignisse der „Boomphase " des Controllings sind richtig?**

a. Sie begann 2000 und hält bis heute an.
b. In der Boomphase wurde allgemeine Akzeptanz hinsichtlich Zielen, Aufgaben und Definition von Controlling erreicht.
c. Der erste Artikel über Controlling wurde in Deutschland veröffentlicht.
d. Sie begann 1980 und dauerte bis 2010.
e. Die Bekanntheit und Bedeutung in Deutschland nahm stark zu.

- **7. Welche Aussagen in Bezug auf den Inhalt des Controllings sind falsch?**

a. Controlling ist nicht Kontrolle, sondern angelehnt an den Begriffsinhalt von „to control", steuern.
b. Controlling ist die Gegenüberstellung von Plan- und Ist-Daten.
c. „Control" umfasst neben dem Plan-Ist-Vergleich die Aspekte Ursachenanalyse, Ableitung von Optionen, Bewertung und Empfehlung.
d. Controlling soll nach Transparenz streben und das Management beraten.

- **8. Welche der folgenden Aufgaben wurden durch Jackson dem Controlling 1949 zugewiesen?**

a. Auditing function
b. Administrative function
c. Accounting function
d. Legal function
e. Interpretative function
f. Tax function
g. Consulting function

- **9. Welche Aussagen in Bezug auf die von Jackson definieren Aufgaben sind richtig?**

a. Controlling ist für das externe Rechnungswesen verantwortlich.
b. Controlling ist fokussiert auf quantitativ-monetäre Daten.
c. Controlling ist für das gesamte Rechnungswesen verantwortlich.
d. Controlling ist auf quantitativ-monetäre, quantitative und qualitative Daten fokussiert.

8.1.2 Lösungen zu den Übungsaufgaben: Historische Entwicklung des Controllings

Die richtigen Antworten sind „fett" hervorgehoben.

- **1. Welcher Zeitraum wird als „Entstehungsphase" in Bezug auf das Controlling bezeichnet?**

a. 1492–1914
b. 1550–1945
c. 1500–1930
d. 1600–1970
e. 1950–1980

- **2.Welche Aussagen in Bezug auf Ereignisse der „Entstehungsphase" des Controllings sind richtig?**

a. Die ersten Controllerstellen wurden im privatwirtschaftlichen Sektor, insbesondere in Eisenbahnunternehmen, geschaffen.
b. Das Forschungsinstitut „Controllership Foundation" wurde gegründet.
c. Die ersten controllerähnlichen Stellen, genannt „Countrollour", wurden geschaffen.
d. Der „Comptroller", eine Stelle im öffentlichen Sektor, wurde durch ein Gesetz des amerikanischen Kongresses geschaffen und war für die Überwachung der Senatsmitglieder zuständig.

- **3. Welcher Zeitraum wird als „Aufbauphase " in Bezug auf das Controlling bezeichnet?**

a. 1950–1980
b. 1914–1992
c. 1930–1960
d. 1930–1950
e. 1950–1980

- **4. Welche Aussagen in Bezug auf Ereignisse der „Aufbauphase" des Controllings sind richtig?**

a. **Im Jahr 1931 wurde das „Controllers Institute of America" gegründet.**
b. **Die Weiterentwicklung von der Entstehungs- zur Aufbauphase wurde insbesondere durch die große Finanz- und Wirtschaftskrise katalysiert.**
c. Das Hauptziel des „Controllers Institute of America" und der „Controllership Foundation" war es Controlling nicht bekannt zu machen.
d. Die Aufbauphase wurde durch Unternehmen, Wissenschaftler und Controller in Deutschland entscheidend mitgeprägt.
e. Neue Lösungen im Bereich Informationstechnologie beschleunigten die Weiterentwicklung des Controllings.

- **5. Welche Aussagen in Bezug auf Ereignisse der „Internationalisierungs- und Fundierungsphase" des Controllings sind richtig?**

a. Sie begann 1980 und hält bis heute an.
b. **Sie ist zeitlich zwischen 1950–1980 einzuordnen.**
c. **Controlling wurde auch in Deutschland bekannt.**
d. Von Deutschland, als Ursprung des Controllings, wurde die betriebliche Funktion weltweit bekannt.
e. Controlling wurde aufgrund der Globalisierung unbedeutender.

- **6. Welche Aussagen in Bezug auf Ereignisse der „Boomphase " des Controllings sind richtig?**

a. Sie begann 2000 und hält bis heute an.
b. In der Boomphase wurde allgemeine Akzeptanz hinsichtlich Zielen, Aufgaben und Definition von Controlling erreicht.
c. Der erste Artikel über Controlling wurde in Deutschland veröffentlicht.
d. **Sie begann 1980 und dauerte bis 2010.**
e. **Die Bekanntheit und Bedeutung in Deutschland nahm stark zu.**

- **7. Welche Aussagen in Bezug auf den Inhalt des Controllings sind falsch?**

a. Controlling ist nicht Kontrolle, sondern angelehnt an den Begriffsinhalt von „to control", steuern.
b. **Controlling ist die Gegenüberstellung von Plan- und Ist-Daten.**
c. „Control" umfasst neben dem Plan-Ist-Vergleich die Aspekte Ursachenanalyse, Ableitung von Optionen, Bewertung und Empfehlung.
d. Controlling soll nach Transparenz streben und das Management beraten.

- **8. Welche der folgenden Aufgaben wurden durch Jackson dem Controlling 1949 zugewiesen?**

a. **Auditing function**
b. Administrative function
c. **Accounting function**
d. Legal function
e. **Interpretative function**
f. **Tax function**
g. Consulting function

- **9. Welche Aussagen in Bezug auf die von Jackson definieren Aufgaben sind richtig?**

a. Controlling ist für das externe Rechnungswesen verantwortlich.
b. **Controlling ist fokussiert auf quantitativ-monetäre Daten.**
c. **Controlling ist für das gesamte Rechnungswesen verantwortlich.**
d. Controlling ist auf quantitativ-monetäre, quantitative und qualitative Daten fokussiert.

8.2 Der gegenwärtige Stand des Controllings

Neben der allgemeinen Beschreibung der historischen Entwicklung des Controllings erfolgt in diesem Abschnitt eine detaillierte Analyse des Status Quo in der Gegenwart. Dazu wird in die beiden Regionen USA und Deutschland/deutschsprachig differenziert, da die Entwicklung bis heute in beiden Bereichen unterschiedlich verlaufen ist und damit auch bedeutende Unterschiede hinsichtlich Aufgaben, Interpretation und Ausgestaltung zu verzeichnen sind. Der

Schwerpunkt liegt dabei auf dem deutschsprachigen Raum, da die diesbezüglichen Ansätze auch die Grundlage für die Ableitung des objektivierungsorientierten Controllingansatz bilden.

8.2.1 Die amerikanische Perspektive

Im folgenden Abschnitt wird zuerst der Stand in den USA in Bezug auf das Controlling und angrenzende Bereiche beschrieben. Basierend auf dieser Übersicht werden dann im darauffolgenden Abschnitt die Unterschiede zu Deutschland und dem deutschsprachigen Raum herausgearbeitet.

Das Gegenstück zum deutschen Wort „Controlling" ist der amerikanische Begriff „Management Accounting". Die amerikanischen Lehrbücher bzw. die amerikanische Theorie und Praxis bieten keine finale, allgemein anerkannte Definition für „Management Accounting". Grund dafür ist, ähnlich der Situation in Deutschland in Bezug auf Controlling, eine langanhaltende Diskussion und Auseinandersetzung zur inhaltlichen Ausformung. Zur Orientierung haben wir eine Abgrenzung von Horngren dargestellt.

Financial Accounting

… „provides financial statements that report results of operations, financial positions, and cash flow both to the managers and to external stakeholders: owners, creditors, suppliers, customers, the government, and society." (Horngren et al. 2012)

Managerial Accounting … „provides information to help managers plan and control operations as they lead the business. This includes managing the company's plant, equipment, and human resources. Managerial accounting often requires forward-looking information because of the futuristic nature of business decisions. Additionally, managerial accounting reports may contain proprietary (company specific, non-public) information, whereas financial reports do not." (Horngren et al. 2012)

Becker stellt die Definitionen von Atkinson et al. Und des Instituts der Management Accountants gegenüber:

» Management Accounting systems provide information, both financial and nonfinancial, to managers and employees inside an organization

» Management accounting is a profession that involves partnering in management decision-making, devising planning and performance management systems, and providing expertise in financial reporting and control to assist management in the formulation and implementation of an organization's strategy (Becker 2010).

Byrne/Pierce versuchen eine andere Sichtweise einzunehmen, indem sie neben einer Literaturanalyse Interviews durchführen, mit dem Ziel, neben der Theoriefundierung, eine breitere, allgemein anerkannte Perspektive zu erzeugen und daraus eine Definition für den Bereich des Management Accountings abzuleiten (Byrne und Pierce 2007).

Für die weitere Argumentation und Diskussion lege ich die Definition von Horngren sowie die in ◘ Abb. 8.3 aufgelisteten Merkmale als Maßstab zugrunde.

Vergleicht man die Merkmale in ◘ Abb. 8.3 mit den Funktionen, Aufgaben und Kriterien, die wir im vorhergehenden Abschnitt skizziert haben, wird offensichtlich, dass sich der Schwerpunkt für das Managerial Accounting über die Zeit deutlich verlagert hat. Die Zielgruppe ist intern. Die Daten und Informationen die verarbeitet und zur Unternehmenssteuerung genutzt werden sind sowohl quantitativ-monetäre, als auch qualitative und quantitative. Der Zeitbezug ist auf die Gegenwart und Zukunft ausgerichtet.

Die Unterscheidung der inhaltlichen Ausformung des Managerial Accountings auf der einen Seite in den USA und des Controllings auf der anderen Seite in Deutschland hat verschiedene Gründe. Zentral ist dabei der kulturelle Unterschied zwischen beiden Ländern, der sich natürlich auch auf das Geschäftsgebaren und Management auswirkt. In der Konsequenz ergab sich die abweichende Entwicklung in der Vergangenheit und dies wird sich auch in der Zukunft fortsetzen.

◘ Abb. 8.4 stellt verschiedene Verhaltens- und Herangehensweisen in den USA und Deutschland gegenüber. Zur Illustration soll ein Beispiel aus dem Bereich „Venture Capital Investments" skizziert wer-

	Financial Accounting	Managerial Accounting
Zielgruppe	extern: Aktionäre, Gläubiger, Steuerbehörden, Lieferanten, Kunden	intern: Management, Führungskräfte, Mitarbeiter
Ziel	a. Rechenschaft an externe Interessenten über Erfolg in der Vergangenheit b. Grundlage für Investitionen von Eigentümern und Kreditgebern	a. Unterstützung interner Entscheidungen b. Reflexion und Steuerung des operativen Geschäfts
Zeitbezug	Vergangenheit	Gegenwart und Zukunft
Rahmen-bedingungen	reguliert: Vorgaben durch Rechnungslegungsvorschriften und gesetzliche Regelungen	nicht reguliert: Inhalte und Systeme beruhen auf Vorgaben des Managements
Informationstyp	quantitativ-monetäre Finanzkennzahlen	qualitative, quantitative und quantitativ-monetäre Kennzahlen, hinsichtlich Prozessen, Technologie, Lieferanten, Kunden und Wettbewerbern
Art der Informationen	objektiviert, prüfbar, verlässlich, konsistent, genau	a. (mehr) subjektiv und wertend b. valide, relevant
Detaillierung	a. hoch-aggregiert b. ganzheitlich in Bezug auf das gesamte Unternehmen	a. detailliert b. Unterstützung dezentraler Entscheidungen

Abb. 8.3 Vergleich der Merkmale von Financial und Managerial Accounting. (In Anlehnung an Becker 2010)

Deutsche tendieren zu …	Amerikaner tendierten zu …
Angst vor Unsicherheit	Optimismus
sorgfältig und ordentlich	extrem vertraut und zwanglos
Perfektionismus	Pragmatiker
risikoavers	Bereitschaft Risiken einzugehen
Teamorientierung	Individualisten
effektiv und an Details arbeitend	effizient und schnell arbeitend
aufgabenorientiert	ergebnisorientiert
Langfristorientierung	Kurzfristorientierung
schätzen Lebensqualität	materialistisch und statusorientiert

Abb. 8.4 Unterschiede in der deutschen und amerikanischen Unternehmenskultur. (In Anlehnung an Becker 2010)

den, um die Folgen der unterschiedlichen Herangehensweisen herauszuarbeiten.

Abhängig von der Datenquelle variieren die Zahlen im Detail, jedoch ist eine Tendenz klar erkennbar: Start-ups in den USA haben deutlich leichter Zugang zu Risikokapital, als deutsche Unternehmen. Deutsche Investoren sind deutlich risikoaverser als amerikanische. Darüber hinaus arbeiten deutsche Unternehmen und Unternehmer häufig zu detailverliebt. Dies hindert die Unternehmen daran schnell mit neuen Produkten und Dienstleistungen in einen Markt vorzudringen und so „First-Mover-Vorteile" zu erlangen. Die Erlangung dieser Vorteile sind im Zeitalter der Digitalisierung umso wichtiger, da hier mehrheitlich der größte Anbieter mittel- und langfristig deutlich höhere Marktanteile und damit Wettbewerbsvorteile realisiert, als die nachfolgenden Marktteilnehmer. Das Verhalten wird häufig anhand eines deutschen Ingenieurs beschrieben. Diese haben die Tendenz zum „Over-Engineering" von Produkten und Lösungen. In der Konsequenz ergibt sich daraus nicht nur ein zeitlicher Effekt in Bezug auf einen verspäteten Markteintritt, es besteht darüber hinaus die Gefahr, dass die Erwartungen und Bedürfnisse des Kunden verfehlt werden.

Die Erkenntnisse hinsichtlich kultureller Besonderheiten hat somit auch Bedeutung für die das Verständnis von Controlling und der Ausgestaltung unternehmensspezifischer Systeme. Diese Schlussfolgerung baut auch auf den Erkenntnissen des ersten Teils des Buches auf, wo Gründe und Implikationen von Objektivität, Subjektivität und Objektivierung diskutiert wurden. Verhaltenswissenschaftliche Erkenntnisse müssen über den gesamten Prozess des Controllings, beginnend bei der Konzeptionierung, berücksichtigt werden.

Den Abschluss der Skizze des Status Quo zum Controlling/Managerial Accounting in den USA, bildet eine Auflistung kritischer Punkte in Bezug auf das Curriculum von in diesem Bereich handelnden Personen. Russell et al. haben in einer Studie anhand von sechs Dimensionen herausgearbeitet, welche Schwachpunkte vorliegen (Russell et al. 2000):

» 1. Course content and curricula. Accounting curricula are too narrow and often outdated or irrelevant. In too many cases, curricula are driven by faculty interests and not by the market. Students are not being properly exposed to the highly relevant concepts of globalization, technology, and ethics.
2. Pedagogy. The rule-based, memorization, test-for-content, and prepare-for-certification exam model is inefficient, but, more importantly, it does not prepare students for the ambiguous world they will encounter after graduation.
3. Skill development. The current educational models focus too much on content at the expense of skill development (skills students need to become successful professionals).
4. Technology. Accounting is still taught as if information is expensive. Information is inexpensive, and that part of the curriculum devoted to information gathering and recording is wasteful and sends the wrong message to students. Students are not exposed enough to the impact of technology on business and the ways that technology can be leveraged to make business decisions.
5. Faculty development and reward systems. Accounting faculty are often isolated from business school peers and, more importantly, from business professionals. As a result, accounting faculty become more and more out of touch with market-based and competitive expectations.
6. Strategic direction. Change in all accounting programs has not been substantive or pervasive enough, and some of the changes have been made in the wrong direction, which has led to an increasing quality gap between programs. Because accounting has not continued to show leadership and provide direction, competition has increased and resulted in fewer resources for accounting programs.

Die Aufzählung zeigt, dass die Ausbildung von Controllern/Management Accountants nicht zeitgemäß ist. Dies ist insbesondere vor der Tatsache kritisch, dass die Diffusion neuer wissenschaftlicher Erkenntnisse in die Praxis Zeit braucht und insbesondere dadurch getrieben wird, dass gut und modern ausgebildete Mitarbeiter in Unternehmen kommen und dann in verantwortlichen Führungspositionen das Gelernte auch anwenden. Die Änderung von Denk- und Verhaltensweisen nimmt mit zunehmendem Alter ab. Voraussetzung damit dies überhaupt geschehen kann, ist der subjektive Wille zur Veränderung sowie zu verlernen, um für Neues offen zu sein. Deshalb dominieren die Fähigkeiten und das Wissen, die in der frühen Phase der beruflichen Entwicklung erworben werden das gesamte Berufsleben. Um diesem Fakt zu begegnen ist es notwendig, auf der einen Seite die Ausbildung, hier des Controllings, an die neusten wissenschaftlichen Erkenntnisse anzupassen und darüber hinaus auch im Rahmen der Weiterbildung aktuelles Wissen zu vermitteln und durch lebenslanges Lernen, zumindest teilweise, die neusten Erkenntnisse auch im fortgeschrittenen Berufsleben zu erlangen.

8.2.2 Die deutsche Perspektive

Ziel des folgenden Abschnitts ist es, die Entwicklung im Bereich Controlling in Deutschland zu skizzieren. Wie eingangs ausgeführt, war die Diskussion über einige Jahrzehnte in Deutschland sehr intensiv und hat die Sichtweise des Autors nachhaltig

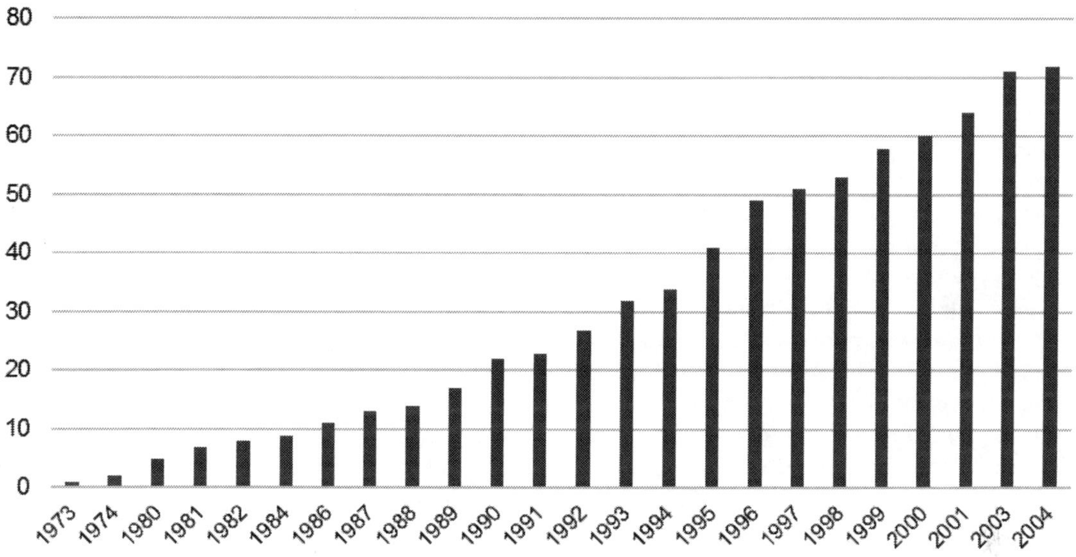

Abb. 8.5 Anzahl der Controllingprofessuren an deutschen Universitäten. (Binder und Schäffer 2005)

geprägt. Der im Weiteren abgeleitete „Objektivierungsorientiere Controllingansatz" basiert somit auf der Theorieentwicklung zum Bereich Controlling in Deutschland.

8.2.2.1 Ausgangssituation

Im Rahmen der Internationalisierungs- und Fundierungsphase hielt das Controlling auch in Deutschland Einzug. Die erste Professur an einer deutschen Universität wurde 1973 geschaffen und mit Peter Horváth besetzt. Abb. 8.5 zeigt die weitere Entwicklung der Anzahl der Controllingprofessuren an deutschen Universitäten bis 2004.

Bis 1990 ist nur die Entwicklung in Westdeutschland dargestellt, danach für Deutschland insgesamt, inklusive der neuen Bundesländer. Das signifikante Wachstum von einer Professur im Jahr 1973 auf 72 Professuren 2004 spiegelt die Bedeutungszunahme wider. Die Vielzahl an Wissenschaftlern die sich mit der betrieblichen Funktion „Controlling" auseinandersetzen ist ein Grund für den intensiven Diskurs in Bezug auf Controlling in Deutschland bzw. dem deutschsprachigen Raum. Zu dieser Diskussion haben auch Vertreter aus Österreich und der Schweiz beigetragen. Die 1970er-Jahre stellen somit für Deutschland in Bezug auf die betriebliche Funktion „Controlling" den Ausgangspunkt einer spezifischen Entwicklung dar.

Auch wenn es in den 1990er-Jahren das Ziel gab, ein gemeinsames Verständnis („Generally Accepted Controlling Principles") in Bezug auf Controlling zu entwickeln, ist zu konstatieren, dass die Protagonisten keinen gemeinsamen Nenner gefunden haben, auf den sie sich hätten einigen können. Die Dynamik im Bereich der Wissenschaft, insbesondere neue Erkenntnisse der Verhaltenswissenschaften, sowie die Auswirkungen der fortschreitenden Globalisierung, und die Notwendigkeit, dass ein Wissenschaftler, insbesondere ein Professor, sich in der Wissenschaftslandschaft positionieren muss, sind die Hauptgründe für die langanhaltende und sich fortsetzende Diskussion in Bezug auf (Haupt-) Ziele und Aufgaben sowie Instrumente und Organisation des Controllings.

8.2.2.2 Bewertungsmaßstab für Controllingkonzeptionen

In der Literatur werden verschiedene Ansätze und Konstrukte vorgeschlagen, anhand derer das Controlling konzeptualisiert werden kann. Horváth skizziert vier Aussagensysteme (terminologische, deskriptive, empirisch-kognitive und praxeologische) mittels derer der Bereich Controlling wissenschaftlich analysiert und gestaltet werden kann (Horváth 2011). Vesper leitet, basierend auf den Vorgehensweisen von Küpper (Küpper 2005) und Pietsch (Pietsch

2003), die theoretische Fundierung, Präzision, Konsistenz und empirische Gültigkeit als Anforderungen ab. Küpper definiert die drei Kriterien eigenständige Problemstellung, theoretische Fundierung und Bewährung in der Praxis als zu erfüllende Merkmale für einen eigenständigen betriebswirtschaftlichen Bereich (Küpper 2008). Im weiteren Verlauf der Argumentation werden die drei Kriterien von Küpper als Maßstab, den eine Controllingkonzeption erfüllen muss, angenommen. Die Ergänzung von Vesper um die Anforderung Präzision, hinsichtlich der Elemente funktional, instrumentell und institutionell, kommt hier nicht zum Tragen (Vesper 2014). Diese Bereiche werden vielmehr im Rahmen der Bestandteile eines Controllingsystems mit verortet.

Die Definition eines Controllingsystems verfolgt das Ziel, eine abstrakte Strukturierung der Elemente (als Subsysteme) vorzunehmen, die miteinander interagieren. Mittels dieser systemtheoretischen Fundierung kommen insbesondere die Vorteile Anschlussfähigkeit, Vergleichbarkeit, Möglichkeit der Komplexitätsreduktion durch Teilsystembildung und Erhöhung der Akzeptanz in der Praxis zum Tragen (Fischer-Winkelmann und Mäder 2003).

Das Controllingsystem wird von den Elementen aufgespannt, die zur controllingspezifischen Problemlösung notwendig sind. Initial ergibt sich somit die Spezifikation der Problemstellung des Controllings.

Ausgehend vom „Wirtschaften im Betrieb" als Erkenntnisobjekt der Betriebswirtschaftslehre (Wöhe und Döring 2008), verbunden mit der Annahme, dass der entscheidungstheoretische Ansatz primär der Ausdifferenzierung des Führungsprozesses dient (Hahn und Hungenberg 2001), welcher auf Informationen fußt, ergibt sich die Problemstellung des Controllings aus der Notwendigkeit die Schnittmenge von Informationsbedarf, -angebot und -nachfrage zu optimieren (Becker et al. 2014; Küpper et al. 2013; Horváth 2011, ► Abschn. 6.1.3).

Aufbauend auf der Problemstellung, als erstem Element des Controllingsystems, sind die Ziele des Controllings zu definieren und zu detaillieren. Hilfreich, sowohl bei der Zielbildung als auch bei Ausgestaltung und Umsetzung des Gesamtsystems, ist die vorgelagerte Ableitung einer Vision/Philosophie in Bezug auf das Controlling (Becker et al. 2014; Mäder 2010).

Die Vision gibt die langfristige, abstrakte Leitlinie vor, motiviert durch eine emotionale Komponente und dient der prinzipiellen Orientierung. Die weitere Zielkonkretisierung ist Voraussetzung für ein ergebnisorientiertes und damit effektives und effizientes Vorgehen.

Notwendige Elemente zur Zielerreichung bzw. Zieldurchsetzung sind Aufgaben, Organisation und Instrumente des Controllings. Aufgaben, hier verstanden als ausdifferenzierte Funktionen, umfassen die Inhalte der funktionalen Betrachtung, welche zwingend vorzunehmen ist und somit als Element eines Controllingsystems evident ist. Das Element Organisation, welches in die beiden Bereiche Ablauf- und Aufbauorganisation unterschieden wird, geht von einer grundsätzlich prozessorientierten Organisationsgestaltung aus. Hinsichtlich des Controllings ist zu klären, ob und wie die Institutionalisierung erfolgt sowie wie die Einbindung in den Entscheidungs- und Managementprozess vorzunehmen ist. Abschließendes Element eines Controllingsystems sind die Instrumente, welche zur Aufgabenrealisierung heranzuziehen sind.

8.2.2.3 Beschreibung wichtiger deutscher Controllingansätze

In ◘ Abb. 8.6 sind die hier relevanten Controllingkonzeptionen zusammenfassend dargestellt. Neben dem originären Beitrag wurden in die Analyse die Quellen aufgenommen, die bis Ende 2014 veröffentlicht wurden (Hahn und Hungenberg 1974, 2001; Horváth 1978, 2011; Reichmann 1985; Reichmann et al. 2011; Küpper 1987; Küpper et al. 2013; Becker 1990; Becker et al. 2014; Weber und Schäffer 1999, 2014; Pietsch 2003; Pietsch und Scherm 2001, 2004; Lingnau 2004, 2006; Link 2004). Im Vergleich zur Aufbereitung von Wall (Wall 2008) wurde die Auswahl nicht lehrbuchorientiert sondern nach Eigenständigkeit sowie Neuartigkeit des Ansatzes vorgenommen. Die Veröffentlichungen von Ewert/Wagenhofer (Ewert und Wagenhofer 2005), Friedl (Friedl 2003), Littkemann (Littkemann 2006) und Ossadnik (Ossadnik 2003) wurden somit nicht in die Analyse einbezogen, ebenso wie Fragmente, Grobskizzen oder Ansätze, die in der betriebswirtschaftlichen Diskussion kaum zum Tragen gekommen sind. Anzumerken gilt es, dass für die hier analysierte Auflagen der Ansätze von Küpper (Küpper

Verfasser	Hahn / Hungenberg	Horváth	Reichmann	Küpper	Becker	Weber / Schäffer	Pietsch / Scherm	Lignau	Link
Ausrichtung	Ergebnisorientierte Aufbereitung von Führungsinformationen	Ergebnisziel- und Koordinationsorientierung	Informationsorientierung zur Planung, Koordination und Kontrolle	Zielgerichtete Koordination des Führungsgesamt-systems	Wertschöpfungs-orientierung des Controlling durch Abstimmung und Information	Rationalitätssicherung der Führung	Reflexionsorientierung des Controlling	Kognitionsorientiertung des Controlling	Kontributions-orientierung des Controlling
Cluster	informationsorientiert	koordinationsorientiert	informationsorientiert	koordinationsorientert	koordinationsorientert	verhaltensorientiert	verhaltensorientiert	verhaltensorientiert	koordinationsorientert
Analyse-grundlage	2001: PuK: Planung und Kontrolle, 6. Auflage	2011: Controlling, 12. Auflage	2011: Controlling mit Kennzahlen, 8. Auflage	2013: Controlling: Konzeption, Aufgaben, Instrumente, 6. Auflage	2014: Wertschöpfungsorientiertes Controlling, 1. Auflage	2014: Einführung in das Controlling, 14. Auflage	2004: Reflexionsorientiertes Controlling, in: Scherm / Pietsch (Hrsg.): Controlling	2006: Controlling - Ein kognitionsorientierter Ansatz, Working Paper, 2. Auflage	2004: Präzisierung und Ergänzung der Koordinationsorientierung: Der kontributionsorientierte Ansatz, in: Scherm / Pietsch (Hrsg.): Controlling
Erster Ansatz	1974: PuK: Planung und Kontrolle, 1. Auflage	1978: Controlling. Entwicklung und Stand einer Konzeption zur Lösung der Adaptions- und Koordinationsprobleme der Führung, in: Zeitschrift für Betriebswirtschaft	1985: Grundlagen einer systemgestützten Controlling-Konzeption mit Kennzahlen, in: Zeitschrift für Betriebswirtschaft	1987: Konzeption des Controlling aus betriebswirtschaftlicher Sicht, in: Scheer (Hrsg.): Rechnungswesen und EDV	1990: Funktionsprinzipien des Controlling, in: Zeitschrift für Betriebswirtschaft	1999: Sicherstellung der Rationalität von Führung als Aufgabe des Controlling?, in: Die Betriebswirtschaft	2001: Die Reflexionsaufgabe im Zentrum des Controlling, in: Kosten-rechnungspraxis	2004: Controlling - Ein kognitionsorientierter Ansatz, Working Paper, 1. Auflage	2004: Präzisierung und Ergänzung der Koordinationsorientierung: Der kontributionsorientierte Ansatz, in: Scherm / Pietsch (Hrsg.): Controlling
Einteilung	ergebniszielorientiert	koordinationsorientiert	informationsorientiert	koordinationsorientert	wertschöpfungsorientiert	rationalitätsorientiert	reflexionsorientiert	kognitionsorientiert	kontributionsorientiert
Ziel / Definition	S.272: Informationelle Sicherung ergebnisorientierter Planung, Steuerung und Überwachung des gesamten Unternehmens-geschehens, verbunden mit einer Koordintationsfunktion (Integrations- bzw. Systemgestaltungs-funktion)	S.129: Subsystem der Führung, das Planung und Kontrolle sowie Informationsersorgung systembildend und systemkoppelnd ergebniszielorientiert koordiniert und so die Adaption und Koordination des Gesamtsystems unterstützt	S.12: zielbezogene Unterstützung von Führungsaufgaben, zur systemgestützten Informationsbeschaffung und Informations-verarbeitung für Planung, Koordination und Kontrolle	S.33ff: Zielgerichtete Koordination des Führungsgesamt-systems mit den Teilsystemen Planung, Kontrolle, Personal, Organisation und Information	S.60f: Controlling ist primär ein Führungsinstrument zur Unterstützung der Unternehmensführung bei der Wertschöpfung. Derivative Aufgaben sind dabei Abstimmung und Information	S.47f: Controlling dient der Rationalitätssicherung im Rahmen der Koordination durch Pläne	S.536: Controlling ist eine Führungsfunktion, die Entscheidungen reflektiert, die im Rahmen anderer Führungsfunktionen getroffen wurden	S.1ff: Unterstützung des Managements durch die standardisierte und fallweise Bereitstellung relevanten, sekundären Wissens	S.419: Führungsunter-stützung durch strukturelle und fallweise Entscheidungsfundierung, -reflexion und Koordinationsentlastung

Abb. 8.6 Übersicht eigenständiger deutschsprachiger Controllingkonzeptionen

et al. 2013) und Reichmann (Reichmann et al. 2011) beide Autoren nicht mehr Alleinverfasser sind, sondern den Autorenkreis jeweils erweitert haben.

Die Systematisierung der Ansätze in der Literatur erfolgt mehrheitlich durch die Zuordnung zu bestimmten Problemlösungsclustern, wobei diese wiederum spezifische Ausprägungen haben können (z. B. rechnungswesenorientiert/eingeschränkt informationsorientiert, zielsystemorientiert, gewinn- bzw. ergebniszielorientiert, führungsprozessorientiert, informationsorientiert, koordinationsorientiert, verhaltensorientiert, rationalitätsorientiert oder kognitionsorientiert). Hier wird anhand einer Dreiteilung in informationsorientiert, koordinationsorientiert und verhaltensorientiert die Entwicklung der konzeptionellen Controllinggrundlagen skizziert.

Die informationsorientierten Konzeptionen (Hahn/Hungenberg, Reichmann) fokussieren auf ergebniszielorientierte, entscheidungsrelevante Informationen. Kernaufgabe ist die betriebliche Informationswirtschaft, welche in allen Controllingkonzeptionen ein zentraler Bestandteil ist. Begründet wird diese Konzeption insbesondere durch die Nachfrage der Praxis nach umfassenden Informationen als Entscheidungsgrundlage, da das traditionelle Informationsangebot als unzweckmäßig und ungenügend in Bezug auf die Entscheidungsrelevanz wahrgenommen wird (Vesper 2014). Die Hauptkritik an der informationsorientierten Konzeption richtet sich darauf, dass die Aufgaben und Inhalte keine Neuerungen darstellen und die Controllingpraxis oft ein deutlich breiteres Spektrum an Aufgaben wahrzunehmen hat (Henseler et al. 2006). Insbesondere wird hier ein Abgrenzungsproblem zum entscheidungsorientierten Rechnungswesen und der betrieblichen Informationswirtschaft identifiziert (Weber und Schäffer 2014). Spezifisch in Bezug auf die Konzeption von Reichmann wird kritisiert, dass die theoretische Fundierung fehlt, insbesondere die Notwendigkeit hinsichtlich Funktion und Institutionalisierung sowie Verortung innerhalb der Betriebswirtschaftslehre (Winter 2008).

Die koordinationsorientierten Controllingkonzeptionen (Horváth, Küpper, Becker, Link) fokussieren auf die „Koordination", welche allgemein als die Abstimmung bestimmter Einzelentscheidungen, ausgerichtet auf ein gemeinsames Ziel verstanden wird. Die hierbei spezifisch dem Controlling zugewiesene Koordinationsfunktion zielt dabei darauf ab, als Sekundärkoordination, dass Führungssystem auf die Unternehmensgesamtziele auszurichten. Davon ist die Primärkoordination zu unterscheiden, „... mit der das Führungssystem seinerseits das Ausführungssystem koordiniert." (Wall 2008). Die koordinationsorientierten Controllingkonzeptionen wurden intensiv, insbesondere um die Jahrtausendwende, diskutiert und werden vor allem hinsichtlich der Zuschreibung eines quasi Metamanagements zum Controlling sowie damit einhergehenden Abgrenzungsproblemen zum Management sowie der Unternehmensführung kritisiert (Winter 2008; Henseler et al. 2006). Dieser Ansatz würde somit zwingend eine institutionelle Verankerung des Controlling mit Weisungsbefugnis gegenüber den anderen Instanzen nach sich ziehen, was kaum praktikabel erscheint.

Neuere Controllingkonzeptionen greifen mehrheitlich die erkannten Limitierungen der handelnden Subjekte auf und versuchen Lösungsmöglichkeiten für diese Defizite zu unterbreiten. Dieser Bereich wird unter verhaltensorientiertem oder behavioral Controlling zusammengefasst. Sowohl die rationalitätsorientierte, die reflexionsorientierte als auch die kognitionsorientierte Controllingkonzeption setzen sich mit diesen auf Verhalten beruhenden Herausforderungen auseinander.

Das Konzept der Rationalitätssicherung (Weber/Schäffer) der Führung, stellt den Erkenntnisprozess von Führungskräften ins Zentrum der Betrachtung, welchem die zentrale Annahme immanent ist, dass die kognitiven Fähigkeiten der handelnden Personen durch Wollens- und Könnensdefizite limitiert sind. Der Ansatz wird insbesondere hinsichtlich seiner Unschärfe und den sich daraus ergebenden Abgrenzungs- und Definitionsproblemen, beispielsweise in Bezug auf Funktionen und Aufgaben, kritisiert (Irrek 2001; Vesper 2014). Darüber hinaus wird in Frage gestellt, ob Controller vollkommen rational denken und handeln können, was im Zweifel die Aufgabenerfüllung unmöglich macht (Henseler et al. 2006). Des Weiteren wird Rationalitätssicherung nicht als eigenständige Aufgabe angesehen, vielmehr ist dies bereits in der Ergebniszielorientierung, welche grundsätzlich bei allen Controlling-Konzeptionen vorhanden ist, enthalten. Ebenso ist die instrumentelle Ausgestaltung dieser Konzeption fraglich.

Als Alternative schlägt Lingnau den kognitionsorientierten Controllingansatz vor, der auf die optimale Gestaltung des Problemlösungsprozesses abzielt. Dabei hat das Controlling die Aufgabe, Entscheidungsträgern, ergänzend zu ihrem primären (subjektiven) Wissen, sekundäres Wissen zur Verfügung zu stellen (Lingnau 2006). Kritisch an diesem Ansatz ist insbesondere, dass Wollensdefizite unberücksichtigt bleiben sowie durch die Einführung des „Wissensaspektes", alternativ zu Informationen, zusätzliche Abgrenzungsprobleme geschaffen werden und darüber hinaus die Komplexität erhöht (Mäder und Hirsch 2009).

Der reflexionsorientierte Ansatz sieht die Reflexionsaufgabe als eigenständige Führungsfunktion an, wobei die Reflexion als Voraussetzung für Flexibilität, Lernen und Anpassungsfähigkeit von Unternehmen gesehen wird, weshalb diese zentrale Bedeutung für den Unternehmenserfolg hat (Pietsch und Scherm 2004). Dieser Ansatz der Resilienzunterstützung setzt voraus, dass verhaltenswissenschaftliche Aspekte mit Berücksichtigung finden. Die dem reflexionsorientierten Controllingansatz zugeschriebene Führungsfunktion impliziert den bereits bei den koordinationsorientierten Konzeptionen kritisierten Metamanagementanspruch (Schneider 2005). Darüber hinaus stellt sich die Frage, ob die Beschränkung der Controllingaufgaben auf die um die Perspektivensicht erweiterte Kontrolle sinnvoll und zielführend ist.

8.2.2.4 Diskussion des aktuellen Stands zu den deutschen Controllingansätzen

Nach der Skizze zentraler Controllingkonzeptionen wird im folgenden Abschnitt der aktuelle Stand diskutiert, um kritische Elemente, Defizite aber auch Gemeinsamkeiten herauszuarbeiten. Neben der übergreifenden Betrachtung des Diskurses in Bezug auf die Ausformung und theoretische Fundierung des Controllings als betriebswirtschaftliche Disziplin, folgt die Auseinandersetzung mit weiteren Themen, die im Rahmen der Controlling-Konzeptualisierung von Relevanz sind.

Betrachtet man die Beteiligten an der Diskussion, sind grundsätzlich zwei Arten an Diskutanten und Kritikern auszumachen. Auf der einen Seite die Vertreter einer spezifischen Controllingkonzeption, welche die anderen Ausführungen kritisch analysieren und auf der anderen Seite die Betriebswirtschaftler, die keinem Lager direkt zuzuordnen sind, wobei letztere meist, basierend auf einer umfassenden Kritik, abstrakte Empfehlungen und Anregungen für den Gesamtbereich der Controlling-Theorie geben.

Zu letzterem Bereich zählen beispielsweise Schneider und Kappler (Schneider 2005; Kappler 2002) deren Sichtweisen im vorhergehenden Abschnitt ausgespart wurden, jedoch nunmehr hier in die konsolidierende Betrachtung mit einfließen. Der von beiden vorgenommene Perspektivwechsel der Betrachtung sowie ein hohes Maß an kritischer Distanz bringen interessante Aspekte und Anregungen hervor. Neben gleichlautender Kritik Koordination reiche als Theoriebasis für das Controlling nicht aus, Rationalitätssicherung sei zu abstrakt und „nicht vollständig beschreibbar" (Kappler 2002) sowie Controlling wolle „als Supermann über allen anderen in einer Unternehmung" (Schneider 2005) stehen, werden Anregungen für die Zukunft gegeben. Zum einen empfiehlt Schneider die stärkere Verknüpfung von Theorie (Erklärungsansätze) und Konzeptionen (Gestaltungsansätze), welche hypothesenbasiert ein verbindliches Konstrukt aufspannen, welches falsifizierbar und damit auch adaptierbar ist. Darüber hinaus versucht Kappler den Kern des Controlling als „Bewegung, Perspektivwechsel, Differenzproduktion und Veränderung" (Kappler 2002) einzugrenzen. Voraussetzung für diese Funktion wäre eine kritische Distanz, hier verstanden in Bezug auf das Controlling als Praxis. Eine ebensolche kritische Distanz ist jedoch auch für das Controlling als Theorie notwendig. Ein zu starker Anwendungsbezug ist für die Theorie und Praxis des Controllings in doppelter Hinsicht fatal. Auf der einen Seite geht die Praxis voraus, identifiziert neue Herausforderungen und liefert Lösungen, jedoch muss das Controlling als Theorie, wenn es seine primären Funktionen Beobachtung, Analyse, Nachdenken und Ableitung optimaler Handlungsempfehlungen wahrnehmen will, eine kritische Distanz zur Praxis wiedergewinnen, was im Zweifel auch die temporäre Rehabilitation des Elfenbeins rechtfertig (Freimann 1994). Auf der anderen Seite kann der von Kappler skizzierte Kern, der sich auch in Begrifflichkeiten wie Reflexion, Business Partner oder Sparringspartner wiederfindet, nicht realisiert werden, wenn das Controlling und damit die handelnden Personen eine immer größere Aufgabenvielfalt zugewiesen bekommen oder für sich beanspruchen. In beiden Fällen wirkt die Involvierung, in die Praxis bzw. die Unternehmensführung, limitierend, was in der Folge zu suboptimalen Lösungen führt.

Reflektiert man den Diskurs des Controllings anhand der in ► Abschn. 8.2.2.2 definierten Bestandteile eines Controllingsystems (Problemstellung, Vision, Ziele, Aufgaben, Organisation und Instrumente) kommt man zu folgendem Ergebnis: Die originäre Problemstellung über alle Konzeptionen hinweg ist eine entscheidungstheoretische, welche das Auseinanderfallen von Informationsbedarf, -angebot und -nachfrage adressiert. Weber formuliert hierzu treffend

> Die Informationsversorgung stellt damit eine grundlegende Controlleraufgabe dar, auf der andere Aufgaben aufbauen. Dieser grundsätzlichen Bedeutung entspricht auch der erhebliche Zeitumfang, den Controller in der Praxis auf die Sammlung und Bereitstellung führungsrelevanter Informationen verwenden (Weber und Schäffer 2014).

Die weitergehende Analyse ergibt wiederum Abweichungen, begründet durch die unterschiedlichen Aufgaben, die dem Controlling später zugewiesen werden.

Hinsichtlich der Vision bleiben die meisten Ansätze vage bzw. setzen erst bei der Zieldefinition an. Die Konzeptionen können jedoch grundsätzlich, in Abhängigkeit vom Maß an Umweltdynamik, in passiv-vergangenheitsorientiert, aktiv-zukunftsorientiert und innovativ-antizipativ unterschieden werden (Becker et al. 2014). Gemeinsamer Nenner ist ein systemtheoretischer Lösungsansatz, dessen Ausformung jedoch, widergespiegelt durch die spezifischen Aufgaben, divergiert. Gleichzeitig ist ein Wandel der Denkhaltung von einer vergangenheitserhaltenden zur einer zukunftsorientiert-gestaltenden zu beobachten (Horváth 2011).

Die Controlling-Ziele können ebenso auf eine gemeinsame Basis zurückgeführt werden. Becker/Baltzer stellen zentrale Controllingkonzeptionen anhand der Kriterien Orientierungs- und Funktionsumfang gegenüber (Becker und Baltzer 2010). Aus der Darstellung ist ersichtlich, dass alle Ansätze erfolgszielorientiert sind. Der erweiterte Orientierungsumfang (Finanzziele, Wertschöpfungszweck, alle Unternehmensziele) schließt das Erfolgsziel mit ein. Elementare Unterschiede sind in den beiden Clustern Aufgaben sowie Organisation festzustellen. In Summe können folgende Kritikpunkte für die drei übergeordneten Controlling-Cluster Informations-, Koordinations- und Verhaltensorientierung extrahiert werden:

a. Informationsorientiert:
   - Aufgaben und Inhalte stellen keine Neuerungen dar,
   - Controllingpraxis hat ein deutlich breiteres Aufgabenspektrum wahrzunehmen,
   - Abgrenzungsproblem zum entscheidungsorientierten Rechnungswesen und der betrieblichen Informationswirtschaft,
b. Koordinationsorientiert:
   - Controlling als Metamanagement, mit den Konsequenzen: Abgrenzungsprobleme zum Management/der Unternehmensführung sowie institutionelle Verankerung mit Weisungsbefugnis gegenüber den anderen Instanzen,
c. Verhaltensorientiert:
   i. Rationalitätssicherung:
      – Unschärfe und sich daraus ergebende Abgrenzungs-/Definitionsprobleme und Zweifel an der eigenständigen Aufgabenstellung,
      – Infragestellung der Rationalitäts-Annahme,
      – Unklarheit der instrumentellen Ausgestaltung,
   ii. Kognitionsorientierung:
      – Nichtberücksichtigung von Wollens-Defiziten des Managements,
      – Einführung des „Wissensaspektes" schafft zusätzliche Abgrenzungsprobleme und erhöht die Komplexität,
   iii. Reflexionsorientierung:
      – Führungsfunktion impliziert kritisierten Metamanagementanspruch,
      – Beschränkung der Controllingaufgaben auf um die Perspektivensicht erweiterte Kontrolle.

Hinsichtlich der Controlling-Instrumente sind bei genauerer Betrachtung ebenfalls Divergenzen zu beobachten. Zwar ist die Übereinstimmung bei der Darstellung und Behandlung der Instrumente in Lehrbüchern hoch (Wall 2008), jedoch resultieren Abweichungen aus den unterschiedlichen Funktionen und abgeleiteten Aufgabenstellungen.

» Die planungs- und kontrollorientierte Controllingkonzeption führt zu der Tendenz, praktisch alle Planungs-, Kontroll- und Informationsinstrumente als Controlling-Instrumente aufzufassen. Dies erscheint äußerst unzweckmäßig und widerspricht der Anforderung einer einheitlichen und abgrenzbaren Problemstellung für das Controlling und seine Instrumente (Küpper 2008).

Stellt man die Ergebnisse gegenüber, ist ersichtlich, dass vor allem die Spezifizierung in Form von Aufgaben zu Abweichungen zwischen den Controllingkonzeptionen führt. Dies ist nicht verwunderlich, da das Thesenpapier von Küpper/Weber/Zünd, auch wenn es aus dem Jahr 1990 datiert, die grundsätzliche Bandbreite an Ausgestaltungsmöglichkeiten aufzeigt und diskutiert (Küpper et al. 1990). Auch die neueren, insbesondere verhaltensorientierten Ansätze können in vielen Bereichen verortet werden.

Zusammenfassung

In der Gesamtschau kann festgehalten werden: Für die wissenschaftliche Akzeptanz einer Controllingkonzeption ist:

1. Eine eigene Problemstellung,
2. Eine hypothesengestützte Theoriefundierung und
3. Die Bewährung in der Praxis notwendig.

Ein Controllingsystem setzt sich grundsätzlich aus sechs Elementen zusammen:

1. Problemstellung,
2. Vision,
3. Ziel,
4. Aufgaben,
5. Organisation und
6. Instrumente zusammen.

Die Hauptkritikpunkte über die Controllingkonzeptionen hinweg beziehen sich insbesondere auf die Elemente des Controllingsystems „Aufgaben" sowie „Organisation". Im Kern wird insbesondere hinterfragt bzw. kritisiert:

- Wie kann eine Abgrenzung zu anderen betrieblichen Funktionen erfolgen, um dem Controlling eine eigene, abgrenzbare Problemstellung zuweisen zu können.
- Das Controlling kann keine Metamanagementaufgabe wahrnehmen, indem es das gesamte Unternehmen koordiniert.

Darüber hinaus ist das Verhältnis von Theorie und Praxis des Controllings zu klären.

8.3 Ausblick: Mögliche Entwicklungspfade des Controllings

Die Analyse der historischen Entwicklung des Controllings hat gezeigt, dass sich Inhalte und Ausgestaltung über die letzten Jahrhunderte, insbesondere im zwanzigsten Jahrhundert, signifikant verändert haben. Ich bin kein Hellseher oder Wahrsager, jedoch ist es aus meiner Sicht sinnvoll, sich mit möglichen Szenarien zur Weiterentwicklung des Controllings in der Zukunft auseinanderzusetzen.

Horváth stellt die Aussage auf, dass die historische Entwicklung zeigt, dass permanente Veränderung kennzeichnend für die bisherige Entwicklung war, bis hin zu einer Verschiebung der Kernelemente des Controllings. Das interne Rechnungswesen ist nicht mehr die Hauptaufgabe. Vielmehr ist der Controller über die Zeit, nach seiner Einschätzung, ein Berater und Koordinator im Unternehmen geworden. Im Weiteren erwartet auch er eine weitere Zunahme von Diskontinuität, Dynamik und Komplexität in Bezug auf unternehmerisches Handeln und dessen Rahmenbedingungen. Als Folge daraus muss die Managementtheorie und -praxis eine Neuorientierung in Bezug auf Führung und Organisation vornehmen, damit Unternehmen die zukünftigen Herausforderungen bewältigen können. Dabei sieht Horváth die zentralen Veränderungen für das Controlling in den folgenden Bereichen (Horváth 2011):

- Philosophie: Die Controlling-Philosophie wird sich hin zu einer Innovationsorientierung entwickeln.

- Aufgaben: Ausweitung und stärkere Zuwendung zur Koordination und Informationsverarbeitung.
- Entscheidungsfindung: Stärkere Einbindung des Controllings in den Entscheidungsprozess.
- IT/IM: Die Informationstechnologie wird noch stärker an Einfluss gewinnen. Der zukünftige Controller wird primär die Aufgabe eines „Management Information Executive" einnehmen.
- Organisation: Der zunehmende ganzheitliche Koordinationsbedarf wird zu einer Zunahme an Dezentralisierung und Spezialisierung führen.

Neben Horváth haben Weber/Schäffer versucht eine Prognose über die zukünftige Entwicklung des Controllings vorzunehmen. Zuvorderst konstatieren auch sie, dass die Aufgaben und die Wahrnehmung des Controllings, als betriebliche Funktion, über die Zeit einer grundlegenden Veränderung unterlegen waren. Der Controller hat sich in der Wahrnehmung von einem Erbsenzähler über einen Navigator zu einem Business Partner für das Management entwickelt. In diesem Prozess hat der Controller an Wertschätzung gewonnen. Unabhängig davon stellen die Autoren jedoch die Frage, ob dieser Erfolg, der zu einer signifikanten Ausweitung des Betätigungsfeldes des Controllings geführt hat, das Controlling obsolet machen könnte. Weitere Ursachen bzw. Risiken hierfür können die Zunahme des Wissens der heutigen Managergeneration sein sowie die Verfügbarkeit von Realtime-Informationen. Des Weiteren wird die verstärkte Einbindung des Controllings in Entscheidungsprozesse als kritisch gesehen. Durch diese Einvernahme verliert das Controlling möglicherweise seine Unabhängigkeit und Akzeptanz. Im Ergebnis sehen beiden zwei Bereiche auf die sich das Controlling zukünftig fokussieren muss, um weiterhin einen Mehrwert für das Management zu stiften (Weber und Schäffer 2014):

- Innovationen in Bezug auf Instrumente und Verfahren zur Unternehmenssteuerung.
- Bewahrung der Unabhängigkeit, trotz einer verstärkten Einbindung in Entscheidungsprozesse.

Im Rahmen der weiteren Diskussion in Bezug auf die Ausgestaltung von Controlling-Systemen, führe ich detailliert aus, welche zentralen Annahmen und Rahmenbedingungen notwendig sind, um Controlling so auszugestalten, dass der langfristige Erfolg des betreffenden Unternehmens mit sichergestellt werden kann. Die Erwartung der zukünftigen Entwicklung der oben zitierten Betriebswirtschaftler beruht wiederum auf deren subjektiver Prägung und Sichtweise. Somit sind die im Rahmen der Diskussion des aktuellen Standes des Controllings in Deutschland aufgeführten Kritikpunkte in Bezug auf die Controllingansätze von Horváth und Weber in deren Ausblick implizit enthalten. Aus meiner Sicht sind, basierend auf der bisherigen Analyse, die folgenden Entwicklungspfade entscheidend für die weitere Entwicklung des Controllings:

1. Die Umweltbedingungen sind durch die weitere Globalisierung und den Auswirkungen der korrespondierenden Einflussfaktoren gekennzeichnet.
2. Controlling muss nach einem hohen Maß an Transparenz streben, um den zukünftigen unternehmerischen Erfolg mit zu sichern.
3. Controlling muss eine Unterstützungsfunktion bleiben und darf sich nicht zum Entscheidungsorgan weiterentwickeln.
4. Eine kritische Distanz zum operativen Geschäft ist auch zukünftig die Voraussetzung, damit das Controlling seine Hauptaufgaben wahrnehmen kann.

8.4 Zusammenfassung: Controlling: Vergangenheit – Gegenwart – Zukunft

Die Beschreibung der historischen Entwicklung des Controllings bis zum jetzigen Status, mit dem Schwerpunkt der Analyse auf die Situation im deutschsprachigen Raum, hatte das Ziel, auf der einen Seite wesentliche Trends und Entwicklungen zu identifizieren und auf der anderen Seite das gegenwärtige Verständnis in Bezug auf Controlling kritisch zu hinterfragen. Dieses fundierte historische Verständnis ist ein weiterer zentralerer Bestandteil für das Verständnis und die Ausformung des objektivierungsorientierten Controllingansatz.

Zuerst wurde die etymologische Entwicklung des Begriffs Controlling skizziert. Diese hat gezeigt, dass sich der Inhalt des Controllings verändert und weiterentwickelt hat. Standen zu Beginn Finanzdaten und die reine Kontrolle im Vordergrund, ändert sich der inhaltliche Umfang hin zu einer ganzheitlichen Philosophie. Diese Entwicklung ist auch in den fünf historischen Phasen des Controllings reflektiert:

1. Entstehungsphase: 1500–1930
   - Nach der Initialisierung im öffentlichen Sektor, weitete sich das Controlling im 19 Jahrhundert in den privaten Sektor, insbesondere in komplexe Unternehmen wie Eisenbahngesellschaften, aus.
   - Der inhaltliche Umfang war auf die Prüfung und Überwachung hinsichtlich quantitativ-monetärer Daten beschränkt.
2. Aufbauphase: 1930–1950
   - Probleme und neue Herausforderungen, beispielsweise durch die große Finanz- und Wirtschaftskrise, forcierten die Ausweitung des Controllings im Bereich privatwirtschaftlicher Unternehmen.
   - Das Aufgabenspektrum erweiterte sich insbesondere um internes Rechnungswesen und Planung.
3. Internationalisierungs- und Fundierungsphase: 1950–1980
   - Weitere Veränderungen sowie die Zunahme der Wettbewerbsintensität beschleunigten die Weiterentwicklung des Controllings.
   - Damit einher ging die Internationalisierung, auch in Deutschland, was zu einer intensiven Beschäftigung mit der Disziplin führte. Daraus ergab sich eine stärkere (theoretische) Fundierung.
   - Das Aufgabenspektrum des Controllings wurde noch umfangreicher. Die Interpretationsfunktion, auch in Bezug auf nicht-quantitativ-monetäre Daten und Informationen, wurde wichtiger.
   - Controlling wurde zunehmend, neben den Aufgaben im Finanz- und Rechnungswesen, als Berater für das Management gesehen.
4. Boomphase: 1980–2010
   - Die anhaltende Beschleunigung der Globalisierung erhöhte den Druck auf das Management und die Führungskräfte weiter.
   - Die Bedeutung nahm weltweit und insbesondere auch in Deutschland stark zu.
   - Das Aufgabenspektrum des Controllings nahm weiter zu.
   - Ein gemeinschaftliches Verständnis bezüglich der Definition und Ausgestaltung wurde nicht erreicht.
5. Konsolidierungs- und Reflexionsphase: 2010–heute
   - Die Wettbewerbsintensität aufgrund verschiedener Einflussfaktoren und Entwicklungen ist weiter hoch.
   - Das Controlling ist als betriebliche Funktion in Unternehmen etabliert
   - Die Divergenz der Interpretation und Ausgestaltung sowie das damit einhergehende Risiko der Beliebigkeit ist hoch.
   - Möglichkeiten der Differenzierung und Fokussierung werden analysiert und diskutiert.

Die weiteren Analysen haben erstens gezeigt, dass kulturelle Unterschiede in den einzelnen Ländern Auswirkung auf die Unternehmensführung und damit auch die Ausgestaltung des Controllings haben. Zweitens, sind die gegenwärtigen Controllingansätze im deutschsprachigen Raum insbesondere folgenden Kritikpunkten ausgesetzt:

1. Abgrenzungsprobleme zu anderen betrieblichen Funktionen.
2. Gefahr, dass Controlling als ein Metamanagement interpretiert und damit beliebig wird.
3. Zu enges Verhältnis von Theorie und Praxis.

Drittens, die weitere Entwicklung des Controllings wird insbesondere durch die folgenden Aspekte geprägt:

- Fortwährende Globalisierung,
- Verbesserung des Entscheidungsprozesses durch das Streben nach Transparenz,
- Rückbesinnung des Controllings auf die Unterstützungsfunktion,
- Institutionalisierung des Controllings mit einer kritischen Distanz zum Tagesgeschäft, um die Erfüllung der Kernaufgaben sicherzustellen.

Viertens, ist in der Gesamtschau festzuhalten, dass eine Controllingkonzeption die folgenden drei Merkmale erfüllen muss, um als eigenständig in der Wissenschaft akzeptiert zu werden:

1. Eine eigene Problemstellung,
2. Eine hypothesengestützte Theoriefundierung und
3. Die Bewährung in der Praxis notwendig.

Fünftens wird, basierend auf den Analyseergebnissen und Rahmenbedingungen, definiert, dass ein Controllingsystem sich grundsätzlich aus den folgenden sechs Elementen zusammensetzen muss:
1. Problemstellung,
2. Vision,
3. Ziel,
4. Aufgaben,
5. Organisation und
6. Instrumente zusammen.

Die Erkenntnisse aus der Darstellung und Analyse der Basisannahmen und Rahmenbedingungen im ersten Teil sowie dem Status des Controllings sowie den Anforderungen an eine Controllingkonzeption als Ergebnis des zweiten Teils, bilden das stabile Fundament, für die Konkretisierung des objektivierungsorientierten Controllingansatzes im nächsten Kapitel. Dieser Ansatz stellt somit eine evolutionäre Weiterentwicklung des bisherigen Controlling-Verständnisses dar, fokussiert auf die Berücksichtigung der Hauptkritikpunkte.

Weiterführende Literatur

- Becker (2010). *Controlling: Berufsfeldanalyse Deutschland und USA*. Hamburg.
- Becker et al. (2014). *Wertschöpfungsorientiertes Controlling*. Stuttgart.
- Horváth (2011). *Controlling* (12. Aufl.). München.
- Jackson (1949). *The Comptroller: His functions and organizations*. Cambridge.
- Kappler (2002) Controlling und Ästhetik. *Kostenrechnungs-Praxis, 6*(2002), 377.
- Küpper et al. (2013). *Controlling: Konzeption, Aufgaben, Instrumente* (6. Aufl.). Stuttgart.
- Schneider (1993). *Die Entwicklung des Controlling*. Gießen.
- Weber, & Schäffer (2014). *Einführung in das Controlling*. Stuttgart.

8.5 Übungsaufgaben: Der gegenwärtige Stand des Controllings

1. Welcher Begriff ist das Synonym in den USA für Controlling?

a. Logistikmanagement
b. Management Accounting
c. Human Resource Management
d. Financial Accounting

2. Was ist die Aufgabe des „Financial Accountings"?

a. Die Information der externen Stakeholder, beispielsweise Kreditgeber und Staat.
b. Die Daten sind sowohl für interne als auch externe Adressaten bestimmt.
c. Die Informationen sind hauptsächlich quantitativ-monetär und finden sich in den Elementen Bilanz und Gewinn- und Verlustrechnung wieder.
d. Die Ergebnisse finden sich in Finanzberichten wieder.
e. Financial Accounting ist zukunftsorientiert.

3. Welche Aussagen in Bezug auf „Managerial Accounting" sind richtig?

a. Die Daten sind sowohl für interne als auch externe Adressaten bestimmt.
b. Es steuert die Unternehmenssteuern und die Lagermenge.
c. Reports des Managerial Accounting umfassen insbesondere öffentliche Informationen.
d. Es beinhaltet Informationen, die dem Management bei der Planung und Steuerung des Unternehmens helfen sollen.
e. Managerial Accounting ist auch zukunftsorientiert.

4. Was sind Hauptgründe für die langanhaltende Diskussion in Bezug auf Controlling?

a. Der Jahrtausendwechsel.
b. Neue Erkenntnisse in den Verhaltenswissenschaften.
c. Das Ziel von Wissenschaftlern sich selbst in der Betriebswirtschaftslehre zu positionieren.
d. Die Erfindung des Personalcomputers.

5. In welche Ansätze können verhaltenswissenschaftliche Controllingkonzepte unterschieden werden?

a. Kognitions-orientiert
b. Rationalitätssicherung
c. Zukunfts-orientiert
d. Ausnahmen-orientiert
e. Reflexions-orientiert

6. Was sind die Hauptcluster deutscher Controllingansätze?

a. Prozess-orientiert
b. Informations-orientiert
c. Ziel-orientiert
d. Integrations-orientiert
e. Koordinations-orientiert
f. Verhaltens-orientiert
g. Markt-orientiert

7. Welche kritischen Aussagen in Bezug auf informations-orientierte Controllingkonzepte sind richtig?

a. Aufgaben und Inhalte sind neu.
b. In der Praxis ist das Aufgabenspektrum deutlich umfangreicher.
c. Es liegen Abgrenzungsprobleme zum entscheidungsorientierten Rechnungswesen und dem Informationsmanagement vor.
d. In der Praxis ist das Aufgabenspektrum deutlich geringer.

8. Welche kritischen Aussagen in Bezug auf koordinations-orientierte Controllingkonzepte sind richtig?

a. Controlling als Sub-Management führt zu Abgrenzungsproblemen mit dem originären Management sowie der Corporate Governance.
b. Controlling als Meta-Management führt zu Abgrenzungsproblemen mit dem originären Management sowie der Corporate Governance.
c. Controlling hat keine Weisungsbefugnis, was jedoch Voraussetzung für einen erfolgreichen Managementkreislauf ist.
d. Koordination ist in Unternehmen, aufgrund der heutigen Hard- und Softwaremöglichkeiten, keine relevante Problemstellung mehr.
e. Die institutionelle Verankerung des Controllings mit Weisungsbefugnissen in Bezug auf andere Organisationselemente ist problematisch.

9. Welche kritischen Aussagen in Bezug auf die Controllingkonzepte der Rationalitätssicherung sind richtig?

a. Die Annahme der Erreichung von Rationalität ist fraglich.
b. Rationalität ist im ganzheitlichen Managementansatz implizit.
c. Der Ansatz ist zum Teil zu abstrakt. Diese Unklarheit führt zu Abgrenzungs- und Definitionsproblemen.
d. Die klare, logische und fundierte Ableitung ist für alle Interessierten gut nachvollziehbar.
e. Rationalität ist eine Annahme in Bezug auf den Homo Oeconomicus und kann damit nicht in weiteren betriebswirtschaftlichen Konzepten angewandt werden.

10. Welche kritischen Aussagen in Bezug auf die kognitions-orientierte Controllingkonzeption sind richtig?

a. Es werden keine Wollens-Defizite berücksichtigt.
b. Es werden Wollens-Defizite berücksichtigt. Dieser Aspekt spielt jedoch, aufgrund der Verhaltenswissenschaft keine Rolle in Bezug auf das Controlling.
c. Kognition ist Teil des koordinations-orientierten Controllingansatzes.
d. Controlling berücksichtigt die Wahrnehmung des Menschen nicht
e. Die Einführung des Wissensaspektes erzeugt zusätzliche Abgrenzungsprobleme.

11. Welche kritischen Aussagen in Bezug auf die reflexions-orientierte Controllingkonzeption sind richtig?

a. Der Aspekt des Metamanagements wird nicht berücksichtigt.
b. Die dem Controlling zugewiesene Führungsaufgabe impliziert den bereits kritisierten Anspruch auf ein Metamanagement.
c. Die Controllingaufgaben umfassen eine große Bandbreite und überschneiden sich mit Aufgaben anderer betrieblicher Funktionen.

d. Controlling ist immer zukunftsorientiert.
e. Die Controllingaufgaben werden auf eine Überwachungsaufgabe reduziert, die um den Perspektivwechsel erweitert wird.

- **12. Welche Merkmale muss eine Controllingkonzeption aus Sicht der Theorie erfüllen, um einen eigenständigen betriebswirtschaftlicher Bereich darstellen zu können?**

a. Originalität
b. eigenständige Problemstellung
c. Nachvollziehbarkeit
d. theoretische Fundierung
e. Bewährung in der Praxis
f. Deduktive Ableitung
g. Erlebbarkeit

- **13. Welche der folgenden Aspekte sind Bestandteil eines ganzheitlichen Controllingsystems?**

a. Problemdefinition
b. Ziele
c. Vision
d. Herausforderung
e. Aufgaben
f. Organisation
g. Instrumente und Verfahren

- **14. Was sind Voraussetzungen für ein gut funktionierendes Controllingsystem?**

a. Eine klare und stringente Beschreibung der Inhalte der Elemente des Controllingsystems.
b. Die Anzahl der Elemente muss mit denen in den allgemein anerkannten Controllingprinzipien übereinstimmen.
c. Eine nachhaltige Unternehmensführung.
d. Eine nachvollziehbare Ableitung der Elemente und deren Beschreibung.
e. Eine Anpassung der Elemente an unternehmensspezifische Rahmenbedingungen.
f. Die Abgrenzung zur Controllingtheorie.

- **15. Was sind Vorteile für eine systemtheoretische Fundierung des Controllings?**

a. Reduzierung von Transparenz
b. Erhöhung der Akzeptanz in der Praxis
c. Komplexitätsreduzierung
d. Profitabilität
e. Inkonsistenz
f. Vergleichbarkeit
g. Anschlussfähigkeit
h. Reduzierung der Nachvollziehbarkeit

- **16. Welche Gruppen an Diskutanten können in Bezug auf die Controllingdiskussion abgegrenzt werden?**

a. Diskutanten, die grundsätzlich gegen alles sind.
b. Vertreter einer spezifischen Controllingkonzeption, die die Standpunkte anderer Wissenschaftler kritisch analysieren.
c. Vertreter aus der Politik, die die Gesetzeskonformität der Controllingkonzeption überprüfen.
d. Vertreter der Gerichte, die die Gesetzeskonformität der Controllingkonzeption überprüfen.
e. Vertreter der Corporate Governance Kommission, die die Gesetzeskonformität der Controllingkonzeption überprüfen.
f. Vertreter der Schmalenbach-Gesellschaft für Betriebswirtschaft, die die Gesetzeskonformität der Controllingkonzeption überprüfen.
g. Betriebswirtschaftler, die keinem spezifischen Lager zuzuordnen sind, die die Ansätze kritisch reflektieren und generelle Empfehlungen sowie Anregungen für die theoretische Weiterentwicklung des Controllings geben.

8.6 Lösungen zu den Übungsaufgaben: Der gegenwärtige Stand des Controllings

Die richtigen Antworten sind „fett" hervorgehoben.

- **1. Welcher Begriff ist das Synonym in den USA für Controlling?**

a. Logistikmanagement
b. Management Accounting
c. Human Resource Management
d. Financial Accounting

- **2. Was ist die Aufgabe des „Financial Accountings"?**

a. Die Information der externen Stakeholder, beispielsweise Kreditgeber und Staat.

b. Die Daten sind sowohl für interne als auch externe Adressaten bestimmt.
c. Die Informationen sind hauptsächlich quantitativ-monetär und finden sich in den Elementen Bilanz und Gewinn- und Verlustrechnung wieder.
d. Die Ergebnisse finden sich in Finanzberichten wieder.
e. Financial Accounting ist zukunftsorientiert.

- **3. Welche Aussagen in Bezug auf „Managerial Accounting" sind richtig?**

a. Die Daten sind sowohl für interne als auch externe Adressaten bestimmt.
b. Es steuert die Unternehmenssteuern und die Lagermenge.
c. Reports des Managerial Accounting umfassen insbesondere öffentliche Informationen.
d. Es beinhaltet Informationen, die dem Management bei der Planung und Steuerung des Unternehmens helfen sollen.
e. Managerial Accounting ist auch zukunftsorientiert.

- **4. Was sind Hauptgründe für die langanhaltende Diskussion in Bezug auf Controlling?**

a. Der Jahrtausendwechsel.
b. Neue Erkenntnisse in den Verhaltenswissenschaften.
c. Das Ziel von Wissenschaftlern sich selbst in der Betriebswirtschaftslehre zu positionieren.
d. Die Erfindung des Personalcomputers.

- **5. In welche Ansätze können verhaltenswissenschaftliche Controllingkonzepte unterschieden werden?**

a. Kognitions-orientiert
b. Rationalitätssicherung
c. Zukunfts-orientiert
d. Ausnahmen-orientiert
e. Reflexions-orientiert

- **6. Was sind die Hauptcluster deutscher Controllingansätze?**

a. Prozess-orientiert
b. Informations-orientiert
c. Ziel-orientiert
d. Integrations-orientiert
e. Koordinations-orientiert
f. Verhaltens-orientiert
g. Markt-orientiert

- **7. Welche kritischen Aussagen in Bezug auf informations-orientierte Controllingkonzepte sind richtig?**

a. Aufgaben und Inhalte sind neu.
b. In der Praxis ist das Aufgabenspektrum deutlich umfangreicher.
c. Es liegen Abgrenzungsprobleme zum entscheidungsorientierten Rechnungswesen und dem Informationsmanagement vor.
d. In der Praxis ist das Aufgabenspektrum deutlich geringer.

- **8. Welche kritischen Aussagen in Bezug auf koordinations-orientierte Controllingkonzepte sind richtig?**

a. Controlling als Sub-Management führt zu Abgrenzungsproblemen mit dem originären Management sowie der Corporate Governance.
b. Controlling als Meta-Management führt zu Abgrenzungsproblemen mit dem originären Management sowie der Corporate Governance.
c. Controlling hat keine Weisungsbefugnis, was jedoch Voraussetzung für einen erfolgreichen Managementkreislauf ist.
d. Koordination ist in Unternehmen, aufgrund der heutigen Hard- und Softwaremöglichkeiten, keine relevante Problemstellung mehr.
e. Die institutionelle Verankerung des Controllings mit Weisungsbefugnissen in Bezug auf andere Organisationselemente ist problematisch.

- **9. Welche kritischen Aussagen in Bezug auf die Controllingkonzeption der Rationalitätssicherung sind richtig?**

a. Die Annahme der Erreichung von Rationalität ist fraglich.
b. Rationalität ist im ganzheitlichen Managementansatz implizit.
c. Der Ansatz ist zum Teil zu abstrakt. Diese Unklarheit führt zu Abgrenzungs- und Definitionsproblemen.

d. Die klare, logische und fundierte Ableitung ist für alle Interessierten gut nachvollziehbar.
e. Rationalität ist eine Annahme in Bezug auf den Homo Oeconomicus und kann damit nicht in weiteren betriebswirtschaftlichen Konzepten angewandt werden.

- **10. Welche kritischen Aussagen in Bezug auf die kognitions-orientierte Controllingkonzeption sind richtig?**

a. Es werden keine Wollens-Defizite berücksichtigt.
b. Es werden Wollens-Defizite berücksichtigt. Dieser Aspekt spielt jedoch, aufgrund der Verhaltenswissenschaft keine Rolle in Bezug auf das Controlling.
c. Kognition ist Teil des koordinations-orientierten Controllingansatzes.
d. Controlling berücksichtigt die Wahrnehmung des Menschen nicht
e. Die Einführung des Wissensaspektes erzeugt zusätzliche Abgrenzungsprobleme.

- **11. Welche kritischen Aussagen in Bezug auf die reflexions-orientierte Controllingkonzeption sind richtig?**

a. Der Aspekt des Metamanagements wird nicht berücksichtigt.
b. Die dem Controlling zugewiesene Führungsaufgabe impliziert den bereits kritisierten Anspruch auf ein Metamanagement.
c. Die Controllingaufgaben umfassen eine große Bandbreite und überschneiden sich mit Aufgaben anderer betrieblicher Funktionen.
d. Controlling ist immer zukunftsorientiert.
e. Die Controllingaufgaben werden auf eine Überwachungsaufgabe reduziert, die um den Perspektivwechsel erweitert wird.

- **12. Welche Merkmale muss eine Controllingkonzeption aus Sicht der Theorie erfüllen, um einen eigenständigen betriebswirtschaftlicher Bereich darstellen zu können?**

a. Originalität
b. eigenständige Problemstellung
c. Nachvollziehbarkeit
d. theoretische Fundierung
e. Bewährung in der Praxis
f. Deduktive Ableitung
g. Erlebbarkeit

- **13. Welche der folgenden Aspekte sind Bestandteil eines ganzheitlichen Controllingssystems?**

a. Problemdefinition
b. Ziele
c. Vision
d. Herausforderung
e. Aufgaben
f. Organisation
g. Instrumente und Verfahren

- **14. Was sind Voraussetzungen für ein gut funktionierendes Controllingsystem?**

a. Eine klare und stringente Beschreibung der Inhalte der Elemente des Controllingsystems.
b. Die Anzahl der Elemente muss mit denen in den allgemein anerkannten Controllingprinzipien übereinstimmen.
c. Eine nachhaltige Unternehmensführung.
d. Eine nachvollziehbare Ableitung der Elemente und deren Beschreibung.
e. Eine Anpassung der Elemente an unternehmensspezifische Rahmenbedingungen.
f. Die Abgrenzung zur Controllingtheorie.

- **15. Was sind Vorteile für eine systemtheoretische Fundierung des Controllings?**

a. Reduzierung von Transparenz
b. Erhöhung der Akzeptanz in der Praxis
c. Komplexitätsreduzierung
d. Profitabilität
e. Inkonsistenz
f. Vergleichbarkeit
g. Anschlussfähigkeit
h. Reduzierung der Nachvollziehbarkeit

- **16. Welche Gruppen an Diskutanten können in Bezug auf die Controllingdiskussion abgegrenzt werden?**

a. Diskutanten, die grundsätzlich gegen alles sind.
b. Vertreter einer spezifischen Controllingkonzeption, die die Standpunkte anderer Wissenschaftler kritisch analysieren.

c. Vertreter aus der Politik, die die Gesetzeskonformität der Controllingkonzeption überprüfen.
d. Vertreter der Gerichte, die die Gesetzeskonformität der Controllingkonzeption überprüfen.
e. Vertreter der Corporate Governance Kommission, die die Gesetzeskonformität der Controllingkonzeption überprüfen.
f. Vertreter der Schmalenbach-Gesellschaft für Betriebswirtschaft, die die Gesetzeskonformität der Controllingkonzeption überprüfen.
g. Betriebswirtschaftler, die keinem spezifischen Lager zuzuordnen sind, die die Ansätze kritisch reflektieren und generelle Empfehlungen sowie Anregungen für die theoretische Weiterentwicklung des Controllings geben.

Literaturverzeichnis

Becker, B. (2010). *Controlling: Berufsfeldanalyse Deutschland und USA*. Hamburg.

Becker, W. (1990). Funktionsprinzipien des Controlling. *Zeitschrift für Betriebswirtschaft*, (3), 295–318.

Becker, W., & Baltzer, B. (2010). *Die wertschöpfungsorientierte Controlling-Konzeption*. Bamberg.

Becker, W., Baltzer, B., Ulrich, P. (2014). *Wertschöpfungsorientiertes Controlling* (1. Aufl.). Stuttgart.

Binder, C., & Schäffer, U. (2005). Deutschsprachige Controllinglehrstühle an der Schwelle zum Generationswechsel. *Zeitschrift für Controlling & Management*, (2), 100–104.

Byrne, S., & Pierce, B. (2007). Towards a more comprehensive Understanding of the Roles of Management Accountants. *European Accounting Review*, (3), 469–498.

Ewert, R., & Wagenhofer, A. (2005). *Interne Unternehmensrechnung*. Berlin.

Fischer-Winkelmann, W., & Mäder, O. (2003). Systemansatz, betriebswirtschaftlicher. In W. Lück (Hrsg.), *Lexikon der Betriebswirtschaft* (S. 653–655). München.

Freimann, J. (1994). Das Theorie-Praxis-Dilemma der Betriebswirtschaftslehre – Wissenschaftssoziologische Überlegungen zu einem besonderen Verhältnis. In W. Fischer-Winkelmann (Hrsg.), *Das Theorie-Praxis-Problem der Betriebswirtschaftslehre* (S. 7–24). München.

Friedl, B. (2003). *Controlling* (2. Aufl.). Stuttgart.

Hahn, D., & Hungenberg, H. (1974). *PuK: Planung und Kontrolle* (1. Aufl.). Wiesbaden.

Hahn, D., & Hungenberg, H. (2001). *PuK: Planung und Kontrolle – Wertorientierte Controllingkonzepte* (6. Aufl.). Wiesbaden.

Henseler, J., Jonen, A., Lingnau, V. (2006). *Die Rolle des Controllings bei der Ein- und Weiterführung der Balanced Scorecard* (2. Aufl.). Kaiserslautern.

Horngren, C., Harrison, W., Oliver, S. (2012). *Accounting* (9. Aufl.). Harlow.

Horváth, P. (1978). Controlling – Entwicklung und Stand einer Konzeption zur Lösung der Adaptions- und Koordinationsprobleme der Führung. *Zeitschrift für Betriebswirtschaft*, (3), 194–208.

Horváth, P. (2011). *Controlling* (12. Aufl.). München.

Irrek, W. (2001). Controlling als Rationalitätssicherung der Unternehmensführung?: Denkanstöße zur jüngsten Entwicklung der Controllingdiskussion. *Kostenrechnungs-Praxis*, 46–51.

Jackson, J. H. (1949). *The Comptroller: His Functions and Organization*. Cambridge.

Kappler, E. (2002). Controlling und Ästhetik. *Kostenrechnungs-Praxis*, (6), 377–386.

Küpper, H.-U. (1987). Konzeption des Controlling aus betriebswirtschaftlicher Sicht. In A.-W. Scheer (Hrsg.), *Saarbrücker Arbeitstagung Rechnungswesen und EDV* (S. 82–116). Heidelberg.

Küpper, H.-U. (2005). *Controlling: Konzeption, Aufgaben, Instrumente* (4. Aufl.). Stuttgart.

Küpper, H.-U. (2008). *Controlling: Konzeption, Aufgaben, Instrumente* (5. Aufl.). Stuttgart.

Küpper, H.-U., Weber, J., Zünd, A. (1990). Zum Verständnis und Selbstverständnis des Controlling: Thesen zur Konsensbildung. *Zeitschrift für Betriebswirtschaft*, (3), 281–293.

Küpper, H.-U., Friedl, G., Hofmann, C., Hofmann, Y., Pedell, B. (2013). *Controlling: Konzeption, Aufgaben, Instrumente* (6. Aufl.). Stuttgart.

Lingnau, V. (2004). *Controlling – Ein kognitionsorientierter Ansatz* (1. Aufl.). Kaiserslautern.

Lingnau, V. (2006). *Controlling – Ein kognitionsorientierter Ansatz* (2. Aufl.). Kaiserslautern.

Link, J. (2004). Präzisierung und Ergänzung der Koordinationsorientierung: Der kontributionsorientierte Ansatz. In E. Scherm & G. Pietsch (Hrsg.), *Controlling: Theorien und Konzeptionen* (S. 409–431). München.

Littkemann, J. (2006). *Unternehmenscontrolling: Konzepte, Instrumente, praktische Anwendung mit durchgängiger Fallstudie*. Herne/Berlin.

Mäder, O. (2010). Controlling – Basiselement für die wertorientierte Unternehmensführung bei Technologieunternehmen. *Zeitschrift für Controlling & Management*, (4), 257–262.

Mäder, O., & Hirsch, B. (2009). Rationalitätssicherung als Controllingaufgabe in KMU. In D. Müller (Hrsg.), *Controlling für kleine und mittlere Unternehmen* (S. 3–28). München.

Mayer, E. (1987). Controlling als Führungskonzept. In E. Mayer (Hrsg.), *Controlling-Konzepte: Perspektiven für die 90er-Jahre* (2. Aufl.) (S. 1–42). Wiesbaden.

Ossadnik, W. (2003). *Controlling* (7. Aufl.). München.

Pietsch, G. (2003). *Reflexionsorientiertes Controlling: Konzeption und Gestaltung*. Wiesbaden.

Pietsch, G., & Scherm, E. (2001). Die Reflexionsaufgabe im Zentrum des Controlling. *Kostenrechnungs-Praxis*, (5), 307–314.

Pietsch, G., & Scherm, E. (2004). Reflexionsorientiertes Controlling. In E. Scherm & G. Pietsch (Hrsg.), *Controlling: Theorien und Konzeptionen* (S. 529–553). München.

Reichmann, T. (1985). Grundlagen einer systemgestützten Controlling-Konzeption mit Kennzahlen. *Zeitschrift für Betriebswirtschaft*, (9), 887–898.

Reichmann, T., Hoffjan, A., Kißler, M., Palloks-Kahlen, M., Richter, H. (2011). *Controlling mit Kennzahlen: Die systemgestützte Controlling-Konzeption mit Analyse- und Reportinginstrumenten* (8. Aufl.). München.

Russell, K., Kulesza, B., Albrecht, S., Sack, R. (2000). Accounting Education: Charting the Course Through a Perilous Future. *Management Accounting Quarterly*, (1), 4–11.

Schneider, D. (2005). Controlling als postmodernes Potpourri. *Controlling: Zeitschrift für erfolgsorientierte Unternehmenssteuerung*, (1), 65–69.

Schneider, M. (1993). *Entwicklung des Controlling*. Gießen.

Vesper, O. (2014). *Controlling in den USA – Eine konzeptionelle Analyse aus deutscher Perspektive*. Kassel.

Wall, F. (2008). Controlling zwischen Entscheidungs- und Verhaltenssteuerungsfunktion. *Die Betriebswirtschaft*, (4), 463–482.

Weber, J., & Schäffer, U. (1999). Sicherstellung der Rationalität von Führung als Aufgabe des Controlling? *Die Betriebswirtschaft*, (6), 731–747.

Weber, J., & Schäffer, U. (2014). *Controlling* (14. Aufl.). Stuttgart.

Winter, P. (2008). *Controlling-Konzeptionen revisited: Definition von Anforderungskriterien an Controlling-Konzeptionen und Thesen für die konzeptionelle Controlling-Forschung*. Online verfügbar unter http://mpra.ub.uni-muenchen.de/10503/1/MPRA_paper_10503.pdf, zuletzt aktualisiert am 21.04.2016.

Wöhe, G., & Döring, U. (2008). *Einführung in die Allgemeine Betriebswirtschaftslehre* (23. Aufl.). München.

Der objektivierungsorientierte Controllingansatz

Olaf B. Mäder

O. B. Mäder, *Controlling klipp & klar*, WiWi klipp & klar, https://doi.org/10.1007/978-3-658-15747-0_9

Ziel dieses Kapitels ist es, den objektivierungsorientierten Controllingansatz zu skizzieren. Als Bewertungsmaßstab dienen dabei die Anforderungen an die wissenschaftliche Akzeptanz (eigene Problemstellung, hypothesengestützte Theoriefundierung und Bewährung in der Praxis) sowie die Erkenntnisse aus der Analyse der Basisannahmen und Rahmenbedingungen im ersten Teil sowie in Bezug auf den Status des Controllings sowie den Anforderungen an eine Controllingkonzeption.

Die nachfolgende Argumentation ist sequentiell anhand der Elemente des Controllingsystems ausgerichtet. Für jeden Bereich werden Hypothesen formuliert und erläutert. Diese spannen in Summe ein hypothesenbasiertes, verbindliches Konstrukt auf, welches falsifizierbar und damit auch adaptierbar ist.

Lernziel

- Fähigkeit zur Analyse, Bewertung und Entscheidung in Bezug auf Aufbau und Ausgestaltung von Controllingansätzen.

9

Die Basis bildet darüber hinaus die Definition des Controllings als ein System, das den durch die Unternehmensführung geleiteten Wertschöpfungsprozess durch ein umfassendes Informationsmanagement unterstützt, mit dem Ziel Transparenz zu schaffen und Managemententscheidungen zu objektivieren.

Controlling

… ist ein System, das den durch die Unternehmensführung geleiteten Wertschöpfungsprozess durch ein umfassendes Informationsmanagement unterstützt, mit dem Ziel Transparenz zu schaffen und Managemententscheidungen zu objektivieren.

9.1 Überblick zu den Bestandteilen eines Controllingsystems

Mittels eines Controllingsystems ist ein Bezugsrahmen zu schaffen, der Struktur gibt und über die Bildung von Subsystemen die Komplexität reduziert. Die Systemelemente/Subsysteme stehen miteinander in Beziehung. Voraussetzung für ein optimal arbeitendes Controllingsystem ist zum einen die stringente Ableitung der Elemente und zum anderen eine klare Beschreibung der Inhalte sowie der Ursache-Wirkungsbeziehungen zwischen diesen. Mit dieser systemtheoretischen Fundierung eines Controllingansatzes können die Vorteile Anschlussfähigkeit, Vergleichbarkeit, Möglichkeit der Komplexitätsreduktion durch Teilsystembildung und Erhöhung der Akzeptanz in der Praxis zum Tragen. Das Controllingsystem wird durch die Elemente aufgespannt, die für die Bewältigung der controllingspezifischen Aufgaben notwendig sind (siehe ◘ Abb. 9.1).

Ausgangspunkt ist die Definition der Problemstellung des (unternehmensspezifischen) Controllingsystems. Das Erkenntnisobjekt der Betriebswirtschaftslehre gibt hier Orientierung, das erfolgreiche „Wirtschaften im Betrieb" ist eine Herausforderung, mit der sich das Controlling grundsätzlich auseinandersetzen muss. Verbunden mit der Erkenntnis der Entscheidungstheorie, dass der Managementprozess auf Entscheidungen beruht, die wiederum auf adäquaten Informationen fußen, ergibt sich die grundsätzliche Problemstellung des Controllings:

> Controlling muss nach einem Optimum an Schnittmenge von Informationsbedarf, Informationsangebot und Informationsnachfrage streben (siehe ► Abschn. 6.1.3, ◘ Abb. 6.2). In der Folge ergibt sich ein optimaler entscheidungsrelevanter und verarbeitbarer Informationsumfang als Basis für unternehmerische Entscheidungen.

Beispiel: Komplexität unternehmerischer Entscheidungen

Im ersten Teil des Buches wurden die grundsätzlichen Annahmen und Herausforderungen dargestellt. Dabei hat sich gezeigt, dass aufgrund der anhaltenden Globalisierung die Rahmenbedingungen für das Treffen unternehmerischer Entscheidungen herausfordernder geworden sind.

Um diese Problemstellung zu verdeutlichen, nehmen wir Volkswagen, als Automobilhersteller, als Beispiel und reflektieren die Herausforderungen des Managements in Bezug auf Programm- und Produktionsplanung:

- Eine Wachstumsstrategie, wie Volkswagen diese definiert hat (bis 2018 der größte Automobilhersteller der Welt zu werden, was Volkswagen in 2015 zumindest quartalsweise erreicht hat) impli-

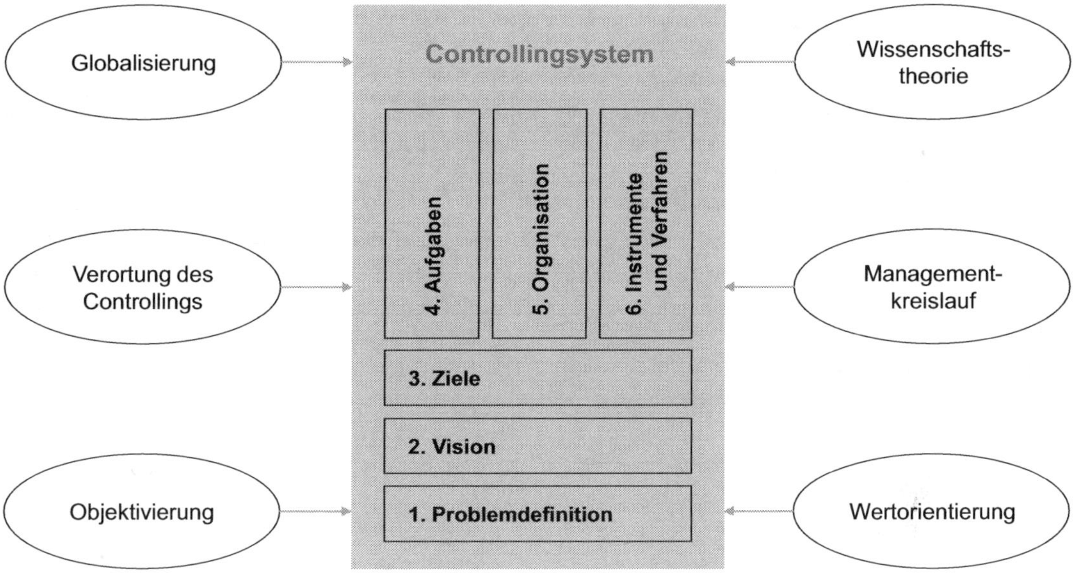

Abb. 9.1 Elemente eines Controllingsystems

ziert die Notwendigkeit, die Produktionsmenge zu erhöhen.
- Die Entscheidung, neue Werke zu bauen hat die Folge, wenn diese Werke nicht auf dem geplanten Kapazitätsniveau arbeiten, dass die Fixkosten pro Fahrzeug steigen.
- In der Konsequenz sinkt die Gewinnmarge und damit die Profitabilität des Unternehmens.

Basierend auf dem definierten Problem, als dem initialen Element des Controllingsystems, müssen die Ziele weiter konkretisiert und detailliert werden. Die vorgelagerte Formulierung einer (Controlling-) Vision ist hilfreich für die weitere Zieldefinition. Gleichzeitig dient die Vision als Orientierung bei der gesamten Ausformung und Implementierung des Controllingsystems. Die Vision sollte in zwei bis drei Sätzen formuliert werden und eine emotionale Komponente enthalten, die für die Mitarbeiter motivierend wirkt. Die immanente grundsätzliche Logik ist identisch mit der im wertorientierten Geschäftsmodell, das ebenfalls auf einer Vision aufbaut (siehe ▶ Abschn. 5.3).

Die weitere Detaillierung der Vision in Form von Zielen ist eine wichtige Voraussetzung für ein ergebnisorientiertes und damit effektives und effizientes Handeln. Die Berücksichtigung von Effizienz ist insbesondere für Controller wichtig, da diese, als „ökonomisches Gewissen", grundsätzlich nach Transparenz in Bezug auf das wirtschaftliche Handeln im Unternehmen und den handelnden Mitarbeitern streben. Die definierten Ziele bilden darüber hinaus die Grundlage für die Planung und Implementierung sowie die Steuerung.

Beispiel: Bandbreite an Controllingzielen

Die Bandbreite an Handlungsoptionen für Unternehmen in Bezug auf die Konkretisierung von Controllingzielen wird anhand der folgenden beiden Möglichkeiten illustriert:

1. Controllingaufgabe: Sicherstellung der Verfügbarkeit entscheidungsrelevanter Informationen.

Konsequenz: Controlling muss in diesem Fall sowohl den inhaltlichen, als auch den systemischen Teil des Informationsmanagements abdecken. Dies bedeutet, in Abhängigkeit von der Unternehmensgröße, dass das Controlling auch die Verantwortung für die Definition und Implementierung eines Prozessmodells hat und dieses im Weiteren in einem ERP-System abgebildet werden muss. In der Konsequenz sind hierfür umfangreiche (personelle und materielle) Ressourcen bereitzustellen.

2. Controllingaufgabe: Beratung des Managements bei ad hoc Entscheidungen.

Konsequenz: Controlling muss für den Einzelfall interne und externe Informationen sammeln und verarbeiten. Aufgrund der Unbestimmtheit des Ziels werden keine zusätzlichen Ressourcen geplant, es ist davon auszugehen, dass dieses (Kern-) Ziel des Controllings aus der verfügbaren Controllingorganisation heraus abgedeckt wird.
Erkenntnis: Die Ziele determinieren Aufgaben, Organisation und Instrumente. In der Folge wird darüber auch der Ressourcenbedarf zur Zielerreichung bestimmt.

Aufgaben, hier verstanden als die Detaillierung von Funktionen, konkretisieren inhaltlich die Berechtigung des Controllings als betriebliche Funktion. In Bezug auf die Gesamtbetrachtung des Unternehmens kommt den Aufgaben darüber hinaus eine Abgrenzungsfunktion zu, da sichergestellt werden muss, dass Aufgaben im Unternehmen mit einer klaren Verantwortlichkeit geregelt sind, um zu gewährleisten, dass diese ausgeführt werden, ohne dabei Redundanzen zu erzeugen.

Der organisationale Aspekt kann in die Ablauforganisation (Definition und Einordnung von Prozessen) und die Aufbauorganisation (Definition und Verknüpfung von grundsätzlichen Organisationselementen wie Mitarbeiter, Team, Abteilung, Bereich, Vorstand) unterteilt werden. Einige grundsätzliche Aspekte zur Abgrenzung, Institutionalisierung und Lokalisierung von Controlling in Unternehmen wurden bereits in ► Abschn. 4 skizziert. Zentral ist die Abgrenzung von anderen betrieblichen Funktionen und die Verantwortlichkeitszuordnung um so das wirtschaftliche Handeln in Unternehmen sicherzustellen und eine optimale Ressourcenallokation zu gewährleisten. Darüber hinaus ist eine ganzheitliche Prozesslandschaft, mit der Einbettung des Controllings, wichtig, um neben der Handhabung intraorganisationaler Schnittstellen auch die Beziehungen interorganisational, d. h. beispielsweise zu Lieferanten und Kunden, optimal zu gestalten.

Abschließendes Element des Controllingsystems sind Instrumente und Verfahren. Diese dienen der finalen Zielerreichung. Wie im Beispiel zur Zieldefinition illustriert, haben die definierten Ziele und Aufgaben maßgeblichen Einfluss auf die Ausformung des Controllingsystems. In Abhängigkeit von dieser vorgelagerten Konkretisierung ergeben sich die Handlungsoptionen für die Nutzung von Instrumenten und Verfahren. Eine wichtige Variable in diesem Zusammenhang ist die unternehmensspezifische Situation. Über diese werden Notwendigkeiten und Limitierungen, beispielsweise in Bezug auf Planungs- und Berichtszeiträume oder hinsichtlich Ressourcenausstattung, determiniert.

Zusammenfassung
Ein systemtheoretisch fundiertes Controllingsystem kann die Vorteile Anschlussfähigkeit, Vergleichbarkeit, Möglichkeit der Komplexitätsreduktion durch Teilsystembildung und Erhöhung der Akzeptanz in der Praxis realisieren. Dafür ist eine Differenzierung in die sechs Systemelemente/Subsysteme notwendig:
1. Problemdefinition
2. Vision
3. Ziele
4. Aufgaben
5. Organisation
6. Instrumente und Verfahren

Weiterführende Literatur

- Küpper et al. (2013). *Controlling: Konzeption, Aufgaben, Instrumente* (6. Aufl.). Stuttgart.
- Horváth (2011). *Controlling* (12. Aufl.). München.
- Küpper, Weber, Zünd (1990). Zum Verständnis und Selbstverständnis des Controlling: Thesen zur Konsensbildung. *Zeitschrift für Betriebswirtschaft, 1990*(3), 281.
- Vesper (2014). *Controlling in den USA – Eine konzeptionelle Analyse aus deutscher Perspektive*. Kassel.

9.2 Die Elemente des objektivierungsorientierten Controllingansatzes

Im folgenden Abschnitt werden die sechs Elemente des Controllingsystems beschrieben, wie diese für einen objektivierungsorientierten Controllingansatz grundsätzlich auszuformen sind. Basis bildet für jedes der sechs Elemente eine Hypothese. Diese wird im Weiteren diskutiert und anhand der Erkenntnisse aus der Analyse des gegenwärtigen Status der Controllingforschung bzw. der Controllingansätze reflektiert. Schwerpunkt bilden dabei die Kritikpunkte aus ▶ Abschn. 8.2.2.4. Darüber hinaus fließen die Erkenntnisse der ersten beiden Teile bezüglich Herausforderungen und Basisannahmen auf der einen Seite und der Objektivierung auf der anderen Seite mit ein.

9.2.1 Problemstellung

» Hypothese: Die Rahmenbedingungen unternehmerischen Handelns unterliegen einem permanenten Wandel, insbesondere hervorgerufen durch die Globalisierung, was die Transparenz von Entscheidungssituationen verringert. Daraus ergibt sich die Notwendigkeit mittels einer Führungsunterstützung „Controlling" nach ganzheitlicher, objektivierter Transparenz zu streben, das heißt, übergreifend über die vorhandenen betrieblichen Funktionen hinweg, aktuelle, möglichst vollständige und verlässliche Informationen, mittels eines strukturieren Verfahrens bereitzustellen.

Oben wurde ausgeführt, dass ein hohes Maß an Kongruenz von Informationsbedarf, -angebot und -nachfrage aus entscheidungstheoretischer Sicht für den Erfolg des unternehmerischen Entscheidungs- bzw. Führungsprozesses elementar ist. Dieser Sachverhalt ist nicht neu. Jedoch haben sich die Rahmenbedingungen der Unternehmensführung verändert, das heißt, die Anforderungen sind über den Zeitverlauf höher geworden und neue Aspekte sind hinzugetreten. Zu der primär entscheidungstheoretischen Dimension tritt damit, als zentrale wissenschaftliche Perspektive, der verhaltenswissenschaftliche Aspekt (Süßmaier 2004). Es werden dadurch menschliche Anomalien und Limitierungen berücksichtigt (Kahnemann et al. 1991). Konkret sind durch die Betriebswirtschaftslehre als Theorie Orientierungs- und Entscheidungshilfe zu geben, wie die Betriebswirtschaftslehre als Praxis die Entscheidungsvorbereitung optimal gestalten kann. Betrachtet man beispielsweise den Markt in Deutschland, hat sich dieser grundsätzlich von einem Verkäufermarkt nach dem zweiten Weltkrieg zu einem Käufermarkt gewandelt. Konnten zu Beginn brauchbare Produkte grundsätzlich problemlos abgesetzt werden, zog der zunehmende Wettbewerbsdruck die Notwendigkeit der Verfeinerung der Steuerungsinstrumente nach sich. Verbunden war dies mit dem Ziel, Entscheidungen auf eine bessere Informationsgrundlage zu gründen. Reichten die betrieblichen Funktionen Planung, Finanzen und Rechnungswesen als entscheidungsrelevante Informationsgrundlage für die Geschäftsführung früher aus, wurde eine übergreifende und ganzheitliche Sichtweise notwendig.

Als beispielhaftes Instrument ist hier die Balanced Scorecard zu nennen (Kaplan und Norton 1997). Die Notwendigkeit des Controllings begründet sich somit vor allem durch das Merkmal „Zunahme der Wettbewerbsintensität", welche insbesondere durch den Begriff der Globalisierung gekennzeichnet ist (siehe ▶ Kap. 1). Analysiert man diese Entwicklung hinsichtlich ihrer Auswirkungen, so ist zu erkennen, dass durch die Merkmale der Globalisierung (Zunahme von Komplexität, Dynamik und Unsicherheit) die Transparenz abgenommen hat. Transparenz wird dabei verstanden als das Vorhandensein von aktuellen und verlässlichen Informationen, die es ermöglichen, ein fundiertes Urteil zu treffen (Basler Ausschuss für Bankenaufsicht 1998). In der Folge war es den Führungskräften immer weniger möglich, mit den durch die vorhandenen betrieblichen Funktionen bereitgestellten Informationen, den veränderten Rahmenbedingungen Rechnung tragend, adäquate Entscheidungen zu treffen (vgl. für die frühe Erkenntnis Jackson (Jackson 1949)). Dieser Sachverhalt begründet eine neuartige Aufgabenstellung der Betriebswirtschaftslehre, da das Streben nach ganzheitlicher Transparenz, als Informationsbasis für betriebliche Entscheidungen, durch die vorhandenen betrieblichen Funktionen nicht abgedeckt wurde. Diese waren entweder funktional (bspw. Marketing, Produktion) oder inhaltlich beschränkt (bspw. Rechnungswesen).

Beispiel: Problem Wettbewerbsintensität

Seit dem zweiten Weltkrieg haben sich die Markt- und Wettbewerbsverhältnisse signifikant verändert. Zu Beginn konnten Unternehmen Produkte oder Dienstleistungen, die einen Mehrwert stifteten, grundsätzlich absetzen. Die Konkurrenz war gering und die Verkäufer hatten eine starke Position im Markt. Über die Jahrzehnte hat sich diese Situation geändert. Der

Markt wird heute in der Regel durch die Nachfrager dominiert.
- Verkäufermarkt ... Angebot ist geringer als die Nachfrage.
- Käufermarkt ... Angebot ist größer als die Nachfrage.

Durch die Zunahme der Wettbewerbsintensität hat sich der Druck auf das Management erhöht. Gründe für die Erhöhung der Wettbewerbsintensität sind insbesondere:
1. Überkapazitäten aufgrund von Massenproduktion.
2. Fortschreiten der Globalisierung aufgrund der Verringerung von Handelsbarrieren.
3. Erhöhung der Markttransparenz durch die Digitalisierung.

Basierend auf dieser Ausgangssituation sind intuitive oder nicht datenbasierte Entscheidungen nicht mehr zeitgemäß. Somit benötigen Manager Unterstützung, insbesondere in Bezug auf die Bereitstellung entscheidungsrelevanter und verarbeitbarer Informationen.

Die Fokussierung auf das Streben nach Transparenz, das heißt die Bereitstellung umfassender, aktueller und verlässlicher Informationen birgt das Risiko der Kritik, dass die Controllingpraxis umfassendere Aufgaben zu erfüllen hat und hier ein Abgrenzungsproblem zum betrieblichen Rechnungswesen sowie der Informationswirtschaft vorliegt. Hierzu sei auf die Ausführungen zu den Controllingaufgaben in diesem Abschnitt verwiesen, in dem diese Aspekte aufgegriffen und diskutiert werden. Zentral ist in diesem Kontext die Abgrenzung der Problemstellung in Bezug auf die Einordnung in das Führungssystem.

Transparenz

... zeitgerechte Verfügbarkeit zuverlässiger Informationen, die eine fundierte Entscheidung ermöglichen.

Die Diskussion in ► Abschn. 8.2.2.4 hat gezeigt, dass hier insbesondere die Kritik der koordinationsorientieren Controllingkonzeptionen kulminiert. Hierzu wird im Thesenpapier von Küpper/Weber/Zünd noch ausgeführt

» Das Controlling übernimmt in den sozialen Systemen nicht selbst Steuerungs- und Lenkungsaufgaben; sonst wäre es von der Leitung nicht mehr unterscheidbar. Controlling ist Führungshilfe (Küpper et al. 1990).

Dem ist zuzustimmen. Die Koordination wird später als spezifische Problemstellung des Controllings definiert (Küpper 2008). Da Koordination jedoch grundsätzlich Entscheidung impliziert, wird diese Sichtweise hier abgelehnt, vielmehr muss zur Abgrenzung die Führungsunterstützungsfunktion des Controllings klar unterstrichen und betont werden.

9.2.2 Vision

» Hypothese: Durch das auf Transparenz ausgerichtete objektivierte Vorgehen trägt das Controlling dazu bei, dass Führungskräfte Chancen und Risiken früh erkennen, daraus Vorteile im Wettbewerb entstehen und somit der langfristige Unternehmenserfolg gesichert wird.

Die Vision, synonym auch Leitbild oder Philosophie, wird hier als „... das Abbild einer zukünftigen Wirklichkeit, die man zu erreichen trachtet." (Coenenberg und Salfeld 2003) definiert. Die Formulierung dieser wird als zentraler Bestandteil der Ausformung eines Controllingsystems angesehen, da durch die Vision abstrakt sachliche und emotionale Orientierung gegeben wird. Sie hat nicht die Detaillierung wie Ziele oder Aufgaben, sondern bildet die gedankliche Grundlage für die Ausformung des Controllings auf der einen Seite sowie das spätere Handeln auf der anderen Seite. Die Vision gibt damit grundsätzliche Orientierung.

Vision

... Abbild einer zukünftigen Wirklichkeit, die man erreichen möchte.

Innerhalb der vorgeschlagenen Bandbreite, von passiv-vergangenheitsorientiert, über aktiv-zukunftsorientiert bis hin zu innovativ-antizipativ, wird der objektivierungsorientierte Controllingansatz in den beiden letzteren Bereichen verortet. Die

Zuschreibung der charakteristischen Merkmale Zukunftsorientierung, Proaktivität und Innovation zum Controlling gründen sich auf mehrere Aspekte. Erstens muss die Ergebniszielorientierung, welche wie dargestellt eine gemeinsame Basis der Controllingkonzeptionen ist, zukunftsgerichtet sein. Bei der Betrachtung privatwirtschaftlicher Unternehmen ist als finale Spitzenkennzahl der Unternehmenswert anzunehmen, da sich dieser der Frage stellt, mit welchen Produkten und Dienstleistungen in welcher Kostenstruktur ein Unternehmen zukünftig wirtschaftlich erfolgreich sein will und damit vergangenheitsorientierten Kennzahlen als Steuerungsgröße überlegen ist (vgl. ▶ Kap. 5).

Die Ergebniszielorientierung ist auch bei anderen Unternehmen, Organisationen oder Systemen, in denen ein Controllingsystem implementiert wird, zu verfolgen, hier hat eine Adaption der Erfolgsgröße an die spezifische Situation zu erfolgen.

Zweitens liefert die Genese der controllingspezifischen Problemstellung die Begründung für die beschriebenen Merkmale. Die Legitimation des Controllings resultiert aus dem Bedarf, umfassender, entscheidungsrelevanter, am Zweck orientierter, möglichst vollständiger betrieblicher Informationen. Unternehmerische Entscheidungssituationen gründen, aufgrund der Zukunftsbezogenheit, grundsätzlich auf unvollkommenen Informationen, woraus sich Ungewissheit, als Summe aus Entscheidung unter Risiko und Entscheidung unter unsicheren Erwartungen, ergibt. Eine rein reaktive und zurückschauende Philosophie würde dieser Herausforderung nicht Rechnung tragen.

Drittes begründendes Element ist der von Kappler formulierte Kern (Bewegung, Perspektivwechsel, Differenzproduktion und Veränderung) des Controllings. Diese gedankliche Ausrichtung spiegelt sich darüber hinaus in den meisten Controllingkonzeptionen, insbesondere den neueren, wider und ist auch im betriebswirtschaftlichen Sprachgebrauch verankert. Viertens ergibt sich die Notwendigkeit der Ausrichtung des Controllings auf die Zukunft und damit des proaktiven Handelns und der Innovation aus dem praktischen Bedarf.

Das Unternehmen Nokia, genauer der Mobilfunkbereich „Mobile Devices", ist hierfür ein Beispiel, dass eine nicht oder wenig zukunftsorientierte, reaktive Unternehmensführung oder das Treffen falscher strategischer Entscheidungen zum unternehmerischen Niedergang und Ausscheiden aus dem Markt führen kann. Die hier vorgeschlagene Controlling-Philosophie muss sich deshalb auch auf den Prozess der Definition und Ableitung des Informationsangebotes beziehen. Es muss deutlich werden, welche Chancen und Risiken unternehmerische Handlungsoptionen oder Umfeldveränderungen bieten. Diese Sichtweise zieht zwingend eine Betrachtung von Szenarien nach sich, was im Rahmen der Objektivierung durch die Ermittlung von Bandbreiten sichergestellt ist.

Beispiel: Controllingvision

Ausgangssituation: Samsung, der weltweite Markführer im Smartphonemarkt, bezogen auf die Anzahl der verkauften Geräte, veröffentlichte einen Gewinnrückgang von fast 60 % für das dritte Quartal 2014.

Als Gründe wurden zum einen die neuen „iPhone 6" und „iPhone 6 plus" im Premiumsegment genannt. Zum anderen konnten die chinesischen Wettbewerber Lenovo und Xiaomi ihren Marktanteil im Niedrigpreissegment auf Kosten von Samsung erhöhen.

Optionen in Bezug auf die Controllingvision: Wenn die Controllingvision eines Unternehmens den Aspekt „Streben nach Transparenz durch ein objektiviertes Vorgehen" mit einschließt, würde dies das Ziel implizieren, potentielle Marktveränderungen, in diesem Fall durch das Auftreten neuer Wettbewerber und Produkte, und die daraus resultierende Steigerung des Angebots an Smartphones und die Reduzierung der Produktpreise zu antizipieren.

Voraussetzung: Für solch eine Controlling-Vision, ist eine Controlling-Philosophie notwendig, die als kennzeichnende Merkmale Zukunftsorientierung, Proaktivität und Innovation umfasst. Die Praxisrelevanz von zukunftsorientierten Informationen ist vor dem Hintergrund des Samsung-Beispiels offensichtlich.

9.2.3 Ziele

» Hypothese: Als Führungshilfe stellt das Controlling mittels Objektivierung den Führungskräften entscheidungsrelevante, verarbeitbare Informationen zur Verfügung, mit dem Ziel, die Transparenz und damit die Entscheidungsqualität zu erhöhen. Durch Fakten- und Methodenwissen wird die Kongruenz von Informationsbedarf und -angebot optimiert. Mittels sozialer Kompetenz werden Bedürfnisse der Führungskräfte antizipiert sowie Überzeugung hinsichtlich Notwendigkeit und Mehrwert des objektivierenden Vorgehens erzielt.

Die Zielbildung stellt eine Konkretisierung und Detaillierung der Vision dar. Ziele werden dabei definiert als „... normative Vorstellungen über einen zukünftigen Zustand ..., der durch Handlungen hergestellt werden soll." (Welge und Al-Laham 2003). Der Zielbildungsprozess sowie dessen Ergebnisse sind von besonderer Bedeutung, da Ziele eine Reihe von Funktionen wahrnehmen:

1. Selektion,
2. Orientierung,
3. Steuerung,
4. Koordination,
5. Motivation und Anreiz,
6. Bewertung,
7. Kontrolle.

Hinsichtlich der Ableitung der spezifischen Controlling-Ziele ergibt sich ein systemtheoretischer Lösungsansatz, der zweidimensional ist. Erstens bilden die Controlling-Ziele als auch das Controlling selber ein Subsystem der Unternehmensziele bzw. des Controllings. Zweitens spannen die Controlling-Ziele ein Zielsystem auf. Darüber hinaus umfasst das Controllingsystem mit seinen Elementen Teilsysteme.

Ziele

... normative Vorstellungen über einen zukünftigen Zustand, der durch Handlungen erreicht werden soll.

In Bezug auf die erste Dimension, das Controlling als Teilsystem der Unternehmung, ergibt sich als erstes Ziel die Einordnung als Führungsunterstützung, welches gleichzeitig das angestrebte Selbstverständnis widerspiegelt. Daraus leitet sich ein weiteres Ziel ab, die Informationsqualität zu steigern. Konkret hat dies durch Objektivierung zu erfolgen, das heißt, damit wird der grundsätzliche Rahmen für die Zielerreichung definiert. Eine weitere Detaillierung bzw. Konkretisierung erfolgt durch die Aufspaltung „Optimierung von Informationsbedarf und -angebot" und „Antizipation des Informationsbedarfs und Einbindung der Führungskräfte". Die erste Zielkonkretisierung ergibt sich generisch aus der grundsätzlichen Problemstellung des Auseinanderfallens von Informationsbedarf, -angebot und -nachfrage. Die Betrachtung beschränkt sich, unabhängig vom Subjekt „Führungskraft", auf die faktische Herausforderung und den Prozess der optimalen Deckung dieses Informationsbedarfs mittels Objektivierung. Der zweite Schritt berücksichtigt die spezifischen subjektiven Aspekte der Entscheidungsträger. Diese Einforderung (zusätzlicher) subjektiver Informationen ist nach dem hier vertretenen Verständnis legitim, da die Führungskraft, aufgrund der persönlichen Verantwortung und Haftung, weitere Informationen einfordern darf (Mäder 2006). Dieser subjektive Informationsbedarf, gleichzusetzen mit der Informationsnachfrage, darf jedoch nicht alleinige Entscheidungsgrundlage sein.

In Summe ergibt sich die Zielsetzung, einen objektivierten Informationsumfang, als Basisinformationsumfang, ergänzt durch einen subjektiven Informationsumfang, als Ergänzungsinformationsumfang, zu ermitteln. Gleichzeitig ist durch das Controlling, orientiert an der zugrundeliegenden Controlling-Vision, proaktiv daran zu arbeiten, zukünftige Herausforderungen des Managements zu identifizieren und damit auch den weiteren Informationsbedarf zu berücksichtigen. Darüber hinaus ist auf der einen Seite herauszustellen, welche Notwendigkeiten sich hinsichtlich Inhalten, Prozessen und Systemen ergeben, um den objektivierungsorientierten Controllingansatz zu realisieren. Auf der anderen Seite ist darzustellen, welcher Mehrwert mit diesem Vorgehen verbunden ist.

In diesem Kontext ist Überzeugungsarbeit dahingehend zu leisten, dass eine objektivierungsorientierte Controlling-Philosophie in der Unternehmenskultur verankert und somit auch außerhalb der institutionalisierten Controllingorganisation zur Anwendung kommt und gelebt wird. In Bezug auf diese beiden Aspekte hat auch die Theorie Unterstützung zu leisten. Zwar gibt es an der Schnittstelle der systemseitigen Umsetzung von Inhalten und Prozessen umfangreiche Forschungsaktivitäten, jedoch zeigt die Praxis, dass bei dem Schritt, prozessual-inhaltliche Aspekte in IT-Systemen umzusetzen, Fehler gemacht und vielfach die gesteckten Ziele nicht erreicht werden (Flyvbjerg und Budzier 2011; Richter et al. 2008). Gleichzeitig ist die Ableitung eines quantitativ-monetären Mehrwertes der Optimierung des Informationsumfangs, unabhängig von der angenommenen Herangehensweise, bisher kaum wissenschaftlich fundiert betrachtet worden.

Herausfordernd gestaltet sich darüber hinaus die Ableitung des Zielsystems für eine Controllingkonzeption, insbesondere deshalb, da es sich um qualitative Ziele handelt, die grundsätzlich abstrakter und schwieriger abgrenzbar sind.

Beispiel: Controllingziel und -teilziele
Ausgehend von der Hauptaussage der initialen Hypothese für das Element „Ziele", dem übergeordneten Ziel nach Transparenz zu streben und dem Management entscheidungsrelevante und verarbeitbare Informationen zur Verfügung zu stellen (mittels eines objektivierten Vorgehens), ergibt sich, als notwendige Voraussetzung, dass die Teilziele Fakten- und Methodenwissen sowie soziale Kompetenz erfüllt sein müssen.
In der Weiterführung des Beispiels Samsung, ergibt sich bei der unternehmensspezifischen Ausformung des Controllings für die drei Aspekte Folgendes:

a. Faktenwissen: Das Ziel für Faktenwissen kann in dem Praxisbeispiel konkret den Aspekt umfassen, dass Controlling in der Lage sein muss, für ein spezifisches Produkt, in einem spezifischen Markt, über dessen Lebenszyklus Informationen bereitzustellen.
b. Methodenwissen: Das faktenbezogene Wissen ist mit den Instrumenten und Verfahren sowie den diesbezüglichen Zielen dahingehend verknüpft, dass nur mittels der Auswahl und Nutzung der passenden Instrumente und Verfahren Daten und Informationen zielorientiert und effizient verarbeitet werden können.
c. Soziale Kompetenz: Der Aspekt „soziale Kompetenz" trägt dem Sachverhalt Rechnung, dass vom Controlling, in dem hier beschriebenen Weg, erhobene und aufbereitete Daten und Informationen regelmäßig kritische oder negative Aspekte enthalten. In der Folge muss ein Controller die Fähigkeit haben, diese Informationen zum einen adressatengerecht zu überbringen und bei Bedarf auch die (menschlichen) Reaktionen einordnen und verarbeiten zu können.

Konsequenzen: Mit einer fundierten und stringenten Zieldefinition für ein Unternehmen, hier am Beispiel von Samsung, ist es dem Controlling möglich, sich auf die definierten Ziele zu fokussieren. Darüber hinaus ist die Zieldefinition das Fundament für die Ausformung und Detaillierung der weiteren Elemente des Controllingsystems. Beide Bereiche determinieren die Ressourcenallokation nachhaltig und damit auch das wirtschaftliche Handeln eines Unternehmens.
Der Objektivierungsprozess muss explizit auf den Zielen aufsetzen und ist bereits implizit in diesen vorhanden:

1. Ein datengetriebenes, sachliches Vorgehen ist notwendig (reflektiert in den Merkmalen des Objektivierungsprozesses Dokumentation, Belegbarkeit, Differenzierbarkeit und Umfänglichkeit).
2. Für das methodische Vorgehen ist das Wissen bezüglich anerkannter Methoden und Instrumente zwingend im Objektivierungsansatz verankert.

9.2.4 Aufgaben

» Hypothese: Das mögliche Aufgabenspektrum des Controllings wird in Aufgaben im engeren und Aufgaben im weiteren Sinne unterteilt. Beiden Bereichen ist gemein, dass sie Führungsunterstützung leisten und objektiviert erfolgen. Sie unterscheiden sich durch den Grad der operativen Einbindung. Die Aufgaben im engeren Sinne umfassen Beratung sowie Informationsverdichtung und sind durch ein hohes Maß an kritischer Distanz gekennzeichnet. Controllingaufgaben im weiteren Sinne beinhalten auch die Möglichkeit der Wahrnehmung von Tätigkeiten die prozessual-inhaltlich in die Gesamtunternehmung eingegliedert sind.

Auch wenn ich mit Kappler übereinstimme, dass alle Theorie grundsätzlich in der Praxis liegt, so heißt dies nicht, dass Praxis immer Maßstab ist bzw. sein muss, vielmehr hat das Controlling, als Teildisziplin der Betriebswirtschaftslehre als Wissenschaft, zu beobachten, zu analysieren, nachzudenken und optimale Handlungsempfehlungen zu geben, unabhängig – und wenn nötig auch kontrovers – zur vorherrschenden Praxis. In der Folge ergibt sich weder eine rein theoriegeleitet-deduktive noch eine rein praxisorientiert-induktive Vorgehensweise.

Wenn das Aufgabenspektrum des Controllings über die Zeit immer weiter zugenommen hat (Pietsch und Scherm 2004) und dies insbesondere aufgrund empirischer Studien in der Praxis zu beobachten war, dann ist dieser Sachverhalt zu hinterfragen. Es ist nicht nur die legitime sondern die evidente Aufgabe des Controllings als Theorie aufzuzeigen, dass eine permanente Ausweitung des Aufgabenspektrums die Disziplin Controlling beliebig, unscharf und mittelfristig unbrauchbar macht.

Eine Rückbesinnung auf Kernaufgaben und die Akzeptanz, dass Controlling eben keine Führungs- sondern eine Führungsunterstützungsfunktion ist, wäre hilfreich, um die Theorie zu schärfen und der Praxis optimale Orientierungs- und Entscheidungshilfe zu geben. In der Folge stellt sich die Herausforderung, die Controllingaufgaben, verstanden als „Sollleistungen zur Erfüllung der Controlling-Ziele" (Winter 2008), so zu definieren und abzugrenzen, dass zum einen die konzeptionellen Anforderungen (eigenständige Problemstellung, theoretische Fundierung und Bewährung in der Praxis) ebenso erfüllt sind, wie zum anderen die Hauptkritikpunkte (Neuerung der Aufgaben und Inhalte, Abgrenzung zu anderen betrieblichen Funktionen sowie Metamanagement) mit Berücksichtigung finden.

Vor diesem Hintergrund erfolgt die Aufteilung in Controllingaufgaben im engeren und im weiteren Sinne. Gemeinsame Basis ist das objektivierte Vorgehen. Zentrale Aufgabe des Controllings ist es, die in ► Abschn. 6.3 skizzierten prozessual-inhaltlichen Merkmale der Objektivierung (Dokumentation, Belegbarkeit, Differenzierbarkeit, Umfänglichkeit, Verwendung anerkannter Methoden, Plausibilität und Berücksichtigung der Unsicherheit in Form von Bandbreiten), als spezifische Lösungsoptionen für die individuelle Unternehmenssituation zu erarbeiten und über die Nutzung zu begleiten.

Eine koordinierende Aufgabe wie durch Horváth oder Küpper (Horváth 2011; Küpper et al. 2013), wird dem Controlling dabei aus zwei Gründen nicht zugewiesen. Erstens, impliziert Koordination Management- und Weisungsbefugnis. Diese Annahme einer quasi Metaführung, ist der Hauptkritikpunkt in Bezug auf die koordinationsorientierten Controllingkonzeptionen und führt in der Folge zum Wegfall der eigenständigen Problemstellung, da das Management, als fundamentale betriebliche Funktion, originäres Element der ursprünglichen arbeitsteiligen Strukturierung von Unternehmen war. Zweitens, hat die Umsetzung der Objektivierung Auswirkungen auf alle Elemente des gesamten Unternehmens, ist Bestandteil der strategischen Ausrichtung und als solches folglich in der Unternehmenskultur zu verankern. In der Konsequenz liegt hier klar eine Führungsaufgabe vor. Beginnend beim Topmanagement muss der Wille zur Umsetzung der Objektivierung realisiert werden. Dem Controlling kommt eine beratende und unterstützende Aufgabe zu. Die unternehmensspezifischen Lösungsoptionen des Objektivierungsansatzes werden durch das Controlling, hinsichtlich Inhalt, Prozessen, Instrumenten und Systemen, in Zusammenarbeit mit den anderen betrieblichen Funktionen erarbeitet. Dies erfolgt beispielsweise unterstützend mit dem Bereich der Informationstechnologie oder den primären betrieblichen Aktivitäten Produktion, Supply Chain Management und Marketing. Die Umsetzung, das heißt auch die Koordination der Implementierung sowie des Betriebes, ist nicht durch das Controlling zu verantworten.

Abb. 9.2 Technology Value Cube (TVC)

Beispiel: Strukturierung von Controllingaufgaben

Der Technology Value Cube (TVC) ist ein spezifisches, ganzheitliches Controllinginstrument für das objektivierte wertorientierte Management von Technologieunternehmen (Abb. 9.2).

Der TVC basiert auf den Ergebnissen von Fallstudien, der Analyse und Bewertung der aktuellen Forschungsergebnisse, insbesondere in Bezug auf die spezifischen Rahmenbedingungen von Technologieunternehmen sowie auf den fundamentalen theoretischen Annah-

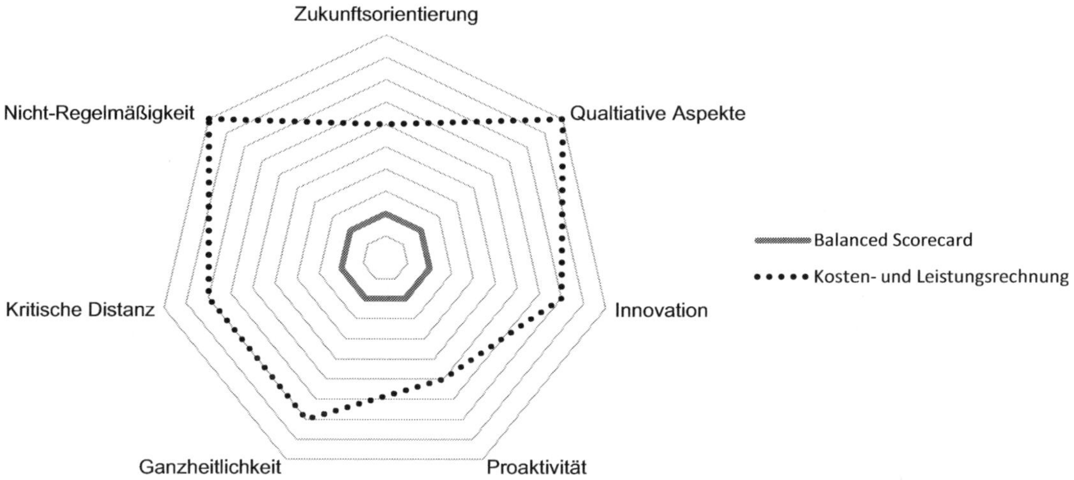

Abb. 9.3 Netzdiagramm zur Einordnung von Controllingaufgaben (I)

men, insbesondere Wertorientierung und Objektivierung.

Der Ansatz baut auf der Idee der Balanced Scorecard (BSC) von Kaplan/Norton auf, finanzielle Aspekte und weitere unternehmerische Erfolgsfaktoren in einem Steuerungsinstrument auszubalancieren, um die Strategieumsetzung operativ zu verankern und die gesetzten Ziele zu erreichen. Dieser Grundgedanke wird auf Technologieunternehmen erweitert und für diese spezifisch ausgeformt.

Der Technologie Value Cube unterstützt damit insbesondere die Controllingaufgaben im engeren Sinne, vor allem hinsichtlich der Dimensionen Zielorientierung, Strukturierung, Ganzheitlichkeit sowie Herausarbeitung der Ursache-Wirkungszusammenhänge.

Aufgaben im engeren Sinne sind durch ein hohes Maß an kritischer Distanz gekennzeichnet und reflektieren die Kernaufgaben des Controllings mit den charakteristischen Merkmalen Zukunftsorientierung, Proaktivität und Innovation. Das Controlling baut hier auf den aus der operativen Leistungserstellung ermittelten Informationen auf, konsolidiert diese, erarbeitet darauf aufbauend Lösungsoptionen und stellt deren Vor- und Nachteile im Rahmen einer Bewertung dar. Die Entscheidung selber erfolgt durch das Management. Um eine durchgängige Objektivierung zu gewährleisten, muss das Controlling auch die vorgelagerten Prozesse, Instrumente und Systeme kennen sowie diese hinsichtlich ihrer Adäquanz in Bezug auf die Objektivierung bewerten und offenlegen, das heißt, danach zu streben prozessuale, instrumentelle und systemische Transparenz zu schaffen. Diese Analyse und Bewertung ist deshalb auch elementarer Bestandteil der Aufgaben im engeren Sinne. Hinsichtlich des zeitlichen Bezugs, der Relevanz sowie des konzeptionellen Charakters sind diese Aufgaben strategisch orientiert.

Beispiel: Einordnung von Controllingaufgaben (I)

Das Netzdiagramm illustriert eine Möglichkeit zur Bewertung und Zuordnung, ob Controllingaufgaben solche im engeren oder weiteren Sinne sind, hier geknüpft an Instrumente (Abb. 9.3).

Die Ratingskala umfasst die Bandbreite von 1 = richtig bis 5 = nicht richtig, mit der Möglichkeit der Abstufung.

Im Ergebnis sehen wir, dass die Balanced Scorecard (auch der Technology Value Cube) Controllingaufgaben im engeren Sinne darstellen, da hier alle Dimensionen erfüllt sind und mit 1 bewertet werden.

Im Gegensatz dazu umfasst die Kosten- und Leistungsrechnung, abgestuft, Elemente die auf weiter außenliegenden Schalen wiederzufinden sind. Es handelt sich somit um eine Controllingaufgabe im weiteren Sinne.

Neben diesen Controllingaufgaben im engeren Sinne kann das Controlling Aufgaben im weiteren Sinne

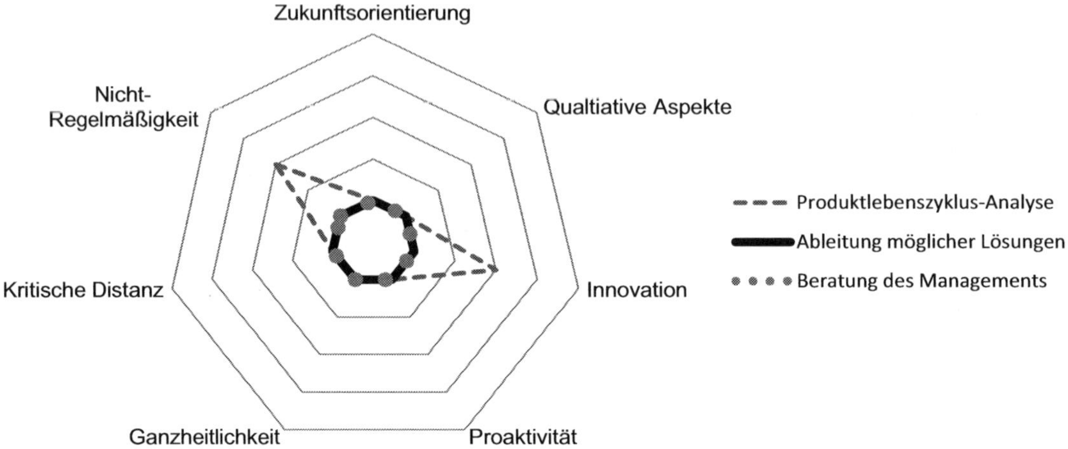

Abb. 9.4 Netzdiagramm zur Einordnung von Controllingaufgaben (II)

wahrnehmen, das heißt, es erfolgt eine operative Mitwirkung, was eine prozessual-inhaltliche Einbindung zur Folge hat. Diese Aufgaben sind in der Praxis häufig anzutreffen und werden insbesondere durch die im Kontext des Controllings ausgeführten Instrumente reflektiert (Wall 2008). Beispielhaft sei hier das interne Rechnungswesen genannt. Dieses ist für Unternehmen in nicht-regulierten Märkten grundsätzlich nicht gesetzlich vorgeschrieben. Das Controlling hat seinen Ursprung in diesem Bereich (Becker et al. 2014) und in Praxis kommt dieser Aufgabe immer noch eine zentrale Rolle zu (Horváth 2011).

Es stellt sich jedoch zum einen die Frage, inwieweit das Controlling mit der Wahrnehmung dieser Aufgabe eine neue, eigenständige Problemstellung abbildet. Orientiert man sich mit der funktionalen Abgrenzung an der Wertkette von Porter, so kann eine logische Verortung innerhalb der unterstützenden Aktivitäten des Bereichs Unternehmensinfrastruktur vorgenommen werden, welche insbesondere die Aufgaben Geschäftsführung, Planung, Finanzen, Rechnungswesen, Rechtsfragen, Qualitätssicherung und Kommunikation umfasst (Porter 2000).

Beispiel: Einordnung von Controllingaufgaben (II)

Beispiel Samsung – Fortsetzung: Basierend auf den bisherigen Erkenntnissen, insbesondere den definierten Zielen, können die folgenden Aufgaben abgeleitet werden, mit denen Controlling einen Mehrwert stiften kann, indem das Maß an Transparenz als Entscheidungsgrundlage erhöht wird:

1. Historische Analyse des Produktlebens-Zyklus anderer, ähnlicher Produkte, um mögliche Verläufe/Muster hinsichtlich der Veränderung der Wettbewerbsintensität identifizieren zu können.
2. Regelmäßige Sammlung von Daten und Informationen sowie Aufbereitung in einem strukturierten Verfahren, um im Weiteren mögliche Handlungsoptionen ableiten zu können.
3. Erklärung der Ergebnisse und Beratung des Managements zum weiteren Vorgehen. Dies in Verbindung mit der Schärfung des Bewusstseins beim Management, dass dieser Prozess auf der einen Seite Ressourcen bindet, auf der anderen Seite dem Management damit die Möglichkeit gegeben wird proaktiv zu Handeln und damit Wettbewerbsvorteile zu generieren.

Die Bewertung der drei Aufgaben 1. Produktlebenszyklusanalyse, 2. Ableitung möglicher Lösungen und 3. Beratung des Managements hinsichtlich „Controllingaufgaben im engeren Sinne ja/nein" ist in der folgenden Grafik dargestellt (Abb. 9.4). Es wird ersichtlich, dass insbesondere die Aufgaben zwei und drei „klassische" Controllingaufgaben im engeren Sinne darstellen.

Gleichzeitig tritt neben diese Aufgaben auch die Beratung sowie die Mitwirkung im Rahmen der Konzeption des unternehmensweiten Informationsmanagements, insbesondere des Managements der Informationswirtschaft (vgl. Kapitel 4). In Abhängigkeit von der konkreten Aufgabenabgrenzung würde somit der Anspruch vertreten, aus verschiedenen vorhandenen Bereichen Aufgabenelemente herauszulösen und dem Controlling zuzuordnen sowie weitere Aspekte, beispielsweise Beratung, zusätzlich aufzunehmen.

Ergänzend zu diesem Abgrenzungsproblem stellt sich auf der anderen Seite die Frage nach der Möglichkeit der gewissenhaften Wahrnehmung der Kernaufgaben, wenn die Kapazitäten durch operative Tätigkeiten gebunden sind. Nimmt das Controlling die Aufgabe des internen Rechnungswesens mit wahr, impliziert dies beispielsweise in der Praxis auch die Bedienung und inhaltliche Pflege des ERP-Systems. Führt man sich in diesem Zusammenhang vor Augen, welche laufenden und ad-hoc Tätigkeiten allein die Kostenträgerrechnung umfasst (Anlage von neuen Kostenträgern, Stammdatenpflege, Planung, Kontrolle, etc.), ist zu bezweifeln, ob die dem Controlling zugeschriebenen charakteristischen Merkmale (Zukunftsorientierung, Proaktivität und Innovation) tatsächlich zum Tragen kommen können.

Darüber hinaus greift der Ansatz der reinen Differenzierung nach „strategisch" und „operativ" zu kurz, da die zukunftsorientierte, proaktive und innovative Herangehensweise auch auf das operative Controlling zu beziehen ist, was auch hier eine kritische Distanz voraussetzt. Zur Wahrnehmung der Controllingaufgaben im engeren und weiteren Sinne ist somit eine klare Trennung notwendig, was beispielsweise durch ein Schalenmodell gewährleistete werden könnte, indem den jeweiligen Aufgaben auch spezifische organisationale als auch instrumentelle Aspekte zugeordnet werden. Dies ist insbesondere vor dem Hintergrund wichtig, dass sich in der Theorie, teilweise auch in der Praxis, beispielsweise durch das Aufkommen der Balanced Scorecard, die Notwendigkeit der ganzheitlichen, qualitativen, quantitativen und quantitativ-monetären Betrachtung durchgesetzt hat, was sowohl operative als auch strategische Elemente umfasst.

Als Kriterien zur Beurteilung der Controllingaufgaben werden deshalb Zukunftsorientierung, Proaktivität, Innovation, Ganzheitlichkeit, Berücksichtigung qualitativer Aspekte, kritische Distanz und Regelmäßigkeit vorgeschlagen. Anhand dieser kann, beispielsweise mit einem Netzdiagramm, veranschaulicht werden, inwieweit es sich um Controllingaufgaben im engeren oder weiteren Sinne handelt.

9.2.5 Organisation

» Hypothese: Die Institutionalisierung sowie aufbau- und ablauforganisatorische Ausgestaltung des Controllings ist kontext- und konzeptabhängig. Für die Controllingaufgaben im engeren Sinne ist grundsätzlich eine organisationale Einordnung außerhalb der Linienorganisation anzustreben, das heißt eine Umsetzung als Stabs- oder Zentralinstanz.

Hinsichtlich der organisationalen Umsetzung des Controllings, als weiterem Gestaltungselement des Controllingsystems, gilt es zwei Primärfragen zu beantworten. Erstens ist die Institutionalisierung des Controllings zu klären und zweitens die aufbau- und ablauforganisatorische Einordnung vorzunehmen, wenn eine Institutionalisierung erfolgt.

Unbenommen von der Institutionalisierung ist die objektivierungsorientierte Controlling-Philosophie kulturell im Unternehmen zu verankern, so dass diese Mentalität, vorgelebt durch das Management, in das Handeln der Mitarbeiter diffundiert und bei jeder Handlung implizit wird. Hierfür ist keine Institutionalisierung notwendig.

Die organisationale Ausgestaltung des Controllings ist im Weiteren kontext- und konzeptabhängig. Der Kontextbezug richtet sich nach den unternehmensspezifischen Rahmenbedingungen. Die Unternehmensgröße ist hier eine zentrale Variable, da bei kleineren und mittleren Unternehmen das Maß der Arbeitsteilung geringer ist und sein muss. In der Folge setzt eine explizite Institutionalisierung grundsätzlich eine kritische Unternehmensgröße voraus, insbesondere vor dem Hintergrund, dass auch und gerade das Controlling dem Kriterium der Wirtschaftlichkeit, das heißt einer angemessen Zweck-Mittel-Relation, genügen muss.

Die kontextspezifischen Rahmenbedingungen haben auch Auswirkung auf die unternehmensindi-

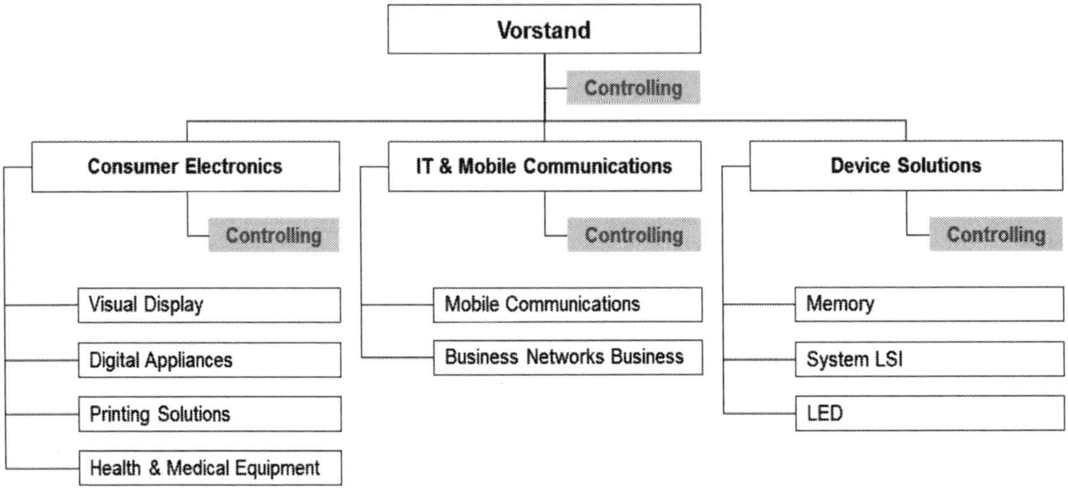

Abb. 9.5 Controlling als Stabsstelle

viduelle Ausgestaltung des objektivierungsorientierten Controllingansatzes, gleichzeitig wirkt dieser auf die aufbau- und ablauforganisatorische Ausgestaltung. Erstere implizieren mögliche Limitierungen bei der methodischen, instrumentellen und systemischen Ausgestaltung der Objektivierung.

Beispiel: Spezifische Controllingorganisation

Die Controllingorganisation wird durch unternehmensspezifische Merkmale, insbesondere Unternehmensgröße sowie regionale Struktur/Produktstruktur determiniert.

Beispiel Samsung – Fortsetzung: Samsung ist ein global agierendes Unternehmen mit drei Geschäftsfeldern (Consumer Electronics, IT & Mobile Communication, and Device Solutions) und neun Subsegmenten, mit Smartphones als Teil des Subsegments „IT & Mobile Communications Business". Der Umsatz des Konzerns betrug im Jahr 2013 mehr als 200 Mrd. US-Dollar.

Es ist nachvollziehbar, dass die Controllingorganisation von Samsung deutlich anders sein muss, als beispielsweise die eines kleinen oder mittelständischen Unternehmens (KMU).

Eine mögliche Lösung für die Controllingorganisation von Samsung könnte die Umsetzung einer Stab-Linien-Organisation sein (Abb. 9.5). In diesem Fall würde der Geschäftsführung, wie im Organigramm dargestellt, eine Stabsstelle zugeordnet. In Abhängigkeit von der Unternehmensgröße könnte darüber hinaus auch den Bereichsleitern oder Verantwortlichen von Regionen, Produkten oder Funktionen (z. B. Marketing, Entwicklung und/oder Produktion) eine eigene Stabstelle/-abteilung zugeordnet werden.

Mit diesem Ansatz würde eine kritische Distanz gewährleistet und Controlling könnte die zugeordneten Aufgaben Zukunftsorientierung, Proaktivität und Innovation wahrnehmen, ohne den Risiken einer zu starken operativen Einbindung ausgesetzt zu sein.

Eine Herausforderung in diesem Szenario ist die Frage, ob das Bereichscontrolling disziplinarisch dem Leiter Controlling oder dem Bereichsleiter zugeordnet werden soll. Beide Optionen haben Vor- als auch Nachteile, sowohl aus praktischer als auch aus theoretischer Sicht. Die fachliche Führung muss in jedem Fall beim Leiter Controlling liegen.

Die Beispielskizze zeigt, dass es bei der organisationalen Umsetzung des Controllings keine einfache bzw. einzige Lösung gibt. Nichtsdestotrotz ermöglicht ein objektiviertes Vorgehen wiederum ein optimales Ergebnis.

Das Maß an Arbeitsteilung sowie die vorhandenen und einsetzbaren Ressourcen sind mit ausschlaggebend für beispielsweise die Abbildung der Merkmale Dokumentation und Nachvollziehbarkeit. In Großunternehmen werden diese beiden Kriterien standardmäßig durch ERP-Systemen sichergestellt. Die sich aus der Unternehmensgröße ergebende Komplexität bedingt auf der einen Seite die ganzheitliche prozessuale und systemische Abbildung. Auf der anderen Seite sind i. d. R. die notwendigen finanziellen Ressourcen vorhanden. Im Gegensatz dazu sind

Abb. 9.6 Überblick an häufig verwendeten Controllinginstrumenten

#	Instrumente	#	Instrumente
1	Informationsbedarfsanalysen	8	Target Costing
2	Investitionsrechnung	9	Lebenszyklusanalyse
3	Budgetierung	10	Abweichungsanalyse
4	Standardcosting	11	Benchmarking
5	Breakeven-Analyse	12	Balanced Scorecard
6	Prozesskostenrechung	13	Transfer Pricing
7	Zero-Base-Budgeting	14	Kennzahlen und Kennzahlensysteme

bei KMU, insbesondere bei kleinen Unternehmen, häufig weder Bedarf noch Ressourcenverfügbarkeit gegeben. In der Folge ist eine Unterscheidung bei der Ausgestaltung der Controllingorganisation und der damit verbundenen instrumentellen und systemischen Unterstützung notwendig.

Die charakteristischen Merkmale, Ziele und Aufgaben der objektivierungsorientierten Controllingkonzeption wirken auf die organisationale Ausgestaltung. In der Hypothese zur Organisation wurde expliziert, dass die Wahrnehmung der Controllingaufgaben im engeren Sinne, insbesondere aufgrund ihrer charakteristischen Merkmale Zukunftsorientierung, Proaktivität und Innovation, ein hohes Maß an kritischer Distanz und Unabhängigkeit voraussetzen. Vor diesem Hintergrund ist eine Herauslösung aus einer klassischen Linienorganisation zielführend. Über die Institutionalisierung als Zentral- und bei Bedarf Stabsinstanzen können diese Anforderungen erfüllt werden.

Die disziplinarische Unterstellung für die Organisationselemente des Controllings, die Aufgaben im engeren Sinne wahrnehmen, sollte grundsätzlich dem Geschäftsführer oder Vorstandsvorsitzenden zugeordnet sein. Dies ist neben der Realisierung der Unabhängigkeit auch sinnvoll, um die Relevanz klar herauszustellen. Über die Zuordnung zur Unternehmensleitung wird signalisiert: der Objektivierungsansatz hat oberste Priorität.

Die aufbau- und ablauforganisatorische Ausgestaltung der Controllingaufgaben im weiteren Sinn ist wiederum abhängig vom unternehmensspezifischen Kontext sowie der konzeptionellen Ausgestaltung. Die fachliche und disziplinare Einbindung in die Unternehmensorganisation sowie -prozesse nimmt mit der Erhöhung des Maßes an Controllingaufgaben im weiteren Sinn zu. Die Unabhängigkeit, Distanz und Reflexionsfähigkeit nimmt im Gegensatz hier regelmäßig ab. Die Bandbreite an Ausgestaltungsmöglichkeiten wird durch die konsolidierten Analyseergebnisse von Wall dargestellt (Wall 2008).

9.2.6 Instrumente

» Hypothese: Das Instrumentarium wird durch die Determinanten Objektivierung, Umfassendheits-Anspruch und Charakteristika der verarbeiteten Daten und Informationen bestimmt. Zwingend müssen die angewandten Instrumente den Kriterien und Merkmalen der Objektivierung genügen bzw. deren Realisierung unterstützen.

Die zur Anwendung kommenden Instrumente (siehe Abb. 9.6) sind zum einen durch die Kriterien der Objektivierung sowie der konkreten Ausgestaltung der Controllingaufgaben bestimmt. Somit müssen die Instrumente erstens den Merkmalen Dokumentation, Belegbarkeit, Differenzierbarkeit, Umfänglichkeit, Verwendung anerkannter Methoden, Plausibilität und Berücksichtigung der Unsicherheit in Form von Bandbreiten sowie den charakteristischen Controlling-Merkmalen Zukunftsorientierung, Proaktivität und Innovation genügen bzw. müssen die Umsetzung dieser unterstützen. Zweitens kann eine Differenzierung nach dem Umfassendheits-Anspruch (ganzheitlich/partiell) sowie der verarbeiteten Daten und Informationen (qualitativ, quantitativ und quantitativ-monetär) erfolgen. In der Konsequenz wird die unternehmensspezifische Instrumentenauswahl maßgeblich durch die Konkretisierung der Aufgaben bestimmt.

Die Controllingaufgaben im engeren Sinn bedingen in der Tendenz ganzheitliche Instrumente, die sowohl quantitativ-monetäre als auch andere quantitative und qualitative Daten und Informationen verarbeiten. Die in der Literatur anzutreffenden Übersichten (vgl. beispielhaft (Wall 2008; Küpper et al. 2013)) sind limitierend. Aufgrund des Anspruchs der Ganzheitlichkeit der Beratung und Führungsunterstützung des Controllings im engeren Sinn sowie der geforderten reflektierenden, zukunftsorientierten, proaktiven und innovativ-gestaltenden Vorgehensweise hat das Controlling das spezifische Geschäftsmodell des Unternehmens in Gänze zu durchdringen, zu analysieren und Lösungsoptionen zu erarbeiten, weshalb eine Limitierung des Instrumentariums unzulässig ist.

Neben klassischen Controllinginstrumenten (Erichsen 2011) können Instrumente der Unternehmensführung (Have et al. 2010) ebenso zur Anwendung kommen, wie spezifische Ansätze beispielsweise das Lean Management (Womack und Jones 2013). Im Rahmen der weiteren Controllingaufgaben kommen dann Instrumente zum Tragen, die auf partielle Aspekte sowie quantitativ-monetäre Daten und Informationen fokussieren bzw. fußen.

Beispiel: Auswahl adäquater Controllinginstrumente

Das Beispiel Samsung hat gezeigt, dass die Auswahl der Instrumente und Verfahren zum einen von der (unternehmens-) spezifischen Situation abhängig ist. Zum anderen wurde gezeigt, dass bestimmte Instrumente und insbesondere Verfahren zwingend sind, da diese im Objektivierungsprozess verankert sind.

Betrachtet man die drei Aufgaben 1. Produktlebenszyklusanalyse, 2. Ableitung möglicher Lösungen und 3. Beratung des Managements, muss in der Konsequenz auch eine systemseitige Unterstützung erfolgen, beispielsweise die Nutzung von Datenbanken, Softwarelösungen (z. B. ERP-Lösungen, Excel, Access, SQL) als auch die Auswahl angemessener Tools (z. B. Porters 5-Forces, Szenariotechnik, 4-P-Modell) sichergestellt werden. Im Umkehrschluss sind dies wieder Kompetenzen die im Controlling verfügbar und anwendbar sein müssen, um die definieren Ziele erreichen zu können.

9.3 Zusammenfassung

Ausgehend von der Erkenntnis, dass der Status Quo des Controllings durch eine Definitions- und Ansatzfülle sowie eine starke Differenzierung der funktionalen und instrumentellen Aspekte gekennzeichnet ist, war es das Ziel dieses Beitrages, die objektivierungsorientierte Controllingkonzeption zu skizzieren, welcher vorhandene Elemente integriert sowie die Kritik berücksichtigt und aus den Einzelelementen ein schlüssiges Konstrukt formt.

Als Bewertungsmaßstab wurden erstens für die wissenschaftliche Akzeptanz einer Controllingkonzeption die Kriterien eigene Problemstellung, hypothesengestützte Theoriefundierung und die Bewährung in der Praxis, als notwendig abgeleitet. Zweitens wurden sechs elementare Bestandteile eines Controllingsystems definiert (Problemstellung, Vision, Ziel, Aufgaben, Organisation und Instrumente). Drittens wurde in Bezug auf das Verhältnis von Theorie und Praxis dargestellt, dass die Praxisorientierung des Controllings als Theorie wichtiger Bestandteil ist, dies wird insbesondere durch die Verankerung als Bewertungskriterium verdeutlicht. Gleichzeitig wurde begründet, dass die Controlling-Theorie, zur Wahrnehmung ihrer primären Funktionen (Beobachtung, Analyse, Nachdenken und Ableitung optimaler Handlungsempfehlungen) eine kritische Distanz zur Praxis einnehmen muss, wenn nötig auch kontrovers zur vorherrschenden Praxis. In der Folge wird ein Diskurs initiiert, der zur Herausarbeitung optimaler Lösungen dient.

Basierend auf diesen analytischen Vorüberlegungen, den abgeleiteten Kriterien sowie des Bewertungsmaßstabes wurden für die Einzelelemente der objektivierungsorientierten Controllingkonzeption Thesen abgeleitet und begründet. Zusammenfassend sind im Folgenden die Thesen aufgeführt:

1. Hypothese: Problemstellung: Die Rahmenbedingungen unternehmerischen Handelns unterliegen einem permanenten Wandel, insbesondere hervorgerufen durch die Globalisierung, was die Transparenz von Entscheidungssituationen verringert. Daraus ergibt sich die Notwendigkeit mittels einer Führungsunterstützung „Controlling" nach ganzheitlicher, objektivierter Transparenz zu streben, das heißt, übergreifend über die vorhandenen betrieblichen Funktionen

hinweg, aktuelle, möglichst vollständige und verlässliche Informationen, mittels eines strukturieren Verfahrens bereitzustellen.

2. Hypothese: Vision: Durch das auf Transparenz ausgerichtete objektivierte Vorgehen trägt das Controlling dazu bei, dass Führungskräfte Chancen und Risiken früh erkennen, daraus Vorteile im Wettbewerb entstehen und somit der langfristige Unternehmenserfolg gesichert wird.
3. Hypothese: Ziele: Als Führungshilfe stellt das Controlling mittels Objektivierung den Führungskräften entscheidungsrelevante, verarbeitbare Informationen zur Verfügung, mit dem Ziel, die Transparenz und damit die Entscheidungsqualität zu erhöhen. Durch Fakten- und Methodenwissen wird die Kongruenz von Informationsbedarf und -angebot optimiert. Mittels sozialer Kompetenz werden Bedürfnisse der Führungskräfte antizipiert sowie Überzeugung hinsichtlich Notwendigkeit und Mehrwert des objektivierenden Vorgehens erzielt.
4. Hypothese: Aufgaben: Das mögliche Aufgabenspektrum des Controllings wird in Aufgaben im engeren und Aufgaben im weiteren Sinne unterteilt. Beiden Bereichen ist gemein, dass sie Führungsunterstützung leisten und objektiviert erfolgen. Sie unterscheiden sich durch den Grad der operativen Einbindung. Die Aufgaben im engeren Sinne umfassen Beratung sowie Informationsverdichtung und sind durch ein hohes Maß an kritischer Distanz gekennzeichnet. Controllingaufgaben im weiteren Sinne beinhalten auch die Möglichkeit der Wahrnehmung von Tätigkeiten die prozessual-inhaltlich in die Gesamtunternehmung eingegliedert sind.
5. Hypothese: Organisation: Die Institutionalisierung sowie aufbau- und ablauforganisatorische Ausgestaltung des Controllings ist kontext- und konzeptabhängig. Für die Controllingaufgaben im engeren Sinne ist grundsätzlich eine organisationale Einordnung außerhalb der Linienorganisation anzustreben, das heißt eine Umsetzung als Stabs- oder Zentralinstanz.
6. Hypothese: Instrumente: Das Instrumentarium wird durch die Determinanten Objektivierung, Umfassendheits-Anspruch und Charakteristika der verarbeiteten Daten und Informationen bestimmt. Zwingend müssen die angewandten Instrumente den Kriterien und Merkmalen der Objektivierung genügen bzw. deren Realisierung unterstützen.

Zusammenfassend ist festzuhalten, dass der objektivierungsorientierte Controllingansatz sowohl der Historie, der Kritik und der Gemeinsamkeiten der Herausarbeitung einer Controlling-Theorie als auch den faktischen Gegebenheiten und Herausforderungen der Unternehmensführung Rechnung trägt. Ausgehend von dieser Skizze sind weitere Konkretisierungen vorzunehmen, insbesondere um der Praxis Begründung und Orientierung zu liefern, dass die aktuelle Umsetzung des Controllings adaptiert und damit vor allem wieder geschärft wird. Zu nennen ist in diesem Kontext insbesondere die Differenzierung der Controllingaufgaben und in der Folge die instrumentelle Unterstützung.

9.4 Übungsaufgaben: Der objektivierungsorientierte Controllingansatz

- **1. Was ist das Kernproblem in Bezug auf Controlling?**

a. Die Globalisierung führt zur Notwendigkeit der Vielfalt bei Führungskräften. Controlling muss die Umsetzung der Vielfalt in der Praxis sicherstellen.
b. Die Rahmenbedingungen unternehmerischen Handelns unterliegen einem permanenten Wandel, insbesondere hervorgerufen durch die Globalisierung, was die Transparenz von Entscheidungssituationen verringert.
c. Entscheidungsträger sind einem permanenten Erfolgsdruck ausgesetzt. Die daraus resultierende Rivalität zu anderen Führungskräften muss durch systemisches Handeln reduziert bzw. beseitigt werden.
d. Die Vorhersagbarkeit unternehmerischer Entscheidungen muss erhöht werden, damit Fremd- und Eigenkapitalgeber das Risiko ihrer Investitionen reduzieren können. Dies ist insbesondere aufgrund der anhaltenden Globalisierung evident.

- **2. Neben der Entscheidungstheorie hat ein weiterer Wissenschaftsbereich zentralen**

Einfluss auf die Notwendigkeit und das Vorgehen der Objektivierung. Welcher Aspekt ist hierfür entscheidend?

a. Aufgrund neuester ernährungswissenschaftlicher Erkenntnisse, muss die Gesundheit von Managern strukturiert verbessert werden, um bessere unternehmerische Entscheidungen treffen zu können.
b. Die Erkenntnisse der Evolutionstheorie zeigen, dass das Verhalten von Alphatieren auch in Unternehmen, als sozialen Systemen, Relevanz hat.
c. Verhaltenswissenschaftliche Untersuchungen zeigen, dass der Mensch Anomalien und Limitierungen unterliegt.
d. Neurowissenschaftliche Untersuchungen haben gezeigt, dass emotionale Stimulation die Entscheidungsqualität erhöht.

- **3. Welches Instrument, das einen ganzheitlichen Ansatz verfolgt, wurde durch Kaplan/Norton in den 1990er-Jahren entwickelt?**

a. Prozesskostenrechnung
b. Wertorientierte Unternehmensführung
c. Target Costing
d. ABC-Analyse
e. Nutzwertanalyse
f. Kosten- und Leistungsrechnung
g. Balanced Scorecard
h. Technology Value Cube

- **4. Was ist Transparenz?**

a. Die Verfügbarkeit von Prognosen bezüglich der Preisentwicklung von Rohöl.
b. Die zeitgerechte Verfügbarkeit zuverlässiger Informationen, die eine fundierte Entscheidung ermöglichen.
c. Der Maßstab für die Bewertung der Qualität von Informationen.
d. Der Maßstab für die Bewertung der Qualität von Daten.
e. Der Maßstab für die Bewertung der Qualität von Entscheidungen.

- **5. Was sind die Merkmale für einen Verkäufermarkt?**

a. Geringer Wettbewerb.
b. Intensiver Wettbewerb.
c. Angebot ist höher als die Nachfrage.
d. Angebot ist geringer als die Nachfrage.
e. Sich stark verändernde Preise.

- **6. Was sind die Merkmale für einen Käufermarkt?**

a. Geringer Wettbewerb.
b. Intensiver Wettbewerb.
c. Angebot ist höher als die Nachfrage.
d. Angebot ist geringer als die Nachfrage.
e. Käufer haben die Möglichkeit zur Auswahl.

- **7. Was sind die Merkmale die für einen Übergang vom Verkäufer zum Käufermarkt verantwortlich waren?**

a. Überkapazitäten aufgrund von Massenproduktion.
b. Fortschreiten der Globalisierung aufgrund der Verringerung von Handelsbarrieren.
c. Produktionsengpässe aufgrund von Naturkatastrophen.
d. Erhöhung der Markttransparenz durch die Digitalisierung.
e. Protektionismus von Ländern und Regionen und damit besserer Zugang zu deren Märkten.

- **8. Was ist Sinn und Inhalt einer Vision?**

a. Die Vision ist ein ungeschriebenes Gesetz des sozialen Zusammenlebens und -arbeitens in einem Unternehmen, das durch alle Mitarbeiter zu befolgen ist.
b. Die Vision ist eine Definition der Verhaltensweisen von Mitarbeitern eins Unternehmens bei Kundenbesuchen.
c. Die Vision ist das Image in Bezug auf ein Unternehmen, das dieses bei diversen Gruppen, wie beispielsweise Kunden und Investoren, hat.
d. Die Vision ist das Abbild einer zukünftigen Wirklichkeit, die man erreichen möchte.
e. Die Vision ist die gedankliche Vorwegnahme zukünftigen Handelns.

- **9. Was ist die primäre Aufgabe einer Vision?**

a. Eine Vision soll den Prozentsatz von Low-Performern reduzieren helfen.
b. Eine Vision soll die finanziellen Ziele zusammenfassend darstellen.

c. Eine Vision soll alle qualitativen und quantitativen Ziele eines Unternehmens zusammenfassen.
d. Eine Vision soll die gegenwärtige Situation des Unternehmens sowie seiner Umwelt widerspiegeln.
e. Eine Vision soll inhaltliche und emotionale Orientierung geben.

- **10. In welche Cluster können Controlling-Philosophien grundsätzlich unterschieden werden?**

a. Innovativ-vergangenheitsorientiert
b. Passiv-vergangenheitsorientiert
c. Aktiv-zukunftsorientiert
d. Proaktiv-gegenwartsorientiert
e. Proaktiv-reaktiv
f. Innovativ-antizipativ

- **11. Was ist, nach Kappler, der Kern des Controllings?**

a. Bewegung, Perspektivwechsel, Differenzproduktion und Veränderung
b. Innovation, Technologie, Unternehmenswert und Wachstum
c. Fehlerkultur, Berücksichtigung von Risiko, Proaktivität und unternehmensspezifische Anpassung
d. Nachhaltigkeit, Stagnation, Anschlussfähigkeit und Orientierung auf den Unternehmenswert
e. Bewegung, Veränderung, Differenzproduktion und Perspektivwechsel

- **12. Welche Kriterien hat die Vision des objektivierungsorientierten Controllingansatzes zu erfüllen?**

a. Vergangenheitsorientierung
b. Pessimismus
c. Proaktivität
d. Zukunftsorientierung
e. Innovation
f. Über-Optimismus
g. Fehlerkultur

- **13. Was ist Kern der Hypothese in Bezug auf den objektivierungsorientierten Controllingansatz?**

a. Controlling ist eine zielorientierte Unterstützungsfunktion für das Management. Zentrale Merkmale sind dabei Planung, Datenverarbeitung und Koordination.
b. Controlling als Teilsystem der Führung ist für die Erreichung der Unternehmensziele verantwortlich.
c. Controlling hat über den gesamten Managementprozess die Rationalität von Entscheidungen zu sichern.
d. Durch das Streben nach Transparenz und ein objektiviertes Vorgehen können durch das Management bessere unternehmerische Entscheidungen getroffen werden. Damit wird der langfristige unternehmerische Erfolg gesichert.

- **14. Was ist die Definition von „Ziele" im Rahmen des objektivierungsorientierten Controllingansatz?**

a. Die normative Vorstellung über einen zukünftigen Zustand, der durch Handlungen erreicht werden soll.
b. Die inhaltliche Interpretation der gegenwärtigen Umweltentwicklung, die es zu analysieren und zu bewerten gilt.
c. Das Abbild einer zukünftigen Wirklichkeit, das man erreichen will.
d. Die zeitgerechte Verfügbarkeit zuverlässiger Informationen, die eine fundierte Entscheidung ermöglichen.

- **15. Was sind die Funktionen von Zielen?**

a. Selektion
b. Orientierung
c. Steuerung
d. Koordination
e. Motivation und Anreiz
f. Bewertung
g. Kontrolle

- **16. Was sind die systemtheoretischen Implikationen von Controllingzielen?**

a. Controlling-Ziele als auch das Controlling selber bilden ein Subsystem der Unternehmensziele.

b. Controlling-Ziele spannen ein Zielsystem auf, das in die Unternehmensziele integriert ist.
c. Controlling-Ziele umfassen als Teilmenge die Unternehmensziele.
d. Controlling-Ziele und Unternehmensziele sind zum Teil unabhängig voneinander und haben in der Folge partiell unterschiedliche Handlungsrichtungen.
e. Controlling-Ziele sind quantitativ-monetär und werden durch im Rahmen der Kosten- und Leistungsrechnung definiert. Gleichzeitig findet in diesem Rechensystem auch die Steuerung und Überwachung statt.

- **17. Was ist Kern der Hypothese in Bezug auf „Ziele" im objektivierungsorientierten Controllingansatz?**

a. Aufgrund seiner Koordinationsfunktion stellt das Controlling mittels Objektivierung den Führungskräften entscheidungsrelevante, verarbeitbare Informationen zur Verfügung, mit dem Ziel, die Transparenz und damit die Entscheidungsqualität zu erhöhen.
b. Als Führungshilfe stellt das Controlling mittels Objektivierung den Führungskräften entscheidungsrelevante, verarbeitbare Informationen zur Verfügung, mit dem Ziel, die Transparenz und damit die Entscheidungsqualität zu erhöhen.
c. Aufgrund der Rationalitätssicherungs-Funktion stellt das Controlling mittels Objektivierung den Führungskräften entscheidungsrelevante, verarbeitbare Informationen zur Verfügung, mit dem Ziel, die Transparenz und damit die Entscheidungsqualität zu erhöhen.
d. Aufgrund der Reflexionsfunktion stellt das Controlling mittels Objektivierung den Führungskräften entscheidungsrelevante, verarbeitbare Informationen zur Verfügung, mit dem Ziel, die Transparenz und damit die Entscheidungsqualität zu erhöhen.

- **18. Was ist eines der Hauptziele von Controlling?**

a. Koordination der Unternehmenssubsysteme
b. Entscheidungen treffen
c. Lean Management
d. Führungsunterstützung
e. Objektivitätssicherung
f. Rationalitätssicherung

- **19. Was ist ein zweites Hauptziele von Controlling?**

a. Verbesserung der Produktionsprozesse
b. Verbesserung der Logistikprozesse
c. Erhöhung der Entscheidungsqualität
d. Erhöhung der Arbeitsplatzsicherheit
e. Erhöhung der Sicherheit am Arbeitsplatz

- **20. Was ist die initiale Herausforderung in Bezug auf den Aspekt der Führungsunterstützung?**

a. Kongruenz der verfügbaren Informationen.
b. Das Auseinanderfallen von Informationsbedarf, -angebot und -nachfrage.
c. Das Fehlen von Kommunikation in der Entscheidungsfindung.
d. Die fehlende Identifikation der Mitarbeiter mit dem Unternehmen

- **21. Wodurch kann das Ziel „Erhöhung der Entscheidungsqualität" erreicht werden?**

a. Institutionalisierung
b. Objektivierung
c. Subjektivierung
d. Objektivität
e. Signifikanz
f. Stringenz

- **22. Welche drei Fähigkeiten sind notwendig, um die für den objektivierungsorientierten Controllingansatz definierten Ziele erreichen zu können?**

a. Eine höhere akademische Ausbildung/Master, um Problemlösungsverfahren kennen und anwenden zu können.
b. Geschichtliche Kenntnisse, um Ereignisse der Vergangenheit beurteilen zu können.
c. Methodenwissen, um Daten und Informationen mittels angemessener Instrumente und Verfahren sammeln, verarbeiten und präsentieren zu können.
d. Rhetorische Fähigkeiten, um das Management von einer präferierten Handlungsoption überzeugen zu können.

e. Faktenwissen, um eine grundsätzliche Beurteilungsfähigkeit gewährleisten zu können.
f. Soziale Kompetenz, um situations- und adressatengerecht handeln und reagieren zu können.

▪ **23. In welche beiden Kategorien sind die Aufgaben des Controllings im objektivierungsorientierten Controllingansatz grundsätzlich unterschieden?**
a. Gut & schlecht
b. Mehr theoretisch & mehr praktisch
c. Im engeren & im weiteren Sinn
d. Komplex & leicht
e. Dezentral & zentral
f. Groß & klein

▪ **24. Was haben die Aufgaben im engeren und im weiteren Sinn gemeinsam?**
a. Die Aufgaben haben denselben Detaillierungsgrad.
b. Die Aufgaben verarbeiten exklusiv quantitativ-monetäre Daten.
c. Die Aufgaben haben zum Ziel das Management zu unterstützen.
d. Die Aufgaben wurden vor 2005 entwickelt.
e. Die Aufgaben führen im Ergebnis zu Monatsreports
f. Die Aufgaben müssen den Anforderungen der Objektivierung genügen.

▪ **25. Was ist der zentrale Aspekt, der zur Differenzierung in Controllingaufgaben im engeren und weiteren Sinne führt?**
a. Die Aufgaben unterscheiden sich durch den Grad der operativen Einbindung.
b. Die Aufgaben unterscheiden sich bezüglich der Komplexität.
c. Die Aufgaben unterscheiden sich bezüglich des Levels der Objektivität.
d. Die Aufgaben unterscheiden sich hinsichtlich des Umfangs.
e. Die Aufgaben unterscheiden sich in Bezug auf die Bezahlung.

▪ **26. Welche Aufgaben gehören insbesondere zu denen im engeren Sinne?**
a. Herausgabe von Presseinformationen
b. Personalauswahl
c. Beratung des Managements
d. Informationsverdichtung
e. Organisation der Unternehmensweihnachtsfeier

▪ **27. Welche Aufgaben gehören insbesondere zu denen im engeren Sinne?**
a. Beratung des Managements
b. Tätigkeiten die prozessual-inhaltlich in die Gesamtunternehmung eingegliedert sind
c. Unternehmensbewertung
d. Auswertung des Feedbacks zur Unternehmensweihnachtsfeier
e. Überwachung des Vorstands

▪ **28. Welche 7 Kriterien der folgenden Aufzählung können zur Bewertung der Aufgaben bezüglich der Zuordnung enger/weiter genutzt werden?**
a. Originalität
b. Innovation
c. Zukunftsorientierung
d. Qualitative Aspekte
e. Proaktivität
f. Reaktivität
g. Ganzheitlichkeit
h. Rechtmäßigkeit
i. Wichtigkeit
j. Dringlichkeit
k. Relevanz
l. Vergangenheitsorientierung
m. Qualität
n. Kritische Distanz
o. Nicht Regelmäßigkeit

▪ **29. In welche Cluster der Bereich „Organisation" grundsätzlich unterschieden werden?**
a. Quantitative & qualitative Daten
b. Aufbau- & Ablauforganisation
c. Fans von Bayern München & Borussia Dortmund
d. Im engeren & im weiteren Sinne
e. Große & kleine Unternehmen
f. Zentral & dezentral

▪ **30. Was bedeutet Ablauforganisation?**
a. Definition und Überwachung der operativen Ziele

b. Definition und Überwachung der strategischen Ziele
c. Definition und Überwachung der taktischen Ziele
d. Definition von Aufgaben sowie deren Abfolge
e. Definition und Überwachung von Aufgaben
f. Aufteilung der Aufgaben auf Organisationselemente

■ **31. Was bedeutet Aufbauorganisation?**
a. Definition und Überwachung der operativen Ziele
b. Definition und Überwachung der strategischen Ziele
c. Definition und Überwachung der taktischen Ziele
d. Definition von Aufgaben sowie deren Abfolge
e. Definition und Überwachung von Aufgaben
f. Aufteilung der Aufgaben auf Organisationselemente

■ **32. Was ist zentraler Teil der Hypothese zur Organisation im objektivierungsorientierten Controllingansatz?**
a. Die Organisation muss unter Beachtung der beobachteten Interaktion der Controller mit den anderen Abteilungen ausgeformt werden.
b. Die Institutionalisierung sowie aufbau- und ablauforganisatorische Ausgestaltung des Controllings ist kontext- und konzeptabhängig.
c. Die Institutionalisierung sowie aufbau- und ablauforganisatorische Ausgestaltung des Controllings sind gemäß dem Standardansatz zu implementieren.
d. Die Institutionalisierung sowie aufbau- und ablauforganisatorische Ausgestaltung des Controllings hat gemäß der Vorgaben des Handelsgesetzbuches zu erfolgen.
e. Die Organisation muss unter Beachtung der jahreszeitlichen Besonderheiten des Headquarter eines Unternehmens ausgeformt werden.
f. Die Organisation muss unter Beachtung der Vorgaben des Gesetzes für die gleichberechtigte Teilhabe von Frauen und Männern an Führungspositionen erfolgen.

■ **33. Was sind die zentralen Merkmale im Rahmen der Ausformung einer Organisation?**
a. Erfahrung
b. Respekt
c. Nachhaltigkeit
d. Verantwortung
e. Formalisierung
f. Leitungsspanne
g. Ausbildung
h. Zielerreichung

■ **34. Das Instrumentarium des Controllingansatzes wird durch welche Variablen determiniert?**
a. Konsistenz
b. Wirtschaftssystem
c. Währungssystem
d. Objektivierung
e. Umfassendheits-Anspruch
f. Merkmal der verarbeiteten Daten und Informationen

■ **35. Welche der folgenden Aussagen in Bezug auf die Hypothese zu Instrumenten und Verfahren ist falsch?**
a. Die Instrumente und Aufgaben müssen auch den charakteristischen Controlling-Merkmalen Zukunftsorientierung, Proaktivität und Innovation genügen.
b. Die Instrumente und Aufgaben müssen auch den charakteristischen Controlling-Merkmalen Reaktivität, Proaktivität und Innovation genügen.
c. Die Instrumente und Aufgaben müssen den Anforderungen der Objektivierung genügen.
d. Die Instrumente und Aufgaben können grundsätzlich ohne unternehmensspezifische Adaption zur Anwendung kommen
e. Die Instrumente und Aufgaben müssen den Anforderungen der Subjektivierung genügen.

■ **36. Welche qualitativen Merkmale haben Instrumente und Verfahren die für Controllingaufgaben im engeren Sinne genutzt werden?**
a. Kommen in der Betriebswirtschaftslehre immer zur Anwendung

b. Ganzheitlichkeit
c. Umfassen quantitativ-monetäre, quantitative und qualitative Daten
d. Umfassen quantitative aber nicht qualitative Daten
e. Umfassen quantitative aber nicht qualitative Informationen
f. Umfassen quantitative aber nicht qualitative Daten

- **37. Welche qualitativen Merkmale haben Instrumente und Verfahren die für Controllingaufgaben im weiteren Sinne genutzt werden?**

a. Insbesondere Verarbeitung qualitativer Daten
b. Insbesondere Verarbeitung quantitativer Daten
c. Kommen in der Betriebswirtschaftslehre immer zur Anwendung
d. Ganzheitlichkeit
e. Fokussierung auf Teilaspekte
f. Insbesondere Verarbeitung quantitativ-monetärer Daten

- **38. Welche der folgenden Aussagen in Bezug auf Instrumente und Verfahren ist richtig?**

a. Eine Limitierung von Controllinginstrumenten ist nicht vorgesehen.
b. Das Controlling ist geprägt von traditionellen Instrumenten.
c. Der Technology Value Cube ist ein spezifisches Controllingtool.
d. Die Balanced Scorecard ist ein spezifisches Controllingtool.
e. Eine Limitierung von Controllinginstrumenten ist zwingend.
f. Die Prozesskostenrechnung ist ein spezifisches Controllingtool.

- **39. Welche der folgenden Beispiele sind (generell) häufig angewendete Controlling-Instrumente?**

a. Budgetierung
b. Messung des Body-Maß-Index (BMI)
c. Obsoleszenz-Management
d. Unendlichkeitsberechnung
e. Target-Costing
f. Benchmarking
g. Balanced Scorecard
h. Abweichungsanalyse
i. Investitionsrechnung
j. Standard-Costing
k. Zero-Base-Budgeting

9.5 Lösungen zu den Übungsaufgaben: Der objektivierungsorientierte Controllingansatz

Die richtigen Antworten sind „fett" hervorgehoben.

- **1. Was ist das Kernproblem in Bezug auf Controlling?**

a. Die Globalisierung führt zur Notwendigkeit der Vielfalt bei Führungskräften. Controlling muss die Umsetzung der Vielfalt in der Praxis sicherstellen.
b. Die Rahmenbedingungen unternehmerischen Handelns unterliegen einem permanenten Wandel, insbesondere hervorgerufen durch die Globalisierung, was die Transparenz von Entscheidungssituationen verringert.
c. Entscheidungsträger sind einem permanenten Erfolgsdruck ausgesetzt. Die daraus resultierende Rivalität zu anderen Führungskräften muss durch systemisches Handeln reduziert bzw. beseitigt werden.
d. Die Vorhersagbarkeit unternehmerischer Entscheidungen muss erhöht werden, damit Fremd- und Eigenkapitalgeber das Risiko ihrer Investitionen reduzieren können. Dies ist insbesondere aufgrund der anhaltenden Globalisierung evident.

- **2. Neben der Entscheidungstheorie hat ein weiterer Wissenschaftsbereich zentralen Einfluss auf die Notwendigkeit und das Vorgehen der Objektivierung. Welcher Aspekt ist hierfür entscheidend?**

a. Aufgrund neuester ernährungswissenschaftlicher Erkenntnisse, muss die Gesundheit von Managern strukturiert verbessert werden, um bessere unternehmerische Entscheidungen treffen zu können.

b. Die Erkenntnisse der Evolutionstheorie zeigen, dass das Verhalten von Alphatieren auch in Unternehmen, als sozialen Systemen, Relevanz hat.
c. Verhaltenswissenschaftliche Untersuchungen zeigen, dass der Mensch Anomalien und Limitierungen unterliegt.
d. Neurowissenschaftliche Untersuchungen haben gezeigt, dass emotionale Stimulation die Entscheidungsqualität erhöht.

- **3. Welches Instrument, das einen ganzheitlichen Ansatz verfolgt, wurde durch Kaplan/Norton in den 1990er-Jahren entwickelt?**

a. Prozesskostenrechnung
b. Wertorientierte Unternehmensführung
c. Target Costing
d. ABC-Analyse
e. Nutzwertanalyse
f. Kosten- und Leistungsrechnung
g. Balanced Scorecard
h. Technology Value Cube

9

- **4. Was ist Transparenz?**

a. Die Verfügbarkeit von Prognosen bezüglich der Preisentwicklung von Rohöl.
b. Die zeitgerechte Verfügbarkeit zuverlässiger Informationen, die eine fundierte Entscheidung ermöglichen.
c. Der Maßstab für die Bewertung der Qualität von Informationen.
d. Der Maßstab für die Bewertung der Qualität von Daten.
e. Der Maßstab für die Bewertung der Qualität von Entscheidungen.

- **5. Was sind die Merkmale für einen Verkäufermarkt?**

a. Geringer Wettbewerb.
b. Intensiver Wettbewerb.
c. Angebot ist höher als die Nachfrage.
d. Angebot ist geringer als die Nachfrage.
e. Sich stark verändernde Preise.

- **6. Was sind die Merkmale für einen Käufermarkt?**

a. Geringer Wettbewerb.
b. Intensiver Wettbewerb.
c. Angebot ist höher als die Nachfrage.
d. Angebot ist geringer als die Nachfrage.
e. Käufer haben die Möglichkeit zur Auswahl.

- **7. Was sind die Merkmale die für einen Übergang vom Verkäufer zum Käufermarkt verantwortlich waren?**

a. Überkapazitäten aufgrund von Massenproduktion.
b. Fortschreiten der Globalisierung aufgrund der Verringerung von Handelsbarrieren.
c. Produktionsengpässe aufgrund von Naturkatastrophen.
d. Erhöhung der Markttransparenz durch die Digitalisierung.
e. Protektionismus von Ländern und Regionen und damit besserer Zugang zu deren Märkten.

- **8. Was ist Sinn und Inhalt einer Vision?**

a. Die Vision ist ein ungeschriebenes Gesetz des sozialen Zusammenlebens und -arbeitens in einem Unternehmen, das durch alle Mitarbeiter zu befolgen ist.
b. Die Vision ist eine Definition der Verhaltensweisen von Mitarbeitern eins Unternehmens bei Kundenbesuchen.
c. Die Vision ist das Image in Bezug auf ein Unternehmen, das dieses bei diversen Gruppen, wie beispielsweise Kunden und Investoren, hat.
d. Die Vision ist das Abbild einer zukünftigen Wirklichkeit, die man erreichen möchte.
e. Die Vision ist die gedankliche Vorwegnahme zukünftigen Handelns.

- **9. Was ist die primäre Aufgabe einer Vision?**

a. Eine Vision soll den Prozentsatz von Low-Performern reduzieren helfen.
b. Eine Vision soll die finanziellen Ziele zusammenfassend darstellen.
c. Eine Vision soll alle qualitativen und quantitativen Ziele eines Unternehmens zusammenfassen.
d. Eine Vision soll die gegenwärtige Situation des Unternehmens sowie seiner Umwelt widerspiegeln.
e. Eine Vision soll inhaltliche und emotionale Orientierung geben.

- **10. In welche Cluster können Controlling-Philosophien grundsätzlich unterschieden werden?**

a. Innovativ-vergangenheitsorientiert
b. Passiv-vergangenheitsorientiert
c. Aktiv-zukunftsorientiert
d. Proaktiv-gegenwartsorientiert
e. Proaktiv-reaktiv
f. Innovativ-antizipativ

- **11. Was ist, nach Kappler, der Kern des Controllings?**

a. Bewegung, Perspektivwechsel, Differenzproduktion und Veränderung
b. Innovation, Technologie, Unternehmenswert und Wachstum
c. Fehlerkultur, Berücksichtigung von Risiko, Proaktivität und unternehmensspezifische Anpassung
d. Nachhaltigkeit, Stagnation, Anschlussfähigkeit und Orientierung auf den Unternehmenswert
e. Bewegung, Veränderung, Differenzproduktion und Perspektivwechsel

- **12. Welche Kriterien hat die Vision des objektivierungsorientierten Controllingansatzes zu erfüllen?**

a. Vergangenheitsorientierung
b. Pessimismus
c. Proaktivität
d. Zukunftsorientierung
e. Innovation
f. Über-Optimismus
g. Fehlerkultur

- **13. Was ist Kern der Hypothese in Bezug auf den objektivierungsorientierten Controllingansatz?**

a. Controlling ist eine zielorientierte Unterstützungsfunktion für das Management. Zentrale Merkmale sind dabei Planung, Datenverarbeitung und Koordination.
b. Controlling als Teilsystem der Führung ist für die Erreichung der Unternehmensziele verantwortlich.
c. Controlling hat über den gesamten Managementprozess die Rationalität von Entscheidungen zu sichern.
d. Durch das Streben nach Transparenz und ein objektiviertes Vorgehen können durch das Management bessere unternehmerische Entscheidungen getroffen werden. Damit wird der langfristige unternehmerische Erfolg gesichert.

- **14. Was ist die Definition von „Ziele" im Rahmen des objektivierungsorientierten Controllingansatz?**

a. Die normative Vorstellung über einen zukünftigen Zustand, der durch Handlungen erreicht werden soll.
b. Die inhaltliche Interpretation der gegenwärtigen Umweltentwicklung, die es zu analysieren und zu bewerten gilt.
c. Das Abbild einer zukünftigen Wirklichkeit, das man erreichen will.
d. Die zeitgerechte Verfügbarkeit zuverlässiger Informationen, die eine fundierte Entscheidung ermöglichen.

- **15. Was sind die Funktionen von Zielen?**

a. Selektion
b. Orientierung
c. Steuerung
d. Koordination
e. Motivation und Anreiz
f. Bewertung
g. Kontrolle

- **16. Was sind die systemtheoretischen Implikationen von Controllingzielen?**

a. Controlling-Ziele als auch das Controlling selber bilden ein Subsystem der Unternehmensziele.
b. Controlling-Ziele spannen ein Zielsystem auf, das in die Unternehmensziele integriert ist.
c. Controlling-Ziele umfassen als Teilmenge die Unternehmensziele.
d. Controlling-Ziele und Unternehmensziele sind zum Teil unabhängig voneinander und haben in der Folge partiell unterschiedliche Handlungsrichtungen.
e. Controlling-Ziele sind quantitativ-monetär und werden durch im Rahmen der Kosten- und Leistungsrechnung definiert. Gleichzeitig findet in diesem Rechensystem auch die Steuerung und Überwachung statt.

- **17. Was ist Kern der Hypothese in Bezug auf „Ziele" im objektivierungsorientierten Controllingansatz?**

a. Aufgrund seiner Koordinationsfunktion stellt das Controlling mittels Objektivierung den Führungskräften entscheidungsrelevante, verarbeitbare Informationen zur Verfügung, mit dem Ziel, die Transparenz und damit die Entscheidungsqualität zu erhöhen.
b. Als Führungshilfe stellt das Controlling mittels Objektivierung den Führungskräften entscheidungsrelevante, verarbeitbare Informationen zur Verfügung, mit dem Ziel, die Transparenz und damit die Entscheidungsqualität zu erhöhen.
c. Aufgrund der Rationalitätssicherungs-Funktion stellt das Controlling mittels Objektivierung den Führungskräften entscheidungsrelevante, verarbeitbare Informationen zur Verfügung, mit dem Ziel, die Transparenz und damit die Entscheidungsqualität zu erhöhen.
d. Aufgrund der Reflexionsfunktion stellt das Controlling mittels Objektivierung den Führungskräften entscheidungsrelevante, verarbeitbare Informationen zur Verfügung, mit dem Ziel, die Transparenz und damit die Entscheidungsqualität zu erhöhen.

- **18. Was ist eines der Hauptziele von Controlling?**

a. Koordination der Unternehmenssubsysteme
b. Entscheidungen treffen
c. Lean Management
d. Führungsunterstützung
e. Objektivitätssicherung
f. Rationalitätssicherung

- **19. Was ist ein zweites Hauptziele von Controlling?**

a. Verbesserung der Produktionsprozesse
b. Verbesserung der Logistikprozesse
c. Erhöhung der Entscheidungsqualität
d. Erhöhung der Arbeitsplatzsicherheit
e. Erhöhung der Sicherheit am Arbeitsplatz

- **20. Was ist die initiale Herausforderung in Bezug auf den Aspekt der Führungsunterstützung?**

a. Kongruenz der verfügbaren Informationen.
b. Das Auseinanderfallen von Informationsbedarf, -angebot und -nachfrage.
c. Das Fehlen von Kommunikation in der Entscheidungsfindung.
d. Die fehlende Identifikation der Mitarbeiter mit dem Unternehmen

- **21. Wodurch kann das Ziel „Erhöhung der Entscheidungsqualität" erreicht werden?**

a. Institutionalisierung
b. Objektivierung
c. Subjektivierung
d. Objektivität
e. Signifikanz
f. Stringenz

- **22. Welche drei Fähigkeiten sind notwendig, um die für den objektivierungsorientierten Controllingansatz definierten Ziele erreichen zu können?**

a. Eine höhere akademische Ausbildung/Master, um Problemlösungsverfahren kennen und anwenden zu können.
b. Geschichtliche Kenntnisse, um Ereignisse der Vergangenheit beurteilen zu können.
c. Methodenwissen, um Daten und Informationen mittels angemessener Instrumente und Verfahren sammeln, verarbeiten und präsentieren zu können.
d. Rhetorische Fähigkeiten, um das Management von einer präferierten Handlungsoption überzeugen zu können.
e. Faktenwissen, um eine grundsätzliche Beurteilungsfähigkeit gewährleisten zu können.
f. Soziale Kompetenz, um situations- und adressatengerecht handeln und reagieren zu können.

- **23. In welche beiden Kategorien sind die Aufgaben des Controllings im objektivierungsorientierten Controllingansatz grundsätzlich unterschieden?**

a. Gut & schlecht
b. Mehr theoretisch & mehr praktisch
c. Im engeren & im weiteren Sinn

d. Komplex & leicht
e. Dezentral & zentral
f. Groß & klein

24. Was haben die Aufgaben im engeren und im weiteren Sinn gemeinsam?

a. Die Aufgaben haben denselben Detaillierungsgrad.
b. Die Aufgaben verarbeiten exklusiv quantitativ-monetäre Daten.
c. Die Aufgaben haben zum Ziel das Management zu unterstützen.
d. Die Aufgaben wurden vor 2005 entwickelt.
e. Die Aufgaben führen im Ergebnis zu Monatsreports
f. Die Aufgaben müssen den Anforderungen der Objektivierung genügen.

25. Was ist der zentrale Aspekt, der zur Differenzierung in Controllingaufgaben im engeren und weiteren Sinne führt?

a. Die Aufgaben unterscheiden sich durch den Grad der operativen Einbindung.
b. Die Aufgaben unterscheiden sich bezüglich der Komplexität.
c. Die Aufgaben unterscheiden sich bezüglich des Levels der Objektivität.
d. Die Aufgaben unterscheiden sich hinsichtlich des Umfangs.
e. Die Aufgaben unterscheiden sich in Bezug auf die Bezahlung.

26. Welche Aufgaben gehören insbesondere zu denen im engeren Sinne?

a. Herausgabe von Presseinformationen
b. Personalauswahl
c. Beratung des Managements
d. Informationsverdichtung
e. Organisation der Unternehmensweihnachtsfeier

27. Welche Aufgaben gehören insbesondere zu denen im engeren Sinne?

a. Beratung des Managements
b. Tätigkeiten die prozessual-inhaltlich in die Gesamtunternehmung eingegliedert sind
c. Unternehmensbewertung
d. Auswertung des Feedbacks zur Unternehmensweihnachtsfeier
e. Überwachung des Vorstands

28. Welche 7 Kriterien der folgenden Aufzählung können zur Bewertung der Aufgaben bezüglich der Zuordnung enger/weiter genutzt werden?

a. Originalität
b. Innovation
c. Zukunftsorientierung
d. Qualitative Aspekte
e. Proaktivität
f. Reaktivität
g. Ganzheitlichkeit
h. Rechtmäßigkeit
i. Wichtigkeit
j. Dringlichkeit
k. Relevanz
l. Vergangenheitsorientierung
m. Qualität
n. Kritische Distanz
o. Nicht Regelmäßigkeit

29. In welche Cluster der Bereich „Organisation" grundsätzlich unterschieden werden?

a. Quantitative & qualitative Daten
b. Aufbau- & Ablauforganisation
c. Fans von Bayern München & Borussia Dortmund
d. Im engeren & im weiteren Sinne
e. Große & kleine Unternehmen
f. Zentral & dezentral

30. Was bedeutet Ablauforganisation?

a. Definition und Überwachung der operativen Ziele
b. Definition und Überwachung der strategischen Ziele
c. Definition und Überwachung der taktischen Ziele
d. Definition von Aufgaben sowie deren Abfolge
e. Definition und Überwachung von Aufgaben
f. Aufteilung der Aufgaben auf Organisationselemente

31. Was bedeutet Aufbauorganisation?

a. Definition und Überwachung der operativen Ziele
b. Definition und Überwachung der strategischen Ziele
c. Definition und Überwachung der taktischen Ziele
d. Definition von Aufgaben sowie deren Abfolge

e. Definition und Überwachung von Aufgaben
f. Aufteilung der Aufgaben auf Organisationselemente

32. Was ist zentraler Teil der Hypothese zur Organisation im objektivierungsorientierten Controllingansatz?
a. Die Organisation muss unter Beachtung der beobachteten Interaktion der Controller mit den anderen Abteilungen ausgeformt werden.
b. Die Institutionalisierung sowie aufbau- und ablauforganisatorische Ausgestaltung des Controllings ist kontext- und konzeptabhängig.
c. Die Institutionalisierung sowie aufbau- und ablauforganisatorische Ausgestaltung des Controllings sind gemäß dem Standardansatz zu implementieren.
d. Die Institutionalisierung sowie aufbau- und ablauforganisatorische Ausgestaltung des Controllings hat gemäß der Vorgaben des Handelsgesetzbuches zu erfolgen.
e. Die Organisation muss unter Beachtung der jahreszeitlichen Besonderheiten des Headquarter eines Unternehmens ausgeformt werden.
f. Die Organisation muss unter Beachtung der Vorgaben des Gesetzes für die gleichberechtigte Teilhabe von Frauen und Männern an Führungspositionen erfolgen.

33. Was sind die zentralen Merkmale im Rahmen der Ausformung einer Organisation?
a. Erfahrung
b. Respekt
c. Nachhaltigkeit
d. Verantwortung
e. Formalisierung
f. Leitungsspanne
g. Ausbildung
h. Zielerreichung

34. Das Instrumentarium des Controllingansatzes wird durch welche Variablen determiniert?
a. Konsistenz
b. Wirtschaftssystem
c. Währungssystem
d. Objektivierung
e. Umfassendheits-Anspruch
f. Merkmal der verarbeiteten Daten und Informationen

35. Welche der folgenden Aussagen in Bezug auf die Hypothese zu Instrumenten und Verfahren ist falsch?
a. Die Instrumente und Aufgaben müssen auch den charakteristischen Controlling-Merkmalen Zukunftsorientierung, Proaktivität und Innovation genügen.
b. Die Instrumente und Aufgaben müssen auch den charakteristischen Controlling-Merkmalen Reaktivität, Proaktivität und Innovation genügen.
c. Die Instrumente und Aufgaben müssen den Anforderungen der Objektivierung genügen.
d. Die Instrumente und Aufgaben können grundsätzlich ohne unternehmensspezifische Adaption zur Anwendung kommen
e. Die Instrumente und Aufgaben müssen den Anforderungen der Subjektivierung genügen.

36. Welche qualitativen Merkmale haben Instrumente und Verfahren die für Controllingaufgaben im engeren Sinne genutzt werden?
a. Kommen in der Betriebswirtschaftslehre immer zur Anwendung
b. Ganzheitlichkeit
c. Umfassen quantitativ-monetäre, quantitative und qualitative Daten
d. Umfassen quantitative aber nicht qualitative Daten
e. Umfassen quantitative aber nicht qualitative Informationen
f. Umfassen quantitative aber nicht qualitative Daten

37. Welche qualitativen Merkmale haben Instrumente und Verfahren die für Controllingaufgaben im weiteren Sinne genutzt werden?
a. Insbesondere Verarbeitung qualitativer Daten
b. Insbesondere Verarbeitung quantitativer Daten
c. Kommen in der Betriebswirtschaftslehre immer zur Anwendung
d. Ganzheitlichkeit

e. **Fokussierung auf Teilaspekte**
f. **Insbesondere Verarbeitung quantitativ-monetärer Daten**

- **38. Welche der folgenden Aussagen in Bezug auf Instrumente und Verfahren ist richtig?**

a. **Eine Limitierung von Controllinginstrumenten ist nicht vorgesehen.**
b. Das Controlling ist geprägt von traditionellen Instrumenten.
c. **Der Technology Value Cube ist ein spezifisches Controllingtool.**
d. **Die Balanced Scorecard ist ein spezifisches Controllingtool.**
e. Eine Limitierung von Controllinginstrumenten ist zwingend.
f. Die Prozesskostenrechnung ist ein spezifisches Controllingtool.

- **39. Welche der folgenden Beispiele sind (generell) häufig angewendete Controlling-Instrumente?**

a. **Budgetierung**
b. Messung des Body-Maß-Index (BMI)
c. Obsoleszenz-Management
d. Unendlichkeitsberechnung
e. **Target-Costing**
f. **Benchmarking**
g. **Balanced Scorecard**
h. **Abweichungsanalyse**
i. **Investitionsrechnung**
j. **Standard-Costing**
k. **Zero-Base-Budgeting**

Literaturverzeichnis

Basler Ausschuss für Bankenaufsicht (1998). *Verbesserung der Transparenz im Bankwesen*. Basel.

Becker, W., Baltzer, B., Ulrich, P. (2014). *Wertschöpfungsorientiertes Controlling* (1. Aufl.). Stuttgart.

Coenenberg, A., & Salfeld, R. (2003). *Wertorientierte Unternehmensführung*. Stuttgart.

Erichsen, J. (2011). *Controllinginstrumente von A–Z* (8. Aufl.). Freiburg im Breisgau.

Flyvbjerg, B., & Budzier, A. (2011). Software läuft: Unternehmen pleite. *Harvard Business Manager*, (12), 6–9.

ten Have, S., ten Have, W., Stevens, F., van der Elst, M. (2010). *Handbuch Management-Modelle*. Weinheim.

Horváth, P. (2011). *Controlling* (12. Aufl.). München.

Jackson, J. H. (1949). *The Comptroller: His Functions and Organization*. Cambridge.

Kahnemann, D., Knetsch, J., Thaler, R. (1991). Anomalies: The Endowment Effect, Loss Aversion, and Status Quo Bias. *Journal of Economic Perspectives*, (1), 193–206.

Kaplan, R., & Norton, D. (1997). *Balanced Scorecard: Strategien erfolgreich umsetzen*. Stuttgart.

Küpper, H.-U. (2008). *Controlling: Konzeption, Aufgaben, Instrumente* (5. Aufl.). Stuttgart.

Küpper, H.-U., Weber, J., Zünd, A. (1990). Zum Verständnis und Selbstverständnis des Controlling: Thesen zur Konsensbildung. *Zeitschrift für Betriebswirtschaft*, (3), 281–293.

Küpper, H.-U., Friedl, G., Hofmann, C., Hofmann, Y., Pedell, B. (2013). *Controlling: Konzeption, Aufgaben, Instrumente* (6. Aufl.). Stuttgart.

Mäder, O. (2006). *Ein Cockpit für den Aufsichtsrat – Entwurf eines systemisch-prozessorientierten Modells zur aufgabenspezifischen Informationsversorgung des Aufsichtsrats*. Wiesbaden.

Pietsch, G., & Scherm, E. (2004). Reflexionsorientiertes Controlling. In E. Scherm & G. Pietsch (Hrsg.), *Controlling: Theorien und Konzeptionen* (S. 529–553). München.

Porter, M. (2000). *Wettbewerbsvorteile* (6. Aufl.). Frankfurt am Main.

Richter, G., Bender, K., Klinger, M., Herbolzheimer, C. (2008). *Projekte mit Launch Management auf Kurs halten – Warum IT-Großprojekte häufig kentern und Projekterfolg kein Glücksspiel ist*. München.

Süßmaier, A. (2004). Verhaltenswirkungen des Controllings. In E. Scherm & G. Pietsch (Hrsg.), *Controlling: Theorien und Konzeptionen* (S. 635–663). München.

Vesper, O. (2014). *Controlling in den USA – Eine konzeptionelle Analyse aus deutscher Perspektive*. Kassel.

Wall, F. (2008). Controlling zwischen Entscheidungs- und Verhaltenssteuerungsfunktion. *Die Betriebswirtschaft*, (4), 463–482.

Welge, M., & Al-Laham, A. (2003). *Strategisches Management: Grundlagen – Prozess – Implementierung* (4. Aufl.). Wiesbaden.

Winter, P. (2008). Controlling-Konzeptionen revisited: Definition von Anforderungskriterien an Controlling-Konzeptionen und Thesen für die konzeptionelle Controlling-Forschung. Online verfügbar unter http://mpra.ub.uni-muenchen.de/10503/1/MPRA_paper_10503.pdf, zuletzt aktualisiert am 21.04.2016.

Womack, J., & Jones, D. (2013). *Lean Thinking: Banish Waste and create Wealth in your Corporation*. London.

Printed in Dunstable, United Kingdom

91218713R00098